〈フランス革命〉を生きる

〈フランス革命〉を生きる

髙橋暁生 編

刀水書房

〈フランス革命〉を生きる　目次

［装丁　的井　圭］

〈フランス革命〉を生きる

序論

歴史は分かちがたく現在と結びついている。歴史を認識する者がその人の「現在」を生きる以上それは必然であるという意味においてこの表現は真なのだが、とりわけ何らかの政治的正当性が問題となる場では、歴史が象徴的な意味を負わされて、そしてしばしば単純化されたかたちで、前面に押し出されてくる。例えばそれは、現在のフランス共和国を見れば明らかだろう。二〇一七年五月七日、極右政党の代表との決選投票で勝利し、第五共和政下では八代目の大統領に選ばれたエマニュエル・マクロンは、その夜、最初の演説をするためにルーヴル美術館前の広場に現れた。演説では、支援者への感謝とともに、「啓蒙の精神」や「フランス革命」「人間の諸権利」「自由、平等、友愛」といった言葉が使われた。ルーヴルが演説の場となったことについて、ジャーナリズムは興味深い指摘をしている。歴史的に、右派にとって象徴的な重要性を持つコンコルド広場ではなく、逆にあまりに左派的な象徴性を帯びているバスティーユ広場やレピュブリック広場でもなく(1)、新大統領がルーヴル美術館前広場を選んだのは、この場所が「ニュートラル」だからだという。『ヌヴェル・オプセルヴァトゥール』では、まずフィリップ・オギュスト以来の国王の住居としてのルーヴルの歴史を振り返り、「マクロンの選択はこの遺産といかなる繋がりもない」とわざわざ言及したあと、歴史家アラン・フォールの言葉を借りて、「一七九三年八月以降この王宮が文化的中心に変わった」ことの重要性を指摘している。文化の衣を着たことを重視して、この場が政治的中立性を獲得できたかのような解釈を披露する。実際マクロンはルーヴルを指して、「この場所は私たちの歴史 notre Histoire によって彩られている」「ここは全てのフランス人の場所なのだ」と述べた。この解釈の正否はともかく、分裂したフランスを一つにまとめる大統領として自らを演出したい彼にとっては、特定の党派性を消去したというアピールが必要だった。このことは、もともとこの演説の場としてマクロン陣営が申請していたのが、シャン゠ド゠マルス広場だったことにも表れていよう。一七九〇年七月一四日に革命一周年を記念し、前年以来激しい対立を経験した国内の融和を象徴した「全国連盟祭」の場となり、かつ一八八九年には、革命一〇〇周年を記念したパリ万博において共和政の繁栄を内外に示すためにエッフェル塔が建造された場所でもあるからだ。

　ともかくここでは、この種の政治的パフォーマンスに必ず付随する近世から近現代にいたる自国の歴史への強い意識を指摘したい。とりわけ現在、第五共和政下にあるフランスにおいては当然だが、政体としての〈共和政〉とそれに付随する様々な価値（〈自由、平等、友愛〉、〈単一にして不可分〉、あるいは〈ライシテ（非宗教性）〉など）の起源として、一七八九年の〈革命〉が強調され、二〇〇年以上の時を隔ててなお強い政治性を帯びている。そこでは〈革命〉は決定的な転換点として意識され、それを境としてそれ以前の〈王政〉は鮮明に〈共和政〉と対置され、当然のごとく否定の対象となる。そしてこの〈革命〉の前段階としての〈啓蒙〉もまた、現在のフランス共和国にとって重要なアイデンティティのベースであるように見える。マクロンは、新大統領としての正式な就任演説をこの数日後にエリゼ宮で行っているが、そこでは極右政党の台頭を念頭に、「フランス人が啓蒙思想に背を向けるのではないか」と世界中がこの選挙に注視していたと冒頭で述べている。

　本書は、この〈啓蒙〉〈革命〉〈共和政〉という三要素の、しばしば単純化されて語られる繋がりに、些かの揺さぶりを加えようとする試みである。以上で見たマクロンの認識を超え、ジャーナリズム、識者によるこの大統領選の意味づけを見ていると、グローバリゼーションの進行、「イスラム過激派」によるテロの続発、難民・移民問題などを背景とした各国での極右勢力の台頭、ポピュリズムや反知性主義の増殖を前に、今一度フランス共和国の理念、それに伴う〈啓蒙〉と〈革命〉という歴史的遺産の確認が、現在むしろ強調されるようになってはいないだろうか。〈啓蒙〉と〈革命〉が象徴するフランスないしヨーロッパの「近代」への批判が様々なレベルで人口に膾炙するようになって久しいが、昨今のこうした状況を背景として、むしろ〈啓蒙〉〈革命〉〈共和政〉のシンプルな連関、一体性は再度強調されるようになっている。日本国内に目を転じても、この連関を念頭に置いたフランス共和国の理念にあらためて光をあて、肯定的に評価しようとする動きが見られるが、これも現今の危機的状況への認識と関係している(2)。本書はこうした状況をふまえつつも、そことは距離を取り、あくまでも歴史学の視座と方法から、一見明白に見えるこの三要素の連続性を学問的に検証する。

一八世紀の新しい思想潮流がフランス革命という歴史的事件へと流れ込み、革命が近代の幕開けを一つの画期として高らかに宣言し、この事件を祖型として一九世紀後半の第三共和政が生まれた、ように見える。しかしその流れは、この一〇〇年あまりの間、その都度一つだったはずがあるまい。「啓蒙思想」と呼ばれてきた一八世紀の新思想群と革命の関係を、単純な因果関係で語ることができないことはすでに十分に明らかにされてきた。また革命は、啓蒙を基礎とした整然としたプログラムに沿って進行したわけではなく、渦中にいる人々は明日をも知れぬ日々の中奮闘していたのであり、しかも革命自体は結局のところ、デモクラシーを仮死状態に追いやる独裁的なナポレオン帝政に行き着いた。そして一九世紀を通じて、王党派・教権派と共和派との争いは続き、世紀後半に、共和政ではなく王政が、再度打ち立てられる可能性すらゼロではなかった。ある思想傾向は革命の展開や革命が生み出したものを一面説明しうるが、結果として時代に掬い取られないまま消えた流れもあっただろう。革命の進行や帰着とは一見真逆のベクトルを持った思想はなかっただろうか。あるいは、革命の一〇年で起きた王政廃止や共和政樹立、恐怖政治やその打倒後の立憲主義的議会政治の動揺は、歴史の必然なのだろうか。「他の道」はありえなかったのか。そして一九世紀の社会の中で、革命はどのように受け止められたのか。第三共和政にいたる経緯は共和派と教権派の争いで描かれることが多いが、一〇〇年前の革命の継承者を自認する第三共和政の革命認識自体、単純なものではなかった。アンシァン・レジームからフランス革命、そして第三共和政にいたる一九世紀の大きな流れ、その多面性にアプローチしたい。ここでいう「多面性」とは、要するに「可能性の束」である。歴史のプロセスは一筋の流れで構成されているのではなく、常に複数の「別の可能性」を孕みながら進行するはずである。ある一つの「可能性」の実際の現実化は、必ずしも客観的に必然だったわけではないし、むしろその必然性は事後にそう意味づけられることによって生まれることもある。そうである以上、〈啓蒙〉〈革命〉〈共和政〉という大きな流れをふまえつつも、そのプロセスにその都度存在したはずの「可能性の束」のいくつかを取り出し検討することは意味があるだろう。それは転じて、今現在もまた、一見必然的に継起しているように見える現実とは別の可能性を認識させることに繋がるはずである。本書は、大きくは以上のような問題意識の下で書かれている。

本書の特徴の一つは、その研究手法にある。対象となる一八～一九世紀のフランスを生きた〈個人〉、しかも生きた時代に多少ともずれがあり、社会的な立場や経済的条件も異なる複数の〈個人〉を分析対象としている。事実としての啓蒙、革命、共和政へという大きな流れを承認しつつ、その流れの多面性、あるいはその流れに単純に回収されえない支流の存在を明らかにしようとするとき、複数の個人の中にあるそれぞれの思想的宇宙に焦点を合わせるのは有効な方法だろう。革命の前後の時期を生きた、特に著名な人物についての「伝記」は、洋の内外を問わずもちろん無数に存在するが、本書が目指すものは単なる「伝記」の集成ではない。多かれ少なかれその生きた時代に規定されつつも、個別の経験や性格ゆえのオリジナリティの総合としての、その〈個人〉の目が見た世界認識のありようを、限定的にであれ浮かび上がらせようとする試みである。もちろん、各個人の生涯を概観することは欠かせない。彼らが生きた環境や時代背景、人間関係にも着目しつつ、その人物の直接の手になる史料、例えば哲学書、小説、新聞記事、政治的パンフレット、演説記録、議会報告書などはもちろん、書簡や日記といったパーソナルな史料も駆使しながら、その人物の持つ国家観や革命観、社会構想、場合によってはそれらの時期ごとの変遷を明らかにすることで、各時期を生きた彼らにとっての「ありうべき国家」、「ありえたかもしれない社会」、あるいは「可能性としての革命」の所在を確認することなのである。構成は以下のようになる。

第一章では、アベ・コワイエを取り上げる。一八世紀初頭にフランシュ＝コンテ地方のある村の小ブルジョワの家庭に生まれ、主に五〇年代から七〇年代にかけて啓蒙書や小説などを多数発表するなど活発な作家活動を展開した聖職者である。一七五六年刊行の『商人貴族論』で有名な人物だが、ここではコワイエの貴族論だけでなく、主にイギリスとの比較で展開される国民のあり方や民主制をめぐる政治社会論、有益性や実用性、祖国愛といったキー概念を、様々な彼の著作の分析を通じて検討し、コワイエの社会観を明らかにする。

第二章で検討対象となるのは、一七一九年にイタリアにルーツを持つ貴族の家に生まれたルイ＝アントワーヌ・カラッシオリである。一八世紀に蔓延する利己心や奢侈、虚栄や傲慢、社会の亀裂、これらを生み出している物質主義と無神論、宗教的寛容といった旗幟を鮮明にする「新思想」への強い批判と、自身の篤い信仰心を基盤とした彼のキリスト教護教論が詳細に検討される。この宗教擁護の姿勢を確認した上で、フランス革命初期において、革命に対してどのようなスタンスを取ったかがいくつかの観点から議論される。

次に扱われるのは、やはり一八世紀前半にノルマンディ東部の小村に生まれたル・プレヴォ・ド・ボーモンである。彼は一七六〇年代の終わりに王権の中枢が計画したとされる「飢餓の契約」を告発したことが原因で、その後二二年間にわたってバスティーユ牢獄に収監された人物だが、残されたメモワールに現れる穀物政策やポリスへの批判などをベースに、彼の国家観や国王観を明らかにしているのが第三章である。

第四章の主役となるのは、ルイ一六世治世下で王室建造物局総監という美術行政の要となる役職を占めたダンジヴィレ伯爵。革命期に開館するルーヴル美術館の礎を作った人物だが、美術館で展示する作品の収集のため公的に実施される注文とは別に、いわば個人として数々の作品を注文している。本章では、彼の回想録や書簡の検討とともに、この私的な注文を取り上げ、注文に込められた意図や作品そのものの分析を通じて、この人物の思想傾向にアプローチする。

続く第五章からは、革命期に活躍した人物を取り上げよう。まずはフランス革命史における最重要人物の一人とも言えるアベ・シィエスである。広く知られた作品『第三身分とは何か』を発表したとき、彼はまだ三〇歳に過ぎなかったが、革命最初期の政治を主導した一人であり、かつナポレオンとともに革命の幕を閉じる人物でもある。この章では、『第三身分とは何か』をはじめとする数点のパンフレット、人権宣言や憲法の草案、議会での言動を、一七八九年の数か月という短くも濃密な時期に絞って検討し、彼が革命に求めたことにアプローチすることで、その国家観や社会構想の一端を明らかにする。

第六章で扱われるのも、革命期の著名人である。シィエスと同世代で、一七六〇年生まれのジャーナリストであり、国民公会の議員ともなったカミーユ・デムーラン。彼は最終的に一七九四年四月に断頭台の露と消えるが、この処刑という結果を導いた理由の一つが、彼が「出版の自由」の擁護にこだわったことであった。この章では、デムーランに見られる「出版の自由」と彼のいう「共和政」との関係を中心に論じ、彼が志向した革命と理想の国家像を浮かび上がらせる。

一転して、次に検討するのは、一部の専門家を除けば誰も知らないと思われる人物である。一七四三年生まれで、前二者よりも一つ上の世代に属するこの人物はドフォントネという地方商人である。彼は一七八九年五月の全国三部会に第三身分代表として選出されながら、全国的にはほぼ無名だったが、出身のノルマンディ地方の首府ルアンとその周辺地域では革命期を通じて政治的へゲモニーを維持した有力な政治指導者だった。第七章では、こうしたローカルな権力の背景とともに、この商人の経済思想、政治的言動を分析し、一人の地方名士が持った国家観とその変遷を描き出す。

第八章では一七七二年生まれのシャルル・フーリエを取り上げよう。この名前は、マルクスやエンゲルスがその思想を指して「空想的社会主義」と呼んだことで広く知られるようになったと言えるが、『四運動の理論』をはじめとした著作で知られる思想家である。ここで重要なのは、彼がフランス革命を経験し、むしろ革命後にその主要な思想活動を開始している点である。特に本章では、革命の経験が彼の思想にどのような影響を与えたのか、特に彼の革命への評価、政府への庇護要請という姿勢、人間の政治的立場に関する考察、これらを通じて彼の社会観、革命観にアプローチする。

フーリエは革命を経験したものの、世代的には革命を振り返る一九世紀の人と言えるかもしれない。同様に、最後に取り上げるのは、フーリエよりもさらに時間的距離を置いて革命を振り返る世代の一人、一八四四年に生まれ、主に一九世紀後半に活躍したアルフレッド・ピカールという、技術系高級官僚の道を歩んだ人物である。とりわけ彼が本書の検討対象として不可欠なのは、彼が一八八九年、すなわちフランス革命一〇〇周年を記念したパリ万国博覧会に深く関わっているからである。この第九章では、ピカールの万国博覧会報告書を中心に分析し、革命後一〇〇年を経過した時代、革命が生み出した共和政がようやく安定と繁栄を迎えようとしていた時点でのフランスの過去、現在、未来を一人のエリート官僚がどのように捉えていたのかが明らかにされるはずである。

本書の構成を概観すれば以上のようになるが、各章で取り上げられるのは、聖職者や貴族、法曹家や商人、政府高官など社会的背景は様々だが、いずれも一定水準以上の教養を持った人々である一方、一般によく知られた人物もいれば、ほとんど知られていない者もいる。にもかかわらず、あるいはそれゆえにこそ、それぞれの言動に表れる個性とともに、革命前夜、革命期、そして革命後一九世紀のフランス社会において、その都度存在していたはずの「可能性としての革命」や「理想とする社会や国家の姿」、その多面性を浮かび上がらせることになるだろう。

（髙橋　暁　生）

第一章　アベ・コワイエ

――人気作家によるアンシァン・レジーム批判――

ガブリエル＝フランソワ・コワイエ（Gabriel-François Coyer, abbé, 1707 〜 82）の肖像

「忘れられた作家」という表現がある。存命中には知名度もあり、評価も高かったものの、死後、ほとんど言及されることがなくなるタイプの著述家を指す。およそ一〇〇年前にアベ・コワイエを取り上げたルブルトン゠サヴィニィはこうした前提で彼を論じていた(1)。もちろん、そこには忘却から救い出すに値する思想家だという判断があったのだが、現在ではコワイエを論じる際に、忘れられた作家の復権を目指すといった説明をあえて行う必要はなくなったと言ってよい。貴族が商業に従事することを制限していた特権喪失法の完全な撤廃を訴えて一七五六年に発表した作品『商人貴族論』が巻き起こした四年近くにわたる論争は、近年、多くの研究者の注目を浴びており、その議論がアンシァン・レジームにおける貴族制度、祖国愛、名誉といった重要なテーマに深く関わっていることが明らかとなっている。また、革命直前に凄まじい勢いで噴出した反貴族主義的イデオロギーの底流の一つにコワイエの主張を位置づける研究も多い(2)。要するに、コワイエは忘却を脱し、「復活した」と言える状況にある。

しかし、復活したのは『商人貴族論』の著者としてのコワイエであり、それ以外の彼の議論が注目を集めることは今でも少ない。教育論、同業組合論、祖国愛といった観点から他の著作が取り上げられることもあるが(3)、商人貴族論争に比べれば注目度は低い。ただし、こうした研究状況が偏ったものだとも言い切れない。数多い彼の作品の中でも『商人貴族論』と、それに寄せられた批判への反論として一七五七年に発表した『商人貴族体系の詳説と擁護』が、アンシァン・レジームへの批判という観点からとりわけ興味深く、また体系的な著作であるため、研究者の関心を引きやすいことは理解できるし、そのため、多くの研究の分析対象となるのも当然である。

だが、その一方でコワイエがそのほとんどの著作を通じて、アンシァン・レジームに対する批判を様々な角度から、繰り返していたことも事実である。もちろん、当時の文壇において『商人貴族論』に匹敵するほどの反響を呼んだ作品は見当たらないが、彼の主張が全て『商人貴族論』に集約されているわけではない。そこで、本章では、

『商人貴族論』を意識しながらも、それ以外の作品群を主要な検討対象とすることで、アンシァン・レジーム批判から浮かび上がる彼の社会構想を明らかにしたい。ただし、分析に入る前に、復活したとは言いながらも、著名な啓蒙思想家ほどには知名度が高くないコワイエという人物の生涯と著作について、簡単な説明をしておきたい。

第一節　コワイエの生涯と著作

生　涯(4)

ガブリエル＝フランソワ・コワイエ、通称アベ・コワイエ(5)は一七〇七年一一月一八日にフランシュ＝コンテの小さな町ボム・レ・ダムに生まれた。父は毛織物商であり、いわば地方都市の小ブルジョワ家庭の出身と言ってよい。コワイエはイエズス会が経営する近隣のコレージュに通い、一七二八年には自らイエズス会士となり、古典と哲学を担当する教師となった。その後一七三一年には聖職者となるが、八年後にはイエズス会を脱会する。一七三八年にはパリに出て、ブイヨン公爵（一七〇六～七一）の息子の家庭教師となるが、この地位はコワイエに終身年金をもたらし、経済的安定に寄与することになったという。一七四三年には従軍司祭のポストに就き、オーストリア継承戦争の最中である一七四七年にはオランダに赴き、間近で戦場を体験した。文壇にデビューしたのはその直後である。それ以降に社会風刺をテーマとして発表した小品八点を収録した『道徳小話集』を一七五四年に公刊し、人気作家となった(6)。その後、祖国愛論議の草分けとも言われる『祖国という古い言葉について』、『百科全書』の項目《peuple》に影響を与えた『民衆の本性について』、ギリシアとローマの神話を比較した『二つの古代宗教、ギリシアの宗教とローマの宗教の違いについて』（いずれも一七五五年）を経て、『商人貴族論』を発表する。

そして、唯物論を広める著作としてエルヴェシウス（一七一五〜七一）の『精神論』（一七五八年）を非難したイエズス会の機関誌『トレヴー』の筆者ベルティエ（一七〇四〜八二）に対する反論、さらには反フィロゾーフを表明する劇作家パリソ（一七三〇〜一八一四）への批判を行うなど、一七五〇年代末には論争的な性格の強い作品を手がける。それからも旺盛な執筆活動は続くが、本章が扱う作品としては、『説教について』（一七六六年）、『マティ博士への手紙』（一七六七年）、『シャンキ』（一七六八年）、『公教育計画案』（一七七〇年）、『イタリアおよびオランダ旅行記』（一七七五年）、『イギリスに関する新たな考察』（一七七九年）を挙げておく。

コワイエは成功した作家だったと言ってよい。アダムスによればブイヨン公爵からの終身年金はあったにせよ、コワイエの主要な収入は執筆活動からもたらされたという(7)。最晩年には自ら全集の編集に取り掛かるが、完成を待つことなく、一七八二年七月一八日に七四歳で世を去った。

多才な作家

コワイエという文筆家の特徴の一つは、その多彩な著述スタイルにあると言ってよい。『商人貴族論』は当時の彼にしては珍しく真剣なトーンで書かれた問題提起の書だが、コワイエが当初、注目を浴びたのは、軽妙なタッチの社会風刺、いわば才気に満ちた軽い読み物を得意とする著述家としてだった。このため、『商人貴族論』を発表した際には、『文芸通信』の筆者グリム（一七二三〜一八〇七）によって、こうした重要な問題を扱うための広い視野も深い洞察力もない作家だと決めつけられたほどだ(8)。それ以外にも、架空の旅行記、小説という形式を借りた社会批判、歴史書、イタリア、オランダ、イギリスを対象とした旅行記、当時パタゴニアに実在するとの噂があった巨人伝説を利用した一種のユートピア物語、理念を示すだけではなく詳細で具体的なカリキュラムを提示した公教育計画など、その作品は様々な形式で書かれ、多様な問題を論じている。そして、いずれの作品も当時のアンシァン・レジーム社会への痛烈な批判を主題とするという点で一貫していた。また、彼の批判が一定の共感を得ていたことは、彼の作品が版を重ね、生前からすでに著作集の計画が進行していたことからもうかがわれる(9)。

言うまでもなく、一八世紀のフランスではこうした多才ぶりを発揮する著述家は珍しい存在ではないし、本章が目指すのも、その作風の多面性を強調することではない。むしろ、まったく異なるタイプの作品の中で繰り返し現れるアンシァン・レジーム批判を確認しながら、彼が構想した社会像を探ることが目的である。そのため、次節以降では、社会、習俗、統治の三つの領域に分けてコワイエのアンシァン・レジーム批判を検討する。もちろん、これらの領域は相互に絡み合い、折り重なっているため、切り分けることは不可能だが、議論を整理するためにはある程度の分類は必要だろう。

第二節　社会批判

貴族への眼差し

『商人貴族論』の著者を論じるにあたって、まずは貴族に対する批判的な眼差しから見ていくことにしよう。商業への不当な蔑視と偏見を捨てず、自らの特権にのみ執着し、為す術もなく困窮に陥りながら気位だけは高い。軍務に就くことが貴族の本分だと言いながら、売官制の対象である士官の地位を購入する資力もなく、現実には無為で役立たずの存在に甘んじる田舎貴族。彼らは、『商人貴族論』でも揶揄と軽蔑の対象だったが、貴族への批判はコワイエの多くの作品において一貫している。一八世紀半ば、貴族に対する視線は厳しくなっていた。売官制を通じ財力で貴族身分を手に入れた人間は一七二五年から一七八九年の間で三万五〇〇〇から四万五〇〇〇人にも上るという。つまり一年あたり五〇〇人から七〇〇人、一日平均二人程度のペースで新しい貴族が誕生していたことになる(10)。こうした事実は、生まれ・家柄に基づく貴族の社会的優越性という議論の根拠を怪しくするものだった。また、財政難が深刻化する中で貴族の免税特権に対する風当たりも強くなる。要するに、貴族は本人たちが自明視する特権に見合う存在であるかどうかが問われるようになっていたのである(11)。こうした風潮の中で、コワイエはとりわけ貴族身分の社会的意義を疑問視し、貴族を揶揄し続けた作家だった。

パリには多くの魔法使いが住んでいる、とする『魔法のネタばらし』では、貴族も魔法使いの仲間だとされる。奢侈に耽り、その出費を賄うために金を借りながら債権者に魔法をかけることで借金を踏み倒す。そもそもフランスでは「貴族であること・高貴であること noblesse」は徳や才能とは関係なく、混ぜものの入った血によって受け継がれる利点であるに過ぎない。そのため六〇人もの経験豊富な中隊長を率いる一五歳の指揮官まで存在するほどだ。民衆に貴族とは偉大な存在だと信じ込ませているのも、領主権が正当なものだと思わせているのも、貴族が魔法使いだからである(12)。また、大貴族であるための心得を説く、という体裁の『大貴族への手紙』では、大貴族たるもの、浪費、借金、暴力に溺れ、民衆を軽蔑し、領民を抑圧し、実績もないままに昇進し、製造業や商業の重要性も理解しようとせず、民衆の貧窮にも心を動かされず、祖国愛など持たないという姿勢を貫くことが肝要だ、そうでなければ大貴族たる資格はないとされる(13)。フランス人貴族と結婚したイギリス人女性にフランス貴族の心得を説いた『イギリス貴婦人への手紙』で語られるのも同様の内容である(14)。

一見して明らかなように、『道徳小話集』に収録されたこれらの作品は戯文という色彩が強い。コワイエはこうしたタイプの作品の名手として文壇にデビューし、成功したのである。その意味で、彼の貴族批判はまずは才気に溢れた社会風刺の一要素として展開されたと言える。しかし、皮肉や冗談めかした口調を控え目にした作品でも貴族批判は続く。『説教について』は、宗教はもとより、あらゆる説教は人間の行動を変える上で何の役にも立たないとした上で、自己の幸福を追求するという人間の情念を抑圧するのではなく、政府がたくみに賞罰を配分することで個人の幸福追求と公共善を一致させることが、人間を有徳にする唯一の方法だと主張した作品である。こうした議論はキリスト教に代表される禁欲的な道徳を否定し、感覚論を土台にした世俗的で、功利主義の色彩が強い道徳の確立を目指すもので、コワイエの議論自体は当時としてはさほど目を引くものではない。このように道徳の向上をテーマとした作品においても、貴族は世襲制というその根幹において批判されている。貴族身分が世襲である限り、貴族はその道徳的資質や振る舞いとは関わりなく貴族身分を維持できる。つまり、貴族身分という報酬は徳や功績ゆえに与えられることもなく、逆に悪徳や不正ゆえに取り上げられることもない。そのため、貴族には有徳であろうとする、あるいは悪徳を避けようとする動機が欠けているという(15)。

　こうした前提からコワイエが導くのは、年金、軍における高いポストや地方総督といった地位、政府内の役職、騎士団への入会や宮廷内での名誉といった、政府が与え、奪うことのできる報酬を駆使することで、貴族を服従させることは可能だとする議論である。当然、保有官職はこの観点から望ましくない。官職は任免可能であるべきだとされる。ここで、コワイエはモンテスキュー（一六八九～一七五五）の『法の精神』に言及しながら、君主政において名誉心に期待しすぎることを戒め、政府による積極的な介入による道徳の向上を求めるのである(16)。ただし、この作品において彼は、貴族身分そのものの廃止にまでは踏み込んでいない。『商人貴族論』においても、身分によって担うべき社会的機能は異なるとする、身分制の根幹に関わる理念を事実上否定し、社会にとって有益な市民になるという義務を遂行する方法はどの身分においても多様であるべきだとしながら、コワイエは自らの主張は貴族身分はもとより、貴族特権すら否定するものではないとしていた。同時期に政府内で進行していた特権喪失法の緩和を目指す王令計画を考慮すれば、『商人貴族論』では実現可能な提言を展開し、激しい反撥を呼びかねない極端な議論は避ける必要があったと考えられる。この『説教について』でも貴族身分の世襲という身分制の根幹を事実上批判しておきながら、貴族制の廃止を要求することは避けている。

ところが『マティ博士への手紙』では貴族身分の世襲自体が攻撃される。この作品は、パタゴニアで発見されたという巨人たちが、もしも理想的な社会を形成していたとしたら、という空想を語ったものとして構想されている。その意味ではユートピア物語であり、それだけ現実社会に対してより根本的な批判を行いやすい。そこには知識だけではなく身体の強化と健康の増進を目的とする教育、衛生環境への配慮といった『公教育計画案』に共通する議論も見られるし、議会制度、拷問の廃止、売官制の不在、簡素で迅速な裁判制度など、他の作品にも存在するアンシァン・レジームの弊害への批判も存在する。世襲貴族の不在もそうした議論の一つである。パタゴニアの巨人の国では、尊敬される階級が一つある。それは軍事であれ、農業であれ、技芸であれ、医療であれ、何らかの分野で国に貢献した人々の一団であり、彼らには国家から生活費が支給され、公的な催事の際には特別な待遇を受けるという。これがパタゴニアにおける貴族身分なのだが、

貴族身分は純粋に個人的なものである。その子どもたちは、特に何もせずに同じ特権を得て、尊敬されながら生きていければ、と願うかもしれない。しかし、彼らも懸命に働くことを求められる。父と同じく高貴な存在となるには、傑出した業績を残すべく努めるしかない(17)。

このように完全に個人の能力・業績にのみ基づき、世襲されることのない地位を貴族身分と呼ぶべきかどうかは別として、徳、功績、国家への貢献を社会的評価の規準とし、生まれに立脚する貴族制度を批判するコワイエの議論を推し進めれば、世襲貴族制の否定に行き着くのは当然だった。

さらに『イギリスに関する新たな考察』を取り上げよう。この作品は扱うテーマにおいてヴォルテール（一六九四〜一七七八）の『哲学書簡』を想起させる。また、七年戦争の最中、政府が後押しした反英キャンペーンを経た後であるにもかかわらず、ここではイギリスは賞讃の対象であり続けている(18)。ただし、『商人貴族論』が明らかに示すように、コワイエはイギリスをフランスの恐るべき競争相手だとして、この国の商業的繁栄と海軍力に強い警戒心を抱いていた。七年戦争における敗北はこうした考えを強化したはずであり、この作品で展開されるイギリス賞讃は、フランスを批判するための方便という性格が強い。事実、七年戦争の初期、ミノルカ島の海戦で敗北した責任を問われ、処刑されたビング提督（一七〇四〜五七）の悲劇さえ、戦時の偏狭なナショナリズムではなく、イギリス国民の公共精神の発露として紹介される。はっきりと批判されるのはアメリカ植民地に対する姿勢くらいである(19)。また、ロンドンのロイヤル・アカデミーは国王からの影響力行使や介入を受けることなく自主的に運営されているとして、フランスにおけるアカデミー・フランセーズのあり方を暗に批判しているが、一七六〇年代以降、デュクロ（一七〇四〜七二）、次いでダランベール（一七一七〜八三）という二人の終身書記の努力によってアカデミー・フランセーズも文人たちが主導権を発揮する組織に変化していた。さらに、国民が何より重視する自由に反するという理由でイギリスでは拷問は行われないとする記述があるが(20)、この作品が出版された翌年にフランスでも拷問が廃止されたことを思えば、イギリスだけが突出して進歩的であったわけではない。この作品に顕著なイギリス賞讃は額面通り受け取ることができない場合がある。イギリスでは貴族に免税特権や領主裁判権がなく、狩猟も農業に悪影響を与えないよう時期を制限されている。特権喪失法もなく、商業への偏見もないため多くの貴族が商業に従事している。才能、特に議会における弁舌の才が栄達への手段となる。このようなイギリス貴族に関する描写も(21)、その第一の目的はフランス貴族への攻撃だと理解したほうがよい。

民衆あるいは国民

貴族批判と深く関わる問題として、極度な富の不平等、民衆への抑圧も複数の作品で批判の的になっている。『民衆にとっての楽しみ』では、その労働によって国家を支えているのは民衆であるにもかかわらず、はなはだしい富の格差によって国民は事実上、二つの集団に引き裂かれているとされ、社会的強者が弱者を虐げ、抑圧する社会の現状は食人に例えられている(22)。また、『民衆の本性について』では、民衆 peuple とは耕作者、使用人、職人であり、国民の中でもっとも人口が多く、もっとも必要な人々であるとした上で、理性もなければ徳もないとされる彼らは果たして人間なのか、人間本性を共有しているのかという逆説的な問いかけがなされる(23)。言うまでもなく、これは民衆が獣同様の扱いを受けていることへの告発であり、当然ながらコワイエは民衆もまた人間であり、民衆は尊重されるべきという方向に議論を進めることになる。そして、現在は貴族や徴税請負人として民衆を見下している人々も、先祖をたどれば民衆に行き着くとして、生まれや富を理由にした民衆蔑視を批判するのである。また、同業組合規制を告発した小説『シャンキ』も、国にとってもっとも有用で尊敬されるべき農民が、悪政によって転落する悲劇を描いた物語としても読むことができる。肥沃な大地に恵まれ、本来豊かな国で幸福に暮らしていた農民シャンキが、徴税請負制度と領主制の導入によって貧困に突き落とされ、家族を養うことさえできなくなる。やむなく長男と長女を連れて首都に出かけた彼は、そこで馬鹿げた同業組合規則に阻まれ、子どもたちに手に職をつけさせてやることも、商人にしてやることもできない。結局は、子どもたちは全員、犯罪に手を染め、あるいは娼婦となり、哀れな末路をたどることになる(24)。

逆に、庶民院を有し、自らの代表を選挙で選ぶことのできるイギリス国民は、議会制度と出版の自由、恣意的な逮捕を禁じた人身保護律のおかげで、自由を謳歌し、政治的な影響力を発揮しているという(25)。こうした議論はもちろん誇張されたものだ。ルソー（一七一二～七八）がイギリスの議会制度を嫌ったことはよく知られているが、イギリスを批判するのはルソーに限ったことではない。イギリスにおける選挙制度の腐敗、党派対立の激しさといった欠点はフランスでもよく知られていた。アングロマニアと並んでアングロフォビアも、時期による強弱はありながらも一八世紀のフランスに一貫して存在した思想潮流だったのである。現に、ヨーロッパのみならず、北米とインドにおいてもイギリスと覇権争いを繰り広げた七年戦争を背景に、バセ・ド・ラ・マレル（一七三〇～九四）の『フランス人とイギリス人の祖国愛の違い』や、ベロワ（一七二七～七五）の戯曲『カレーの包囲』といった、イギリスを敵役にしながらフランスの祖国愛を喧伝した作品は人気を博し、幾度も版を重ねていた(26)。そうした状況を経た後で、イギリスを過大に評価するコワイエの議論がどう受け取られたかには検討の余地がある。もちろんコワイエがイギリスを旅行したのは一七七七年であり、作品の発表は七九年であるため、七年戦争中の反英キャンペーンは終わっていたし、アンシァン・レジーム末期には再びアングロマニアが復活する。とはいえ、一七七九年と言えばアメリカ独立戦争の真っ只中である。フランスが参戦したのは一七七八年つまりコワイエの旅行記発表の前年だった。それを考えれば、イギリスを讃えることでフランスを批判するという手法がどの程度有効だったのかは疑問であろう。それでも、議会と出版の自由と人身保護律をイギリスの自由を保証する三つの制度として指摘する意図は明白だ。言うまでもなく、それらはフランスに欠けているものだったのである。絶対王政、検閲制度、そして封印王状(27)はイギリスの制度と好対照をなしていた。後に触れるような、イギリスの自由を内乱と社会的混乱の原因とするアングロフォビアの言説をコワイエが知らないはずがない。それでも、フランス社会を批判する上で、コワイエにとってイギリスは利用価値があったと思われる。

その一方で、コワイエの民衆論には大きな問題がある。冒頭の見出しを「民衆あるいは国民」としたことからも分かるように、彼はpeupleという言葉を「民衆」の意味にも「国民」の意味にも使っている。peupleという語そのものがいずれの意味でも使用可能だとはいっても、コワイエの議論の中では、抑圧と貧困に苦しみ、その境遇改善が求められる「民衆」と、政治的な権利を与えられるべき存在としての「国民」とが使い分けられている。そして、後者すなわち「国民」からは、住民の大半を占める「民衆」が排除されている可能性が高い。『イギリスに関する新たな考察』ではpeupleは「誠実なブルジョワ」「国の中でもっとも貴重な部分」という表現に置き換えられているし(28)、公教育つまり国民一般を対象とした中等教育のあり方を論じた『公教育計画案』では、農業経営者である借地農以外、農民には教育は不要だとされているのである(29)。このため、コワイエの民衆への同情的な発言と、peupleの政治参加を求める姿勢とは次元が異なるものだと理解すべきだ。しかし、いずれにせよ、コワイエが富の巨大な格差を批判し、その経済活動によって国家を支えている人々が、その有用性に見合った待遇を受けていないことを告発し、「侮蔑の滝」が支配する社会を非難していることは間違いない。政治的権利を付与されるべき「国民」は限定された人々であったかもしれないが、「民衆」が現在の境遇のまま放置されるべきではないと彼が考えていたことも事実なのである。

第三節　習俗批判

有益性と実用性

コワイエがフランスの習俗に対して向ける批判は多岐にわたるが、その多くは享楽的で、生真面目さ、粘り強さに欠けるフランス人の国民性に関わる。フランス人が社交的で、才気に満ちてはいるものの、軽薄で移り気な国民であるという評価は、当時においてもありふれたものだ。コワイエの作品の中で唯一日本語で読むことのできる『軽薄島の発見』は、イギリスの軍艦が漂着した未知の島の軽薄きわまる習俗が実はフランス人によってもたらされたものだったとする小説である(30)。奢侈品に目がなく、絶えず流行を追い求める一方で、イギリス海軍の士官たちが有する造船技術、鉱山開発技術、外科技術、地理学、自然学、数学といった実用的な知識をまったく尊重しない島の住人たちはフランス人のパロディである。この島には当然、徳もなければ祖国愛もないとされる。『軽薄島』はコワイエが得意とするジャンルの作品だと言えるが、そこには単なる娯楽と有益性、実用性との対比というテーマが一貫している。技芸も学問も「有益な」ものと、「娯楽を目的とした」ものに区別され、軽薄島で尊重されるのは後者だけである。修理を終えたイギリス船が出港する際、出国許可を与える代わりに軽薄島の国王が求めた条件は、髪を美しくカールさせることがたくみな三人の従僕と、夏用の涼しい馬車を考案した一人の兵士を残していくことだった(31)。

有益性と実用性はまったく別の領域でも重視されている。『二つの古代宗教、ギリシアの宗教とローマの宗教の違いについて』において、コワイエは、ローマの神々が断然優れているとするが、その理由はローマの神々がギリシアの神々に見られるあらゆる欠点、弱点を克服し、正義を重んじていること、そして、実用的で有益な存在であることだった。コワイエによればローマの神々は戦争、多産、豊穣、知恵などを司ることで人間にとって役に立つ存在であり、また、和解、平和、救済、自由といった要素だけでなく慎重さ、敬虔、勇気、信義といった徳目を神格化したものである点でも、ローマ人の習俗に好ましい影響を与えたという(32)。ローマ人が有益で、強く、賢い神を尊敬することで、宗教は習俗を支える基盤として機能したと言える。こうした議論の背後には、もちろんキリスト教に対する批判が見え隠れしているが、より重要なのは、コワイエが宗教についても有益性と実用性を評価基準としていることだろう。彼にとっては、どの宗教が正しいのかは問題ではない。健全な習俗を維持する上でどのような宗教が有益なのかが問題なのである。

『公教育計画案』において、こうした姿勢はさらに鮮明となる。フランスのコレージュの多くを運営していたイエズス会が一七六四年に追放されて以来、公教育は大きなテーマとなった。ブルターニュ高等法院の次席検事ラ・シャロテ（一七〇一〜八五）は、イエズス会への批判が高まっていた一七六三年に『国民教育論』を発表し、学校教育の世俗化を求める議論を牽引したが、過度なラテン語偏重やスコラ哲学への批判など、実用性、有用性を重んじる論調も当時の教育論の特徴をなしていた。元イエズス会士で自らも教壇に立っていたコワイエのこの作品もそうした流れに棹さすものである(33)。そこには身体教育の重視、ルソーの『エミール』への好意的な言及、「自然」への信頼、多くのフィロゾーフたちが共有していた感覚論哲学を土台とした認識論とそれに基づく教育方法などが確認できるが、実用性と有益性もまたこの作品を貫く重要なテーマである。この作品では、教育対象となる科目は実際に役立つ能力と知識を与えるという観点から選ばれ、技芸についても実用性を重視するという姿勢が徹底されている。身体教育に関するカリキュラムの説明を終え、知的教育に議論を進めるにあたり、最初の章は「有用な知識について」と題されているが、その冒頭にはこうある。

下手なラテン語会話と作文を学び、その年齢では理解できるはずもない著述家について説明させ、無駄口を叩くことにしか役立たない大げさな表現を頭に詰め込むために修辞学をかじり、良識に反する哲学原理を教わり、道徳はまるで付け足しのような扱いしか受けない。こんなことに十年から十二年もの年月を費やす。三十年前、我が国のコレージュではこうしたひどい教育が行われていた。そのようなコレージュを出ても、知識もモラルも身につくはずがない(34)。

ここには、イエズス会をはじめとする修道会が担う中等教育においては有益性や実用性といった価値が尊重されてこなかったという認識が示されているが、そうした批判は単に学校にだけ向けられるものではない。有益性の軽視は、『軽薄島』が戯画的に描くように、フランス社会全体の欠点として捉えられていた。

同様の問題意識は他の作品にも繰り返し登場する。単なる娯楽のための技芸、あるいは奢侈品に関わる技芸と対比されるものとして、有用な技芸、実用的な技芸、必要な技芸という概念はしばしば現れる。理想郷パタゴニアでは当然、誰もが農業をはじめとする実用的で社会に必要な技芸に従事しており、奢侈産業はない。またオランダも奢侈品は少ないが、有用な技芸は発達し、必需品は豊富にあるという(35)。そして、イギリスでは「有用な技芸は通常の域を超える完成度にまで達して」(36)いるとされる。そうした技術がイギリスの製造業を支え、経済力の基盤となっていることは言うまでもない。

有用性、実用性を求められるのは技芸や教育だけではない。人間そのものが有用であることを強く要求される。

商業への参入を貴族に求めたのも、物乞いや寄生階級を厳しく批判し、労働の価値を強調するのも人的資源を有効に活用すべきという観点からである。社会的有用性を基準とした評価の確立、つまりメリトクラシーの要求は、貴族批判だけでなく、コワイエの議論全体を貫いている(37)。

祖国愛

フランスの習俗への批判として重要なもう一つの論点は祖国愛である。祖国愛はイギリスとの緊張関係が高まる中、七年戦争が目前に迫った時期からフランスにおいて重要なテーマとなり、戦争とともに反英キャンペーンに結びつきながら、盛んに議論されるようになる。また、モンテスキューが共和政の原理は徳であり、徳とは祖国愛であり、それは質素への愛と平等への愛に支えられていると論じたこともあって、祖国愛は政体との関わりでも問題とされるテーマだった。君主政国家フランスでは、祖国愛は共和国だけのものではないとする主張も展開される。つまり、フランスにおいては国王への敬愛は祖国愛と一体化し、国王を愛し、敬うことと祖国愛の間に齟齬はないというのだ。また、一七八〇年代には地方アカデミーの懸賞論文のテーマとしても祖国愛は幾度か取り上げられるようになる。例えば一七八〇年にブザンソン・アカデミーが募集した懸賞論文のタイトルは「愛国的徳は共和政に劣らず君主政においても見事に発揮されうる」(38)だった。

こうした中でコワイエが一七五四年に執筆した『祖国という古い言葉について』は、フランスにおける祖国愛の欠如を嘆くことから始まる。

農村でも都市でも、地方でも首都でも、宮廷においてはなおのこと、この「祖国」という言葉を耳にすることはほとんどなくなった。老人はその言葉を忘れ、子どもたちはこれを学んだことがない(39)。

もちろん、こうした主張を鵜呑みにする必要はない。印刷物において祖国という言葉の使用が急増するのは一七五〇年代になってからだが、増加傾向は三〇年代から確認できるという。つまり、コワイエは祖国愛論を盛り上げた一人ではあっても、火付け役とまでは言い切れない(40)。この作品によれば、フランスで祖国という言葉が用いられなくなったのはリシュリュー（一五八五～一六四二）の時代からだという。君主の意志だけが絶対で、国民の生命・財産の安全が保証されない国には、そもそも「祖国」は存在しないし、自由のない国に祖国はない(41)。コワイエはこうした国の状態を指すのに「東洋的専制」という言葉を用い、あたかも非ヨーロッパ世界を念頭に置いているかのように装ってはいるが、フランスにおいて絶対王政の確立に貢献したリシュリューの名が挙げられていることは、彼の意図を明瞭に示していると言えるだろう。もう一つ、重要なのは、祖国愛復活のために必要な手段は、正義と秩序の回復、腐敗の一掃に加え、減税と富の集中の是正だとする主張である。

われわれに欠けているのは、全員が一体となって取り組むという姿勢である。一方は富に溺れ、傲慢で、もう一方は貧困に沈み、絶えず不平を漏らす。一方は他方の不幸な様子を見て自分たちは幸福だと思う。〔…〕一つの国の中に、このような二つの国民が存在するようでは、祖国という言葉を耳にすることなどないだろう(42)。

共通の利害によって国民が結びつくための条件として平等を求める議論はモンテスキューを踏襲したものだし、そこに共和主義への好意的な態度を読み取ることは可能だが、ここでも、コワイエが求める改革は君主政の枠組を前提にしたものである。祖国であるためには、身分の違いがあっても抑圧が存在しないことが重要であり、一定の貧富の差があるのは当然であり、機会の平等が確保されれば問題はないとされる(43)。したがって、君主政においても極端な富の不平等を是正し、強者が弱者を援助する社会を構築することで祖国は蘇る、というのがこの作品の主張だった。そもそもコワイエは平等を要求したことはなく、『説教について』においても、市民を有徳にする上で、政府が賞罰を適切に配分することは共和国における平等より効果的だと論じている(44)。ただ、フランスに蔓延する極端な不平等は、機会の平等をも奪い、社会的流動性を封じ、賞罰の適切な配分が効力を発揮する土台そのものを破壊すると考えられていた。

理想化されたパタゴニアの巨人の国でも、祖国愛は当然普及しているとされるが、『イギリスに関する新たな考察』ではこの感情はイギリス人の国制と結びつけられている。

国民の利害の一致が生み出す祖国愛は、公共精神の強さとして、イギリス人の主要な国民的性格の一つをなしているとされる。彼らの公共精神は、慈善活動、都市の美化、国家に貢献した人物の顕彰、図書館をはじめとする公共施設の建設など、多くの領域での熱心な活動に現れている。また、ヴォルテール以来、アングロマニアの言説が好んで取り上げる宗教的寛容ばかりでなく、ヒューマニティといった徳目もイギリス人の性格として賞讃されるが、特に重要なのはイギリス人が何より自由を愛する国民だという指摘だろう(45)。

コワイエのイギリス論はアングロフォビアの主張と真っ向から対立する。イギリスを非難する人々にとって、国家全体の利益を顧みず党派抗争に明け暮れ、内乱による流血が絶えず、挙句の果てに自分たちの国王を処刑するという暴挙に出たイギリス人は、文明に背を向けた野蛮人だった。もう一点、イギリスをめぐる賛否両論が激しく対立するのは、まさにイギリスの自由をめぐる解釈だった。アングロマニアによれば、イギリス人にとって自由ほど貴重な財産はなく、当然ながら自由はフランスでも尊重されるべきものだった。一方、イギリスを批判する人々は、イギリス人が自慢する自由とは実は「放縦・放恣」に他ならず、それがイギリスの政治と社会の混乱を招いているという。「自由」の解釈では対立するものの、どちらの陣営も英仏両国が自由という観点から見て異なる習俗が支配する国であるとの認識では一致していた。重要なのはコワイエが祖国愛が成立する条件として、富の不平等が極端でないことに加えて、専制国家ではないこと、つまり国民の安全と自由が確保されていることを挙げていた点だ。その意味で、イギリス人の自由への執着と彼らの国制、そして祖国愛とは結びついている。こうして習俗論は国制をめぐる議論へと繋がっていく。それにより、コワイエのフランス批判は最終的には絶対王政という政治体制へと向かうのである。

第四節　絶対王政のイデオロギーと統治構造

国民の政治参加

すでに述べたように、『説教について』で、国民の習俗の向上は政府による賞罰のたくみな配分にあるとコワイエは論じていたが、同様の主張は『イギリスに関する新たな考察』でも繰り返される。習俗を決めるのはその国の統治のあり方だというのだ。免税特権はない。狩猟権はあっても農業の妨げとならないように制限されている。領主裁判権もない。貴族が議会において影響力を発揮し、主導権を確保しようと思えば、国民の支持が欠かせない。ゆえにイギリスの貴族はフランス貴族とは違って傲慢にはなりえないという。また、王室歳費を承認するのが議会である限り、国王といえども浪費は許されない。言論・出版の自由と人身保護律という制度によって国民は常に政府や議会を監視し、支配層を批判することが可能となる。そうした国民の支持を得るためには政治家は公益に尽くすしかない。さらに、議会という制度は、才能ある人間を政治指導者に押し上げる機能を果たす(46)。こうしてイギリスの統治制度は自由を尊び、祖国愛に溢れ、誇り高い国民を育て、貴族や議員に対して国家に奉仕することを要求しながら彼らのモラルを高め、能力と功績による栄達を可能にすることで、メリトクラシーを実現しているとされる。ここで何よりも重要なのは、国民自身による政治参加である。

イギリスの国制において、偉大な徳の源泉である祖国愛は極めて普及した情念です。それは民衆の仕事場にまで浸透しています。自分たちの司法官、市参事会員、州長官、市長、国民議会における代表を選出する国民は国事に関わる問題すべてに関与するのです。彼らは物価より国事のほうに関心があるのです。昼食時にはお茶とバターと一緒にその日の新聞を持ってきてもらい、国における大事について議会で交わされた討論を貪るように読みます。そして議会の弁士たちと一緒になって熱くなり、リーダーたちのもとに集まり、自分たちの声を議会に届けようとするのです。支持する党派を勝利させることもしばしばです。こうした精神に溢れた国民は、国家のために苦労を耐え忍び、国家のために行動することができる人々なのです(47)。

こういったイギリス像が過剰なまでに美化されたものであることは言うまでもない。また、この旅行記の狙いがイギリス賞讃にかたちを借りたフランス批判であるとすれば、彼がイギリスを本気でこうした社会だと信じていたかどうかもさほど重要ではない。しかし、その一方で、コワイエが絶対王政の根幹に関わる批判を行っているのも確かである。議会制度の導入の可能性を真剣に検討していたかどうかは別としても(48)、言論・出版の自由を背景に国民が支配階層を監視し、自らの見解を表明することで、ある種の政治参加を実現する。彼がこうした方向の改革を求めているのは間違いないだろう。コワイエ自身は「世論」という言葉は用いていないが、彼の議論もまた、世論の台頭により一八世紀後半のフランスに生じた政治文化の変容を表していると言ってよい(49)。コワイエによれば、イギリスにおいては国王からの支持よりも国民からの支持のほうが重要なのである。

この点で、この作品の末尾にジョン・ウィルクス（一七二五〜九七）の演説が収録されているのは興味深い。ジャーナリストとして激烈な政府批判を繰り返し、庶民院議員に当選するも国王を誹謗したとして議員を解任、逮捕されながら、民衆の圧倒的な支持を得て「ウィルクスと自由」のスローガンのもと、自らをイギリス国民の自由の象徴とするキャンペーンによって議席を回復したウィルクスは、その後も、有罪判決、亡命、帰国、再び庶民院への立候補、そしてまたもや逮捕という目まぐるしい経歴をたどる(50)。言論・出版の自由が認められたイギリスにおいても異色の人物であり、急進的ジャーナリスト、そしてデマゴークでもあった。コワイエはこのウィルクスがイギリス政府のアメリカ政策を批判した議会演説をフランス語に翻訳し、掲載したのである。コワイエ自身がアメリカ独立に好意的で、自由を誇りとするイギリスが圧制者として振る舞うことの矛盾を指摘していることを思えば、ウィルクスの演説を取り上げたのは、アメリカ問題における共感ゆえだと考えることも不可能ではないが、おそらくそれは重要ではない。貴族の生まれでもない人間が、宮廷や政府から憎悪され、逮捕までされながらも、民衆の支持と自分の弁舌だけを頼みに敢然と戦う姿を示すことで、イギリス統治のいわば「健全さ」を強調し、翻って、フランスにおける自由の欠如を批判することが狙いだったと解釈すべきだろう。コワイエによれば、ウィルクスの演説はどんな描写よりもイギリスの統治の精神をよく表しているという。雄々しく、率直で、大胆な雄弁は「市民」であることが許されている国制の特徴だというのである(51)。ここで言う「市民」とは君主政における「臣民」とは異なる存在、ルソーが自らを「ジュネーヴ市民」と名乗った際に意図した「市民」、つまり主権を分かち持つ政治主体としての「市民」であることは間違いない。

社会契約説

さらにコワイエはイギリスの統治原理として社会契約説を持ち出す。

イギリス人は王権というものに関してかなり独特な見解を抱いています。イギリス人によれば、王の権力は、市長や司法官の権力と同じく、神に由来するわけではないというのです。君主政においては君主は法を遵守する、臣民は君主に忠誠を尽くすという一種の暗黙の契約が存在するのであり、もしも、君主が契約に違反すれば、臣民はもはや君主への忠誠義務を免除されます。実際、イギリス人は王位が世襲の権利に基づくことは承認していますが、どの国王もこの根源的な契約に縛られていると考えています(52)。

自然権や自然状態については触れられていないものの、抵抗権への言及や、イギリス人が信奉している見解とされている点から、コワイエはここでロック（一六三二～一七〇四）の契約論をごく簡単に説明してみせたと考えてよいだろう。社会契約論には長い歴史があり、フランスにおいてもよく知られた議論だった。コワイエは何ら新しい観点を持ち込んでいるわけではない。また、国民の抵抗権を正当化するこうした思想こそがイギリスの内乱と国王弑逆《しぎゃく》の原因だとして、絶対王政の原理の優越性を主張することは、アングロフォビアが得意とする議論だった。絶対王政の支持者によれば、国民が国王に限りない尊敬の念と愛情を抱き、国王が国民の幸福のために尽力するフランスにおいては、国王と国民との利害対立は最初から存在しえないのであり、一方による契約違反と他方による契約の破棄といった事態を想定する必要はない。しかし、それでもコワイエは契約説を統治原理とするがゆえにイギリスにおいて国王は善をなすには自由だが、悪をなそうとする場合、その手は縛られていると主張する。その場合、国王が国民との契約を遵守しているかどうかを検証する上でも言論・出版の自由は欠かせないし、王に税金の使途について説明を求める権利が国民にはあるという(53)。コワイエがこの作品を出版した二年後の一七八一年、ネケール（一七三二～一八〇四）が公表した『財政報告書』はベストセラーとなった。国民は国王政府による税の使途の公表を熱狂的に歓迎したのである。同時に、「王の秘密」を暴露したネケールは罷免されることになった(54)。世論を味方につけることの重要性は認識しつつあったとはいえ、フランス政府には国民に情報を開示した上で、自身の行動の是非を判定する権利を彼らに認める意志は毛頭なかったのである。こうした事情を考慮すれば、社会契約説という思想が、国民による王権の監視、ひいては国民の実質的な政治参加を正当化する上で有効な議論だとコワイエが考えていた可能性は高い。アングロフォビアによる反論があったとはいえ、むしろ、そうした反論があったからこそ、彼はイギリスの国制を論じるというかたちで、あえて社会契約説を持ち出し、アングロフォビアの背後にある絶対王政擁護論を批判したのだろう。

第五節　コワイエの社会構想

軽妙な風刺を得意とする才気溢れる作家としてフランスの習俗を揶揄し、人気作家となったコワイエは、最晩年の作品『イギリスに関する新たな考察』においては、イギリス紹介という体裁のもとで辛辣なフランス批判を展開する。また、批判の対象もより政治的な内容に移行していく。こうした変化を時間の経過に伴う思想的な展開として捉えることも可能だろう。つまり、一七四〇年代末に風刺作家として出発したコワイエは、時とともにアンシァン・レジームの矛盾、欠点を深刻に捉え、糾弾するようになったと見る解釈だ。ただ、初期の作品とは言い難い『シャンキ』が風刺作品であることを思えば、後になるほど真面目な作風に移行したとも言い切れない。むしろ、批判の対象とテーマに応じて柔軟に作品のスタイルを変えたと考えるほうが妥当かもしれない。または、どのような議論までなら許されるのかという、その時々の「空気」の変化に対応しながら、作品を執筆したのだとも解釈できる。『百科全書』が出版許可を停止された一七五〇年代末は、七年戦争と、何よりも一七五七年に生じたダミアン事件の影響で、書物や言論への規制が一段と強化された時期だった。一方、当初はルイ一六世の命令により禁止された『フィガロの結婚』が、結局は上演され、大成功を収めることになったのは、『イギリスに関する新たな考察』出版から四年後の一七八三年である。革命前夜まで検閲制度は厳然と存在し続けるが、それがどの程度厳しく運用されたかについては、当然ながら変化があった。

コワイエの作風の変化の原因が何であれ、重要なのは、彼が一貫してアンシァン・レジームへの批判を続けていたことだ。その対象は習俗から政治制度へと力点を移動させたようにも見えるが、冒頭でも述べたように、社会風刺と政治批判は絡み合っており、切り離すことはできない。貴族への風刺は君主政の基盤とも言える身分制原理に対する攻撃を意味するものであったし、民衆が置かれた悲惨な状況を訴え、富の極端な不平等を告発することは、税制改革による富の再配分や、大多数を占める非特権階級の境遇改善を求める議論に繋がる。また、祖国愛や公共精神の欠如を指摘しながら、フランスの習俗を攻撃する姿勢もまた、絶対王政の統治原理を批判し、国民の政治参加を要求することに結びつく。『イギリスに関する新たな考察』でもっとも明確なかたちで示されるフランスの統治制度への批判は、初期の風刺作品で展開された議論の論理的帰結と見ることも可能なのである。

コワイエの議論に独創性は感じられない。本論で紹介した社会批判、政治批判を他の著述家の中に見出すのはたやすい。教育論で示される自然讃美、里子制度や乳幼児の体の動きを拘束する衣服への批判などはルソーの読者にはおなじみのものだし、感覚論哲学に立脚した道徳哲学を主張し、コレージュの旧態依然たる教育、さらには拷問や過酷な刑罰、宗教的不寛容を攻撃する姿勢も多くのフィロゾーフが共有するものだろう。民衆が置かれた過酷な境遇への告発も、ラ・ブリュイエール（一六四五〜九六）を持ち出すまでもなく、ありふれたテーマといってよいし、それ以外にもヴォルテール、モンテスキューなど著名なフィロゾーフを連想させる記述は多い。イギリス評価に関しても、長く続くアングロマニアの伝統を利用することはたやすかった。商人貴族や同業組合批判といった経済問題に関する提言にもヴァンサン・ド・グルネ（一七一二〜五九）の影響あるいは示唆が顕著である。そもそも貴族の商業への参加を促進しようとする議論、政策は一七世紀初頭から幾度も提起されていたことを考えれば、コワイエをもっとも有名にしたこのテーマさえ、彼の独創的な発想というわけではなかった(55)。

しかし、コワイエがアンシァン・レジームの何を批判し、それにどのような社会構想を対置していたかは明白である。世襲貴族と売官制をともに批判することで、生まれと富に代えて、個人の能力・業績を社会的評価の規準にしようとする姿勢、その際に鍵となる有益性と実用性という価値規範の重視、労働の讃美と無為への批判と結びついた人的資源の有効活用による経済発展の主張、極度な富の不平等の是正による民衆の境遇の改善、そのために求められる税制改革、国民の政治参加の拡大、それを支える言論・出版の自由の要求、宗教的不寛容への批判。作品によって取り上げるテーマはもちろん変化するとは言え、これらの要素がコワイエの作品全体を貫いていると言ってよい。異なるのは、こうした主張を行う際に選択する作品のスタイルである。初期の『道徳小話集』や『シャンキ』ではアンシァン・レジームの欠点を誇張し、戯画化することでこれを嘲笑する。また、パタゴニアの巨人たちの「国」を理想郷として描写し、あるいは、イギリスを過度に美化して描くことでフランスを蝕んでいる悪弊を告発する。手法は様々だが、いずれも目的は同じである。もちろん、『唯物論に関するベルティエ神父への手紙』(56)における宗教的不寛容への批判、『公教育計画案』に見られる従来のコレージュ教育への容赦ない攻撃など、韜晦《とうかい》や揶揄、他国やユートピアの描写といった手段を用いず、直接的に自説を展開する場合もあった。

著述家としての成功が示すように、こうしたコワイエの社会構想は、独創性を欠く反面、賛同を得やすかったと思われる。また、貴族をあれほど揶揄し、批判しておきながら、貴族身分の廃止を訴えることはしない、国民の政治参加の拡大を求めておきながら、君主政という政体を疑問視することのないその姿勢も、多くのフィロゾーフと共通していたと言えるだろう。パタゴニアの理想郷にすら君主は存在するとされており、コワイエにとって共和政は、他国やユートピアと同じく、アンシァン・レジーム批判に利用可能なモデルではあっても、実現可能性を真剣に検討する対象ではなかったのだろう。彼が求めた改革は、君主政をより穏健で自由な政体にすることだったと言ってもよい。しかし、王権にはこうした改革を進める能力や意志が欠如していたこと、また、貴族という存在が改革の大きな障害であることはやがて明らかとなる。そして、「国民主権」という概念の登場は、国民と民衆を分離したままでは解決できない問題を突きつけることになるのだが、それに取り組むのは次の世代の任務である。

（森　村　敏　己）

第二章　ルイ＝アントワーヌ・カラッシオリ

――キリスト教護教論者がフランス革命に託したものとは――

ルイ＝アントワーヌ・カラッシオリ（Louis-Antoine Caraccioli, 1719 ～ 1803）の肖像
Photo© RMN-Grand Palais (Château de Versailles) / Gérard Blot / distributed by AMF

この喜ばしい日を何千回も祝福しよう。第三身分が自らの権利について議論する力を付与され、自身を押し潰そうとしていた嵐から身を守る術を与えられ、この身分にふさわしい場に呼ばれたこの日を(1)。

とある人気作家の一七八九年の作品の一節である。「この日」とは、全国三部会の開催日となる一七八九年五月五日を指す。第三身分の擁護を高らかに謳うこの引用を一読する限り、多くの読者はこれを啓蒙思想家の言説、少なくとも啓蒙思想の洗礼を受けた思想家の言説だと考えるだろう。だがこの人物、ルイ゠アントワーヌ・カラッシオリは、反啓蒙思想的なある男爵から「ヴォルテールのような怪物を生み出したこの世紀の不幸の埋め合わせができるとすれば、〔…〕カラッシオリという有徳の作家の輩出をおいてない」と高い評価を受けた人物である(2)。啓蒙思想家と親交の厚いグリム（一七二三〜一八〇七）によれば、カラッシオリは「フィロゾーフの強敵」である男爵から賞讃を受ける作家であって、つまり同じくフィロゾーフの敵だというのである。というのも、カラッシオリはキリスト教護教論者として名を馳せていたからである。

では、キリスト教護教論者からの評価はどうだろう。キリスト教護教論の牙城とも呼ばれる書評誌『文芸年鑑』の評者によれば、カラッシオリの作品は「狙いはたいへん良く、才能もあるが、惜しくも駄作」(3)、と手厳しい。啓蒙思想家には敵視され、反啓蒙思想の陣営からも留保つきの評価しか得られない。しかしながら、彼がたいへんな人気作家であったことは間違いない。フランス史の研究者の中でも知名度は決して高くないが、一八世紀後半に一説では八〇点(4)もの作品を発表し、その大半が繰り返し版を重ね、英語、ドイツ語、イタリア語などにも翻訳されていた。

本章では、啓蒙思想家と犬猿の仲にあり、文壇からは揶揄され、しかし絶大な人気を誇ったあるキリスト教護教論作家が、「革命的」な主張をするにいたるまでを追っていく。そうすることで、膨大な蓄積のある啓蒙思想研究において、フランス革命の一起源となる思想潮流とされてきたものとは異なる、もっと言えば、その宿敵であり、打倒すべき「伝統的」思想と見なされてきた思想と「革命的」とされる思想がある一人の人物において、いかに折り合い、あるいは対峙しながら醸成されたのかを捉える試みとしたい。

第一節　ルイ＝アントワーヌ――人気作家カラッシオリ誕生まで

本題に入る前に、カラッシオリその人について知っておく必要があろう。ルイ＝アントワーヌ・カラッシオリは、一七一九年にナポリに本家を置くカラッチョロ家(5)のフランスの分家に生まれた。本家ナポリのカラッチョロ家は枢機卿、司教を輩出した由緒正しい一家だが、フランスのカラッシオリ家に華々しさはない。ルイ＝アントワーヌの父マルク＝アントワーヌはかつてオーストリア＝ハプスブルク帝国に仕えていたが、ジョン・ローの投機事件の折に破産し、贋金作りへの関与も疑われている(6)。ところで、同じく一八世紀後半、もう一人のカラッシオリ、ドメニコ・カラッチョロ（一七一五～八九）も実在していた(7)。こちらはナポリの本家カラッチョロ家の出身だが、ややこしいことにルイ＝アントワーヌと同世代で、ナポリ公国在フランス大使としてパリにいた。ドメニコはフランス社交界との関係が深く、特に同郷のアベ・ガリアーニとその親友であったレスピナス嬢とは長く親交を結んでいた。グリムを信じるなら、パリ社交界から締め出されていたルイ＝アントワーヌとは正反対の人物であったようである(8)。

ルイ＝アントワーヌに話を戻そう。彼は一七一九年一一月六日、父オルトノマレ侯爵（ナポリ王国）、マルク＝アントワーヌ・カラッシオリ（Marc-Antoine Caraccioli）とエスペランス＝マリ・ボネ（Espérance-Marie Bonnet）との間に、フランス北西部ル・マンのサン＝ヴァンサン小教区で生まれた(9)。オラトリオ会のヴァンドーム・コレージュで教育を受け、二〇歳のときオラトリオ会に入会し、その後、母校で修辞学級の教師を務めることになる。当時のオラトリオ会系コレージュでは、優秀な学生がそのまま教師として残る慣行があったようなので、ルイ＝アントワーヌも優等生だったのだろう。そのまま会に残ったのか、脱退したのかは明らかになっていない。明らかなのは、その後ヨーロッパ旅行に出たことである。イタリアでは当時の教皇であったベネディクトゥス一四世（一六七五～一七五八）、次期教皇となるクレメンス一三世（一六九三～一七六九）と親交を結び、オランダ、ドイツなどを経てからポーランドにわたった。ポーランドでは、大貴族ジェヴスキ家の子息セヴェリン・ジェヴスキ（一七四三～一八一一）の家庭教師を務めることになり、これによって大佐の称号を受け、のちの自著には「ポーランド国王軍大佐およびザクセン選帝侯」と署名することになる。また五〇〇〇リーヴルの終身年金を得、一七七二年のポーランド分割まで年金は支払われたという。一七六三年頃フランスに帰国し、まずロワール川沿いの街トゥールに、それからパリでの本格的な執筆生活に入る。カラッシオリ家の財産はあてにできなかった代わりに、作家として安定的な報酬を得ていた(10)。

一七五一年から死の前年の一八〇二年までが彼の作家としての活動期間であるが、一七九一年以降の作品はごく少数で、実質的な作家生活は一七五一年からの四〇年間である。どのような時代だったのだろうか。一八世紀後半のフランスにおいて、カラッシオリの執筆活動に直接関わる背景は、一方に「新思想」と呼ばれた啓蒙思想のひろがりと非キリスト教化の進展、他方にこれに抗うキリスト教護教論の展開がある。さらに、「新思想」とキリスト教をめぐる闘いが広汎な一般読者を想定した書物、定期刊行物、手書き原稿などを舞台としていたことから、「読者」の存在が第三の要因として浮上する。一七世紀後半から一八世紀における識字率の向上、コレージュ（初等・中等教育機関）教育におけるラテン語からフランス語重視への舵切り、経済発展による教養、富、余暇を有する人々の増加。これらによって、職務上の理由から書物と親しんでいた伝統的読者（聖職者・法曹家）とは別に、気晴らしや知的好奇心のために書物を手に取る新しい読者層が生まれた。のちに詳述するように、この読者をめぐって「新思想」と「護教論」とが争奪戦を繰り広げていたのである。カラッシオリの作品は、まさにこの新しい「読者」に照準を合わせた点に最大の特徴がある。このような一定の富と教養を有する人々の動向を重視する姿勢は、フランス革命初期の彼の作品にも表れているだけに、この第三の要因が彼の作品を理解する上でとりわけ重要になる。

　そこで以下では、第二節でカラッシオリの活動を全般的に眺めてから、第三～五節で護教論者としての、とりわけ読者との関係から彼の作家活動を捉え、新思想に対する彼の批判を分析する。第六節では革命期の作品の分析から、彼が革命初期の一連の事件をいかに受けとめたのかを明らかにし、第七節で「フランス革命」「啓蒙思想」「護教論者カラッシオリ」という三者の関係を解きほぐしたい。結論をやや先取りすれば、そこには、彼が一貫して神の下の平和と統合を訴え続けたキリスト教護教論者だったからこそ、一七八九年を熱狂的に迎えたことが示されているのである。

　このカラッシオリは、一筋縄ではいかない人物でもある。というのも、彼は神への愛をひたむきに説く真面目一徹な護教論者というにはほど遠いからだ。まずは、カラッシオリのプリズムのような多面性に光を当てるところからはじめたい。

第二節　複数の顔を持つ人気作家

出版した作品数で作家のランクが決まるのならば、カラッシオリは「大作家」と呼んで差し支えないだろう。しかし、「どれほどこの人物の作品を研究しても、未発見の大思想や歴史に埋没していた代表作の発見は期待できない」(11)。研究者は分析対象に少なからず愛着を覚えることがある。だが、カラッシオリの数少ない研究者がこう述べている以上、ひいき目に見ても、フランスが大革命を経て旧体制から近代国家へと変転する、その劇的な時代を牽引するような思想は見いだせないのだろう。言いかえれば、彼の作品の魅力も、それを研究する意義もそこにはない。しかし、彼が読者から熱烈な支持を得ていたこともまた事実である。彼の作品の魅力は、時間的・文化的に遠く隔たりのあるわれわれには感覚的にはつかめず、知的にも理解しがたいが、四〇年近く読まれ続けた彼の作品には同時代の人々の「何か」に訴えるものがあったと考えざるをえない。そしてその「何か」は、カラッシオリの場合、才能の賜物であると同時に、苦心して彼が作品に託したものとの印象を受ける。したがって、これを探ることがルイ=アントワーヌその人に近づくことになるだろう。また、その「何か」とは、われわれ二一世紀の人間には理解しがたいものであったり、取るに足りないものに感じられたとしても、当時の多くの読者にとっては価値あるものだったことを認めなければならない。自身がまったく理解できないものの価値を知的に理解するのは決したやすいことではないが、それでも理解しようと歩みよることが、歴史を現代の価値で判断せず、当時の思考や感性に即して内在的に理解することになるのではなかろうか。

このような視点に立ってカラッシオリの作品群を俯瞰してみると、カラッシオリの三つの「顔」が浮かび上がる。

一つは、キリスト教護教論者には珍しく、現世的幸福を手放しで讃美する文明の礼讃者としての顔、二つ目は軽妙かつ辛辣な語り口の風刺作家としての顔であり、三つ目は「新思想」および「唯物論」に容赦ない批判を浴びせる敬虔なキリスト教護教論者としての顔である。

最初の二つの顔を見せる作品での文体を支配するのは、軽々しさである。カラッシオリが唯一歴史に名を残したとすれば、『諸外国のモデルとしてのパリ、あるいはフランス的ヨーロッパ』(12)（一七七七年）における「フランス的ヨーロッパ」の提唱者としてであろう。この文言は、リヴァロル（一七五三〜一八〇一）のベルリン・アカデミーの懸賞論文受賞作「フランス語の普遍性について」における「明晰ならざるはフランス語にあらず」という一節とともに、一八世紀のヨーロッパにおけるフランス文化およびフランス語の威光の象徴として語られてきた(13)。たしかに、同作品にはフランス文化に対する讃辞で溢れている。「フランス式マナーが様々な地域に導入されたが、これを拒む国などなかった。ゆったりとした雰囲気、穏やかで洗練された振る舞いを嫌う者などいないからだ」。一言で言えば、「かつては、すべてがローマ式だった。今日は、すべてがフランス式である」(14)。たしかに、フランス式文明化の信奉者としてカラッシオリを理解するに足る一節である。

しかしながら、これを真っ向から否定するような言説も枚挙にいとまがない。カラッシオリの二つ目の「顔」がこれである。もっとも痛烈な批判を展開する『流行書』（一七五九年）、『四色の本』（一七五九〜六〇年）(15)は、『フランス的ヨーロッパ』で讃美するあらゆる流行を、毒を含んだ表現で揶揄している。大胆なのは内容ばかりではない。くだらぬ本でも見栄えがよければロックやニュートンよりも売れるに違いないと述べ、実際にこれら作品の表紙、本文を緑、ピンク、青のインクで印刷させたのである。「この考えを、多くの方が笑い、本書のことも印刷業者のことも嘲るだろう。だが断っておくが、この私がすでに一番笑ったのだ」(16)。「緑（の本）」で槍玉に挙げられているのは、「流行」である。すべてにおいて軽々しいフランス人は、すべてを流行にしてしまった。ファッション、室内装飾、話し方、つばの吐き方までも当世風が好まれ、上品にタバコをつまみ、鼻をかむことができる領主は、高く評価される。絶えず変化する流行は、衣類を身につけない動物と人間とを区別する唯一の指標である。あるいは『化粧室での紳士淑女批判』（一七七〇年）によれば、「社交界の偉大なる技芸」である身繕いは猿から教えられたもので、化粧室で創意工夫をかさね、習練する淑女は図書館での学者に匹敵するのだという(17)。『当世の慣習と珍妙さを教えるのに最適な批判的、妙味、警句あふれる辞典』（一七六八年）では批判の対象は習俗全般におよび、以下のような辛辣な言葉が並ぶ。「友人――偽の友人は宿敵よりもひどい。となると、四方八方を警戒しないといけない。」「測る――誰もが、自分のことを立派な人物だと感じられるような仕方で自分のことを測る。」「（度量や精神の）小ささ――細民（原語では「小さき人」）の中よりも、大貴族（原語では「大きな人」）の中に多く見られる」(18)。このように、一方で現世的な幸福を高らかに謳いあげ、他方で讃美したはずの都市習俗の欺瞞を軽妙な筆致で、だが痛烈に批判する。とはいえ独自性には乏しく、彼の作品を一言で形容するならば「凡庸」となろう。「今世紀のもっとも多産で、もっとも退屈な作家の一人」なのである(19)。だが、思想と呼びうるものとは無縁に見える彼の作品群に通底するのは、篤い信仰心である。彼の三つ目の顔がここにある。

第三節　キリスト教護教論者カラッシオリ

彼のキリスト教思想を支える基盤は二つある。一つは、デカルト（一五九六～一六五〇）の霊魂と物質との二元論を超え、物質世界に神の偉大さが遍在すると主張したマルブランシュ（一六八三～一七一五）の思想であり、もう一つは聖アウグスティヌスからジャンセニスムへと流れる、原罪を重視し、神の前での人間の卑小さを強調する人間観・世界観である。いずれも、彼が青年期までを過ごしたオラトリオ会での教育方針と通じている。とりわけ、初期の作品には彼の信仰心がよりストレートに現れている。『自己との対話』(20)（一七五三年）では、霊魂とは神の存在の証であり、よって自己の霊魂との対話を通じて神との対話が可能になるというアウグスティヌスの議論に即し、移ろいやすい外界の些事に翻弄される人々を内省へと誘う。こうした見解は、当時急速にひろまった感覚論への反論でもある。『不可思議なる世界』(21)（一七五九年）では、世界や人間の不可思議を説明しうるのは神の存在のみだと主張し、続く『理性の言語』(22)『宗教の言語』(23)（ともに一七六三年）では、神の存在に疑義を呈することは、神によって人間のみに与えられた理性を否定し、したがって、人間を獣の地位に貶めることに他ならないと説いた。カラッシオリは明言する。何になりたいのかと尋ねられれば、「よきキリスト者だと答えよう」(24)。

啓蒙の世紀におけるキリスト教護教論者など、ごくマイナーな存在に過ぎないだろうと考えがちだが、実は一八世紀後半のフランスは護教論文学の最盛期でもある。最盛期とはいえ、裏を返せば、声高に護教を叫ばねばならないほどのキリスト教思想の危機の時代である(25)。キリスト教信仰と教会の権威にメスが入れられた啓蒙の時代だからこそ、キリスト教護教論が花開いたのである。実際、護教論作品の最盛期は、唯物論・無神論の作品の発表時期に見事に重なる。一七～一九世紀のキリスト教護教論に関する古典的研究を著したモノによると、一七一五年から一八〇〇年までに発表された約七五〇タイトルの護教論作品のうち、三分の二の出版が一八世紀後半に集中し、とりわけ一七五五年から七五年には約半数にあたる三六八タイトルが世に送られた(26)。これは、百科全書の出版およびその発禁処分（一七五一年～）から、コンディヤック（一七一四～八〇）『感覚論』（一七五四年）、エルヴェシウス（一七一五～七一）『精神論』（一七五八年）を挟み、物質主義の立場から自然を解明し、神の存在を否定したドルバック（一七一三～八九）『自然の体系』（一七七〇年）の発禁処分が下される時期に相当する。まさに、「書物戦争」(27)の様相を呈していたのである。またこの間には、宗教的寛容を訴えるヴォルテール（一六九四～一七七八）の積極的介入によって衆目を集めた「カラス事件」および『寛容論』（一七六三年）の出版があり、同じくヴォルテールによる『哲学辞典』（一七六四年）と、これに対する反駁書であるショードン（一七三七～一八一七）『反哲学辞典』（一七六七年）も大きな反響を生んだ。さらに、イギリスと海上覇権および北米植民地を争った七年戦争（一七五六～六三年）の時期でもある。この戦争でフランスは敗北を喫し、イギリスとの決定的な国力の差を見せつけられたが、同時にフランスの祖国愛に火をつけた。アングロマニアとされるフィロゾーフへの攻勢を強める一大キャンペーンの契機ともなったのである(28)。このように宗教や道徳に関わる問題が文学、芝居の題材として、外交問題の一環として、裁判趣意書としてひろく語られていた。護教論者にとっては、「絶えず押し寄せる波をかき分けるような終わりの見えない闘い」(29)であったが、それでも護教論文学は、反宗教・反教会が唱えられた啓蒙の世紀に、確実に読者を獲得していたのである。だが、狭い意味での神学論争がひろまったのではない。ここが重要だが、この時代の護教論文学は、現行の社会制度の是非を問い、社会の道徳的基盤である習俗の腐敗を正し、政治改革をうながす議論として、神学の専門家ではない一般の読者を巻きこみつつ展開していた。このような文脈の中で、カラッシオリの作品も読まれていたのである。

一八世紀の護教論文学の特徴として、以下の二点が指摘されている(30)。一つは、時代の、つまり読者の嗜好に合わせて論法が大きく変化した点である。「事実」による宗教的現象の証明によって科学と宗教の融合を示したり、「幸福」「有用性」「理性」など、啓蒙思想家が好んでもちいた用語を取りいれることで俗世と宗教の融和を示す。現世的幸福と宗教の両立を渇望する読者の期待に応え、厳しく権威主義的な宗教から、読者に寄り添う優しい宗教へと路線変更を迫られたのである。別言すれば、護教論作品における「啓蒙思想の浸透」に第一の特徴がある。しかしながら、護教論者は説得の方法論については柔軟であっても、キリスト教教義に関する部分ではまったく譲歩せず、理神論、無神論、物質主義には断固とした態度を崩さない。これが第二の特徴である。上述の特徴は、いずれもカラッシオリにはっきりと現れている。以下では、読者獲得のためのカラッシオリの戦術に注目したい。

第四節　出版戦略家カラッシオリと読者

上述した一八世紀の護教論作品の特徴は読みやすさの追求という点に収斂し、これはカラッシオリの作品にもよくあてはまる。作品リストからは、辞書形式（『批判的、妙味、警句あふれる辞書』一七六八年）、対話形式（『＊＊＊元帥から子どもたちへ、最後の別れの言葉』一七六九年）、旅行記（『ヨーロッパ理性旅行記』一七七二年）、書簡体（『パリのインド人から友人グラジールへの手紙…』一七八九年）など、流行のジャンルがほぼ網羅されていることが分かる。また、当初は三〇〇ページ近く延々と論述する作品も珍しくなかったが、一七六〇年代以降の作品では、細かく章立てが設定され、各章を数ページで読み切る形式がとられている。「簡潔さは、とりわけうわべが重視される世紀には長所」(31)となるからである。

これに関連して、モノはショードンの『反哲学辞典』について興味深い指摘をしている。「奇妙なのは、もっとも論証の弱い作品（＝『反哲学辞典』）がもっとも成功を収めたことである」(32)。一方、中川はカラッシオリの言説を「新哲学者に対する呪詛と単純明快な非難（「批判」とまでは呼び難い）」(33)と形容している（かっこ内は中川）。たいへんな人気を博したカラッシオリの新思想批判は精緻な議論に基づく「批判」ではなく、彼らの成功に対する悪口に近いのだという。ともに成功した二作品に対するモノと中川の指摘は、難解な神学議論を退け、共感しやすさに徹するという一八世紀の護教論文学の特徴を強く打ち出した作品ほど成功したことを示唆している。たしかに、カラッシオリの作品には奢侈批判、奢侈・無為・怠惰を特徴とする貴族文化批判、退廃的な都市習俗批判、母親自身による育児の奨励など、当時のアカデミーの懸賞論文、無名の作家による道徳書などによく登場する、つまり読者には聞きなじみのある議論ばかりが並ぶ。読者の感情と良識に訴え、共感を誘う手法に徹しているのである。

こうした工夫と努力は、ひとえに宗教の言葉に耳を傾けてもらうためである。「もし、神を信じない者たちが全身全霊で真実をねじ曲げようとするならば、われわれも全力でこれを防がねばならない」(34)。普遍的価値を有する宗教には、新思想の哲学者が頼るような新奇な議論はない。あるのは、一八〇〇年前からそうと見なされてきた唯一の真実のみである。よって主張すべきはただ一点なのだが、それでも次々と作品を提供し続けるのは「有名な作品を読もうとしない人でも、新しい本が出れば刺激されることがある」(35)からだ。はじめは単に好奇心をくすぐるに過ぎないが、それが後に有効な教育の手段となりうる。「あちこちに出回る不吉な冊子がくだらぬ、危険なものであることを理解させるのに最適な教えとして、父親は子どもに、先生は生徒に読み聞かせることができるだろう」(36)。カラッシオリにとって、書くこととは救済の手を差し伸べることに他ならない。誰に対してか。頑迷な不敬虔者を論破するのは、神のみである。彼が書くのは、神の冒瀆など考えさえしない、だが流行の「新思想」にうかつにも近づいてしまった良識ある人々、子どもの導き手とならんとする教育者や善良な父親・母親に対してである。「不吉な作家らは、無垢な者に罠を仕掛ける」(37)からだ。だからこそ、「新しい読者」を救済し続けねばならない。そのためには、まずは作品を手に取ってもらうことだ。「神がこの作品の成功を望まれんことを！」(38)。売れてほしい。カラッシオリの悲痛な叫びである。読者に寄り添い、永遠の真理以外については媚びることすら辞さないが、すべては宗教と、読者と、社会のためである。「私のしがない作品が公衆に好意的に受けいれられる限り、新作の刊行とほぼ同時にあちらこちらで増刷が決まる限り、私が宗教的愛の喚起に尽くす限り、書き過ぎたなどと自分を責めたりはしない」(39)。

第五節　「新思想」批判

人間性の崩壊──奢侈・利己心・礼節

新思想との読者の争奪戦。このように自らの使命を位置づけたカラッシオリの「新思想」批判の背後には、神を失った人間社会に対する切実な危機感がある。

とはいえ、宗教がなければ、誠実さは仮面でしかないということも紛れもない真実である〔…〕とりわけ、新しい哲学が流行してからというもの、隣人に悪さをしなければ真の紳士となるに足るという思いこみがある(40)。

フランスがヨーロッパ一の文明国として名を馳せた一八世紀、「内面と外見 être et paraître」の乖離の問題は、文明論における定石であった。振る舞いの文明化によって人々は穏やかで丁寧な振る舞いを身につけ、心地よい交際によって人々は絆を深めているかのようだが、実は誰もがその同じ文明化によって解放された欲求の虜となり、他人のことなど顧みない。一七三〇年代からの奢侈論争ではヴォルテールらによる奢侈讃美論が展開され、また一七世紀末からの礼儀作法書の流行は、立派な紳士として扱われたいという精神的欲求が一定の社会的承認を得たことを示唆している(41)。誰もがさらなる物質的豊かさを、名声を得るというさらなる精神的充足を求める権利を振りかざし、誠実さはそれが露呈しないための隠れ蓑になり下がっているというのである。礼儀正しさや誠実さが「仮面」にならないためには、神と、隣人と、自己への正しい愛を説く宗教がなければならない。兄弟愛と相互扶助が人間の最大の責務であることを知るとき、はじめて人間は人間性を獲得するのである。ルソー（一七一二〜七八）の言説に代表される、「奢侈―利己心―公共精神の衰退」が分かち難く結びついた一八世紀フランスの習俗批判の典型がここに認められるが、カラッシオリはその元凶を、神を公然と冒瀆する「新思想」に見出している。

神がいなければ、あらゆる政府も社会も強者と専制政治の産物に過ぎない。〔…〕われわれ自身も他の獣に連なる一介の獣に過ぎず、したがってわれわれの支配者もオオカミを支配し、自身の気まぐれと本能のルールを押し付けるライオンに過ぎない(42)。

神への愛を忘れた人間は隣人と祖国への愛を、つまり人間性を失い、獣同然となる。宗教不在の社会とは、自己の欲求のために他者を傷つけることが許される弱肉強食の社会に他ならない。引用中の「オオカミ」という表現は、「人間は人間にとってのオオカミである」というホッブズ（一五八八〜一六七九）の格言を思い起こさせる。人間は自然法が定める生存への権利を有するが、万人がこの権利を無限に追求すれば利害の衝突は避けられず、人間が互いに傷つけあう「闘争状態」を招くとするホッブズの主張を表す表現である。一八世紀フランスの社会思想において、ホッブズ流の恒常的闘争状態を回避するための防波堤の役割を期待された人間本性の一つに「利害関心」があ

戦争のない世界を目指して

刀水書房最新ベスト

〒101-0065 千代田区西神田2-4-1東方学会本館 tel 03-3261-6190 fax 03-3261-2234 tousuishobou@nifty.com（価格は税込）

刀水歴史全書103

古代ギリシア人の歴史

桜井万里子 著

古代ギリシア史研究の泰斗が描く，現代日本最先端の古代ギリシア史

ヨーロッパ文化の基盤古代ギリシアはいつ頃から始まったのか？ 新発掘の文書が語る［ポリスの誕生］とは？

四六上製　430頁　¥4,400

刀水歴史全書104

古代ギリシアのいとなみ

都市国家の経済と暮らし

L.ミジョット著　佐藤 昇 訳

古代ギリシア都市（ポリス）の経済と暮らしを鮮やかに解き明かす一冊

大学生・一般の知的読者向けの手引書

四六上製　270頁　¥3,520

石は叫ぶ

靖国反対から始まった
平和運動50年

キリスト者遺族の会 編

1969年6月靖国神社国家護持を求める靖国法案が国会に。神社への合祀を拒否して運動，廃案後平和運動へ。キリスト者遺族の会の記録

A5判　275頁　¥2,750

オーストラリアの世論と社会

ドデジタル・ヒストリーで
紐解く公開集会の歴史

藤川隆男 著

「35年にわたる史料読み込み」と「ビック・データを利用した史料の定量分析」で，茫漠たるテーマ「世論」の客体化に見事成功

A5並製　280頁　¥3,630

第二次世界大戦期東中欧の

強制移動のメカニズム

山本明代 著

連行・追放・逃亡・住民交換と生存への試み

なぜ生まれ育った国で生きる権利を奪われ国を追われたのか，これからの課題を探る

A5上製　430頁　¥5,830

欧人異聞

樺山紘一 著

西洋史家で、ヨーロッパをこよなく愛し、歴史の中を豊かに生きる著者が贈るヨーロッパの偉人121人のエピソード。日本経済新聞文化欄の大好評連載コラムが刀水新書に！

新書判　256頁　¥1,210

刀水歴史全書101

トルコの歴史〈上〉〈下〉

永田雄三 著

世界でも傑士のトルコ史研究者渾身の通史完成

一洋の東西が融合した文化複合世界の結実を果たしたトルコ。日本人がもつ西洋中心主義の世界史ひいては世界認識の歪みをその歴史から覆す

四六上製（上下巻）
〈上〉304頁〈下〉336頁
各巻¥2,970

刀水歴史全書102

封建制の多面鏡

「封」と「家臣制」の結合

シュテフェン・パツォルト 著
／甚野尚志 訳

わが国ではまだ十分に知られていない欧米最新の封建制概念を理解する決定版

四六上製　200頁　¥2,970

る。限られた富をめぐる争いを避け、人々を弱者救済に駆り立てるのは、善行を命じる宗教道徳ではなく、自身の最大利益を見きわめる利害関心だとエルヴェシウスらは主張したが、カラッシオリは神を軽んじる傲慢が招く誤謬として、これを一蹴する。「自分にして欲しくないことは他人にもしないことが利益となる〔…〕などと言っても虚しい。〔…〕金と権力さえ手にすれば、ためらいもなく隣人を踏みつぶすのだから」(43)。なぜなら、人間自身には互いに傷つけ合わないための崇高な動機などないからだ。習俗が定める礼節であれ、為政者が定める法律であれ、人間同士が決めた約束事など季節と同じほどに移ろいやすい。型どおりの礼儀正しさや利害関心によって結ばれる絆など、目先の利益でたちまち吹き飛ぶし、自身の名声に傷がつかないと分かれば、たやすく隣人を犠牲にする。とりわけ万事につけて軽々しさが尊ばれ、外見が重視されるフランスではこの風潮が甚だしい。本章の冒頭であげた『フランス的ヨーロッパ』でカラッシオリが讃美したフランス式交際の心地よさは、宗教改革によって分裂したヨーロッパ人の絆の修復に寄与したが、そのフランス式文明がうわべだけの誠実さを正当化し、宗教への冒瀆を許し、社会を分断する。隣人に悪さをしなければ立派な紳士と呼ばれる社会は、豪勢な食卓の足もとで、紳士たちの無慈悲によって弱者が餓死する社会である。これが、新思想の描く輝かしい未来なのか、とカラッシオリは問うているのである。

「狂信者」と「ライオン」の専制政治

「狂信者（ファナティック）」についても、同様の危機感が浮かび上がる。「狂信者」とは、ジャン・カラスがプロテスタントであることを理由に冤罪となった「カラス事件」の介入の中で、ヴォルテールが異宗派を認めない盲目的な信仰心を指した言葉として知られている。だが、カラッシオリは「狂信者」という言葉の用法に偏りがあると感じている。「新思想」の擁護者は「福音書から啓示を受けた篤い心だけを狂信的と呼ぶ」からである。そして、こう訴える。狂信がどこから生まれるのか公正な目で判断してほしい、教会と国家に不和の種をまき、寛容の名のもとにカトリック的真実の擁護者を排除し、社会に無用な亀裂を生むのは「新思想」ではないか、と(44)。カラッシオリにとって、一八世紀フランスは宗教への冒瀆が公然と行われ、無信仰の使徒がほめそやされる歴史上まれにみる時代である(45)。妄言によって人々を惑わせる一種の新興宗教のごとき「新思想」が、徳を悪徳と、悪徳を徳と吹聴して秩序を反転させ、口先だけで、だが見事に人々を煽動しているのである。

そして、この「狂信者」に共鳴しているのが「エリート層」である。すでに初期の作品から、カラッシオリは金銭、（軍隊の）階級、身なりなど威容から自らを偉大だと思いこむ大貴族、社交界の女性、徴税請負人を糾弾し続けていた。高位聖職者も例外ではない。「オオカミ」と「ライオン」が登場した先の引用、そしてそれが想起させるホッブズの格言を思いだしていただきたい。「オオカミ」という表現をもちいたカラッシオリも、ホッブズを念頭に置いていたと考えてよいだろう。しかし、「ライオン」が登場する点が異なる。「ライオン」とは、われわれ「オオカミ」の「支配者」である。カラッシオリが描いたのは、対等なオオカミ同士が闘争状態にある社会ではなく、互いに傷つけあうオオカミをさらに支配するライオンが牛耳る社会である。「ライオン」の正体とは、奢侈に溺れ、神を顧みない「エリート」であり、困窮への無関心によって「オオカミ」を虐げる「立派な紳士」に他ならない。一定の文明化を果たしたフランスで起こっているのは、限られた富をめぐる争奪戦ではない。ありあまる富の不平等な分配によって私腹を肥やし、そうしながらも紳士の仮面を巧みにかぶる「ライオン」と、その「ライオン」の不正義に口実を与える「新思想」による専制政治によってひき裂かれた社会である。人間が作った一切の法に価値を置かないカラッシオリは、しかしこの社会の不幸が人災であることを読者に突きつけているのである。

小括をしよう。カラッシオリが世俗的文明を礼讃しながらも、同様の力強さでこれをあざけり、貶め、糾弾するのは、文明がもろ刃の剣であることを訴えるためであり、他方で真摯に神への愛を説き続けるのも、その唯一の処方箋は信仰心にあると確信するがためである。矛盾するかに見える三つの「顔」のいずれにも嘘はなく、すべてがルイ＝アントワーヌなのである。

また、奢侈と利己心の蔓延という文明化がもたらす闇を浮き彫りにし、「エリート」の奢侈と虚栄と傲慢の罪深さを説いてやまないカラッシオリの言説は、ルソーに代表される言説を彷彿とさせる。カラッシオリに限らず、特に一七七〇年代以降、フィロゾーフが扱うテーマと説教師のテーマとの近さ、とりわけ特権階層の奢侈の糾弾、不平等批判における近似性が指摘されている(46)。中川が指摘するように、カラッシオリの著作が説教師らに参考にされていたのであれば(47)、カラッシオリを「啓蒙思想」と「教会」の仲介者と位置づけることもできよう。特定のテーマにおいてフィロゾーフと教会は類似の主張を行い、その中間にカラッシオリが立ち、さらにその彼らの視線の先には「読者」がいる、という図式で理解することができそうである。

さらに後述のように、以上の主張はカラッシオリの革命期の言説にそのまま継承されている。その根底にあるのは、やはり社会の分断に対する真の危機感と社会統合への希望である。

第六節　フランス革命とカラッシオリ

統合への期待

一七八九年、カラッシオリは立てつづけに作品を発表する。それまでも一年に一作以上のペースで出版していたが、一七八九年には、三〇ページ程度の短い作品とはいえ、少なくとも八点、翌一七九〇年に三点を上梓する。これらの作品からは、カラッシオリが革命初期の一連の事件を第三身分の解放と位置づけ、好意的に受けとめていることが分かる。だが、一見政治色を帯びているかに見える作品を含めて、ここからカラッシオリの政治思想を読み解くことはむずかしい。訴えられているのは、それ以前の作品中でも繰り返されていた神のもとでの平和と統合である。以下、一七八九年、一七九〇年の作品を順に見ていきたい。

一七八九年の作品のいくつかは、革命の進展に沿うかたちで時系列に並べることができる。まず、冒頭の引用を思いだしていただきたい。不当な税負担によって王国を支えてきた第三身分の擁護と彼らの権利回復を謳ったこの引用は、『四月二六日、全国三部会開催前夜の晩課で歌われるべきような第三身分讃歌』の一節である。「晩課」とは、祝祭日前夜に行われるキリスト教の儀式である。つまり、五月五日に開催が決定した全国三部会を「祝祭日」とし、その開始を祝う儀式として「四月二六日」が位置づけられているのである。四月二六日は、フォブール・サン=タントワーヌの裕福な製造業者レヴェイヨンおよびアンリオの邸宅が民衆に襲撃された日であろう（「レヴェイヨン事件」(48)）。貧しい労働者街として知られるこの地域では、人口の三分の二が全国三部会の議員選挙の投票権を得られずにいた(49)。パン価格が上昇の一途をたどる中、ようやく開催が決まった全国三部会にも声を届けることが叶わず、賃金のさらなる削減（予告）に激昂した労働者の暴動は正当な抗議行動に他ならない。カラッシオリにこのように映ったからこそ、第三身分に与えられた権利表明の場である全国三部会の開催を「祝福する」政治的事件として、彼はこの事件を位置づけたのであろう。

この前後に、彼が同じ高揚の中で筆を走らせたと考えられるのが『第三身分の優先権』(50)と『全国第三身分を執り行うための新方式について、農民から司祭への手紙』(51)である。『第三身分の優先権』では平民から公爵夫人となった女性が、『農民から司祭への手紙』では農民が一人称で語る体裁をとった作品である。いずれも、アンシァン・レジーム社会においては声を挙げる機会を与えられなかった人々を語り部として登場させている。平等な税負担、全国第三身分での議員の頭数での投票を訴える両著作の主張は明快である。「マルブランシュがすべてを神に見たように、もはやわれわれは第三身分にしか何も見ない」(52)。これらの作品ではたしかに政治的要求が掲げられているが、標榜するのは各身分が神と国王のもとで連帯する真に豊かで幸福な国の実現である。「宗教、祖国、人類。これがフランス人の統合の助けとなるべきものである」(53)。そして、第一・第二身分に第三身分への合流を訴える。彼らの神をも恐れぬ傲慢によって絶たれた絆を修復し、今こそ和平を求める時なのである。

世論への期待

一七八九年七月直後に執筆されたと考えられるのが『あなたなら後任に誰を据えるでしょう?』(54)（以下『後任は?』）である。財務長官ネケール（一七三二〜一八〇四）は一七八一年五月一九日に一旦辞職するが、後任の財務総監のカロンヌ（一七三四〜一八〇二）、ロメニー・ド・ブリエンヌ（一七二七〜九四）が貴族への課税の試みに失敗すると、一七八八年八月二五日に再びネケールが就任する(55)。ネケールはすぐさま財政改革に着手するが、その約一年後の一七八九年七月一一日に再び罷免される。『後任は？』は、世論を代弁するかのような、ネケール罷免に対する反駁書である。

ネケールが世論の支持を得た大きな要因は、第一に特権階層への課税、第二に高等法院の諮問（一七八八年九月）と名士会（同年一二月一一日）のいずれもが後ろ向きだった全国三部会における第三身分の定数増加の二つの実現に尽力した点であった。たしかに、カラッシオリはこれらを高く評価している。しかしながら、彼のネケールへの強い支持が政治的理由であるとするには、あまりに政策自体への言及が少なく、それどころか、政治そのものの軽視と見られる主張もつづられている。例えば、『後任は？』の中で、カラッシオリはスュリ公（一五五九〜一六四一）とコルベール（一六一九〜八三）の二人の著名な大臣の名を挙げている。当時、穀物取引の自由化を訴えるテュルゴ派は「スュリ派」、国家介入による保護主義を説くネケール派は「コルベール派」と呼ばれていたためである(56)。ネケールを支持するカラッシオリは当然「コルベール派」だろうと考えるが、そうではない。カラッシオリによれば、スュリ公は民衆に重税を課し、コルベールは産業振興のために農業を犠牲にしたばかりか、公益に尽くすふりをして私財を蓄えた。二人の大臣はともに大きな過ちを犯したのである。しかし、彼らが怠惰で無能だからではなく、ひとえに「人間は神ではない」(57)からだ。「熱狂の渦中に冷静を保つこと、万事が欠乏する時に財源を見いだすこと、〔…〕宮廷人に身を落とさずして宮廷の寵児になること、〔…〕奢侈と貪欲のただ中で質素に暮らすこと、宗教心を持ち、品行方正であることが物笑いの種になる時代にそうあり続けること」は、人間には困難が過ぎる。責めるべくは、人間本性のなせる業なのである(58)。大臣とシステムが目まぐるしく変わる中で、国は情念に弄ばれ続けてきた。ネケールのみならず、為政者の政策に過剰な期待をすること自体がむなしいのだという。先にカラッシオリは、礼節と法律という人為的な法の移ろいやすさに言及していたが、別の作品では政治に対する不信を露にしている。「永遠の幸・不幸が左右されるテーマを扱うこと以上に、わずか寸刻の生のみにかかわる政治やこの世の特恵について書くことの方がより重要なのか、私は本当に知りたい」(59)。

とはいえ、『後任は？』がネケール支持を表明した作品であることは間違いない。ネケール罷免の直後にわざわざ筆をとるほどには、彼に何らかの期待を寄せていたのである。では、カラッシオリにネケールを支持させた真の要因は何なのだろう。それは世論ではないだろうか。ここでも再び現れるのは、社会分断への強い危機感と統合への期待である。これが「大恐怖」の最中であったことも、併せて想起しなければならない。一七八九年五月以降、食糧暴動、領主に対する暴力と権利要求行動は全国三部会の開催に向けた陳情書作成と併行して起こり、恐怖と怒りとそれを政治的行動によって解消しようとする機運が高まっていた。前年の凶作がもたらす物価高騰はまさに七月に劇的な事態となり、飢えへの恐怖は、領主層への怒りと食糧を求める浮浪者の大群への不安も掻きたてる(60)。このような状況の中で登場したのがネケールである。「わめきたてる者、聞き手を魅了する仕方で法を、改革を、財政を語るあまい台詞はもうたくさんだ。尊大に国王に進言するヴォルテールも、社会契約を説くルソーもいらない」(61)。しかし、ネケールは違う。ネケールには「すべての精神を統合させる」何かがある。そして、「彼を祝福する国民全体がいる」(62)。一方で王権の威信が大きく損なわれ、他方で国民議会がまだ確たる権威を得ていなかった一七八九年夏、ネケールは人々を混乱の恐怖から唯一救いうる祖国と祖国愛のシンボルとなった(63)。カラッシオリはそのネケールに、より正確に言えばネケール支持のために集まり、一つになりつつあったフランス国民に未来を託したのである。

一七九〇年

ところが、翌年の作品では雰囲気が一変する。『後悔するモーリ師。あるいは善良にして人間的な聖職者の情念』(64)（一七九〇年）のモーリ師とは、教会財産国有化、聖職者市民化法の制定に反対した反革命聖職者のジャン＝シフラン・モーリ枢機卿（一七四六～一八一七）である。わずか八ページの本作において、不当な財産所有のかどで捕らえられた（モーリ師とは別の）聖職者は、「諸国王と国民の同意の上だった」と必死の訴えを試みるものの、結末で処刑される。一七八九年一一月二日の教会財産国有化の決定に、カラッシオリが衝撃を受けていることに疑いの余地はない。ここには新思想を力強く糾弾していた革命前のカラッシオリも、三身分の連帯と国民統合を呼びかけていた一七八九年のカラッシオリもいない。あるのは、予想だにしなかった事態に直面し、混乱し、悲嘆する彼の姿だけである。さらに、翌一七九〇年七月一二日、「聖職者市民化法」の制定は宣誓拒否派と容認派に聖職者を分断し、国民の間の亀裂を決定的とした(65)。フランス革命が彼の手の届かぬところに行ったことを、彼は認めざるをえなかったのだろう。作品中の聖職者は刑の執行の直前に（モーリ師と敵対していた）ミラボー伯爵（一七四九～九一）にこう告げる。「あなた方の天下が来たのです」(66)。

一七九〇年以降、彼が出版したのはわずか数作品である。作品の少なさを埋め合わせるかのように、この時期のカラッシオリについて語る数少ない史料が残されている。恩給を求める請願書である。一七八八年八月一三日の手紙では「何も書かなかった、もしくは〔…〕危険ともいえる作品を残した作家には恩給や年金が雨のように降り注がれているというのに……」(67)と嘆き、さらに共和暦三年、一九点の作品リストを添えた公教育委員会宛の手紙では、五〇年間の作家生活を祖国愛に尽くしてきたこと、老齢の身に貧しさが耐え難いことを訴えている(68)。共和暦六年ニヴォーズ四日（一七九七年一二月二四日）の内務大臣宛の報告書によれば、「薪と蠟燭の代わりの」一〇〇フランが支給されたようだ(69)。そして、一八〇三年に永眠する。

第七節　フランス革命とカラッシオリと「啓蒙思想」

これまでの分析から、以下の三点を導くことができる。

第一に、これまでに確認したカラッシオリの主張は、神の前の平等、隣人愛と相互扶助（愛徳）の精神など本質的にキリスト教思想に依拠している。神は地上における人間の平和と連帯を望むがゆえに、人間のみに理性と慈しみの精神を与えた。生まれ、富、知性など、人間界のはかない特恵の有無によって「分断の壁」を築き、一方が他方を虐げる不正を神が許すはずがない。このような主張は初期の作品から一貫して現れていた。

より重要な第二は、カラッシオリが一七八九年の一連の事件と「新思想」を一切関係づけていない点である(70)。カラッシオリはこれら事件を、「一つの神、一つの祖国、一つの人類」のもとでのフランス国民の統合への布石と見ている。つまり、彼にとって一七八九年の諸事件とは新しい価値の実現や過去との断絶ではなく、あるべき秩序の回復を意味したと考えられる。唯一無二の真実に対する不当な攻撃によって生じた逸脱を正すこと、第三身分の尊厳を回復し、それによって三身分の平和的連帯を人々の声によって実現することは、カラッシオリが作家人生を賭して行ってきた活動である。この「声」は「世論」とも、彼がメッセージを送り続けてきた「読者」とも言い換えうる。決して政治にうといわけではない彼が、しかし純然たる政策への賛同からではなくネケールを強く支持した理由も、「世論」を結集させた点であろう。カラッシオリは、自身が半ば果たした仕事の総仕上げをネケールに託したのではないだろうか。このように考えれば、彼が一七八九年の一連の事件を熱狂的に受けとめたことも、また聖職者市民化法の制定のように、既存の秩序の解体へと事態が進んだ一七九〇年以降、彼の執筆への熱意が衰えることも理解できる。

第三に、政治体制にはあまり関心を示していない点も指摘できる。先に見た引用中の「宗教、祖国、人類」というスローガンで、初期から一貫してもちいられているのは「宗教」のみである。「祖国」「人類（人間性）」はおそらく流行のタームであるから頻出するに過ぎず、「祖国」は「王国」でもよいし、「人類」は「キリスト教徒」とほぼ同義と考えてよいだろう。

ここまでは作品の分析から明らかになることだが、もう一歩考察を進めてみたい。

一七八九年の作品で、カラッシオリは一度だけ la révolution という言葉をもちいている。「受けるべくして天罰を受けた独占者がすべてを失い、ただうめき声を挙げるのみとなった時、君主国は初めて燦然と輝く。君主国にとって幸いなる révolution よ」[71]。神の意志に反する人間の傲慢と不正を糾弾し続けたカラッシオリは、その第一歩としてフランス革命の最初期の展開を支持したが、その後の事態の推移は、彼の期待と希望を裏切る結果となった。このことは、彼が一七八九年に期待した révolution は「変革」ではなく、当時の意味での révolution、つまり物事が一周回ってあるべき場所に戻る「回転」であったことを示唆している。宗教に対する公然の攻撃による逸脱を正し、神の前における人間の平等と連帯を回復することこそ、カラッシオリが révolution に託したものだったのである。

にもかかわらず、カラッシオリの作品は、おそらくは期せずして、人々に「変革」を期待させたのではないだろうか。エリートの腐敗を告発し、社会の不公正を糾弾し、相互扶助による市民の連帯と公益への貢献を訴える言説は、フランス革命期においてさらに拡散するが、こうした主張を流行の文体にのせて訴えつづけたカラッシオリの作品は、結果として、変革の言説に耳をなじませ、変革の主張に正当性を与え、さらには大小を問わず実際の変革に対する読者の精神的ハードルを下げたと考えられる。この点で、第一章のアベ・コワイエの作品と同じ役割を果たしたと考えることもできるだろう。宗教上の立場は正反対だが、コワイエは無神論者ではなく、カラッシオリも宗教的原理主義者ではない。当時の護教論文学の隆盛、護教論と啓蒙主義的言説との近似性を鑑みれば、両者とも幾分の過激さを含みながらも常識の範囲内の文学として受容されたからこその人気だったと考えられる。良識ある読者の間で「ベストセラー」だった当時のポルノグラフィに比べれば、さほど過激ですらないという印象さえ受けるのだから(72)。

このように考えたところで、本章の冒頭で立てた問いに立ち戻らねばならない。「啓蒙思想」が打倒すべき「伝統的」思想と見なされてきた思想と「革命的」とされる思想が、キリスト教護教論者である人物においていかに醸成されたのか、という問いである。カラッシオリにとって、宗教軽視がもたらすこの世の不正を正し、神の御意志に沿った隣人愛と相互扶助に基づく社会の再建は、「新思想」からの借り物の主張ではなかった。カラッシオリ自身の認識においては、彼の主張は「革命的」どころか、一八〇〇年来の「伝統」そのものである。とはいえ、この時代のキリスト教護教論者らは、啓蒙思想を特徴づける用語やレトリックを積極的にもちいていたことも確認したとおりである。読者の存在をことのほか意識していたカラッシオリにおいては、とりわけ顕著であった。言葉を借用することは、本人の自覚の有無にかかわらず、言葉が内包する理念を借用することに他ならない。では、どこまでが護教論者としてのカラッシオリの「本来の」思想で、どこからが、図らずも影響されてしまった「新思想」なのだろうか。もちろん、答えなど出ない。少なくともカラッシオリ自身が、反宗教的思想からの借用を認めるはずなどない。そうであれば、この時代を生きた人々自身が歩んだ生とその生を導いた何らかの思想の痕跡を浮かび上がらせようとする本章では、「啓蒙思想の方を向いた護教論者」(73)とカラッシオリを形容するジャックの主張にたやすく与することはできない。先に確認したように、三つの「顔」のいずれもがルイ＝アントワーヌの顔なのである。同時に、カラッシオリ作品は読者の期待に応えた結果でもあった。自らが華やかな都市文明の恩恵に与るのはよいが、「エリート」たちの絢爛豪華な生活様式には退廃的だと言って非難の目を向ける。かつてヴォヴェルがこの時代の脱キリスト教化の兆候の一つとして指摘したように、遺言書には遺産相続の心配ばかりを書き連ねるが(74)、無神論や唯物主義には嫌悪感すら示し、自身を敬虔なキリスト教徒だと疑わない。このような、第三者から見れば矛盾した、しかしわれわれ自身にも身に覚えがある、どっちつかずで、自分だけに都合のよい生活者の思想信条にカラッシオリの主張はぴたりと符合した。それが彼の人気を支えた「何か」だったのかもしれない。つまり、カラッシオリにおいて矛盾に見えるものは、実は読者たちの抱える矛盾かもしれない。このように考えると、カラッシオリの作品およびそこから汲みとりうる思想は、カラッシオリと当時の「読者」の、そして啓蒙思想とカラッシオリ作品を説教に利用していた説教師の共同制作品として捉えることができる。この共同制作にあえて名前をつけるならば、反キリスト教を一つの核とする「啓蒙思想」と「（無神論や原理主義を除いた）親キリスト教思想」の混合物とでもなろう。現代のわれわれには一見奇異に感じられるが、この一八世紀後半のフランスにおいて、ごく当然視されていたばかりか、大いに支持を得ていたものである。となれば、一見奇妙に見えるこの混合物とは、実は当時は「常識」や「良識」と考えられていたものの一部だったとは言えないだろうか。とらえどころのない作家カラッシオリとは、「啓蒙」の時代にして護教論の最盛期であった一八世紀後半のフランスで生まれたこの奇妙な「良識」を体現する人物なのかもしれない。

（増田都希）

第三章　ル・プレヴォ・ド・ボーモン

——統治の技法をめぐる無名の一市民の構想——

ヴァンセンヌ牢獄に拘束されるル・プレヴォ・ド・ボーモン
(Jean-Charles-Guillaume Le Prévost de Beaumont, 1726 ～ 1823)
(*Le Prisonnier d'Etat, au donjon de Vincennes : J.C.G. le Prévôt de Beaumont, secrétaire du ci-devant clergé de France, captif pendant vingt-deux ans et deux mois, pour avoir dénoncé un pacte de famine concerté entre les ministres Laverdy, Sartine, Boutin, Amelot, Lenoir, Vergennes, &c. &c. rendu à la liberté le 5 octobre 1789*, estampe, Paris, [s.n.], 1789, BnF)

小麦の価格が最高値を記録した一七六八年の夏、ノルマンディ出身の法律家ジャン＝シャルル＝ギヨーム・ル・プレヴォ・ド・ボーモンは、財務総監ラヴェルディ（一七二四〜九三）と、政府の穀物備蓄政策に関わっていた穀物商人で企業家のマリセが「飢餓の契約」を交わし、民衆の飢餓を企てているとルアンの高等法院に提訴した。ラヴェルディや警視総監サルティーヌら政府の要人に対し、穀物を買占め、暴利を貪っていると告発するメモワールを作成していたル・プレヴォに対し、スキャンダルを恐れた警視総監は告訴の取り下げと交換条件に釈放を提示し、必死に事件をもみ消そうとするが、ル・プレヴォは「愛国者の義務」だとしてこれを拒絶したため、一一月一七日付の国王命令（封印王状）でバスティーユ牢獄に連行された。その後、ヴァンセンヌ牢獄に移送されたが、獄中で作成した多量の文章を外部に送り届けようと画策したル・プレヴォは、一七八四年三月、ヴァンセンヌからシャラントンに、そして同年一〇月にはビセートルに移送された。

革命の勃発後、解放されたル・プレヴォは専制政治の犠牲者として祭り上げられ、獄中で作成していたものを含めた多数のメモワールを出版することとなり(1)、一八世紀後半の王権による穀物供給政策における自由と規制の葛藤をよく示す事例として、これまで多くの研究者の関心を集めてきた(2)。その際、ル・プレヴォの「飢餓の契約」が、穀物にまつわる民衆の集合的心性の中に位置づけられ、「養う王」としての国王像に亀裂が生じていく過程の一場面として扱われてきたと言える。本章では、ル・プレヴォが王権の穀物政策に対していかなる主張をもっていたのかという点のみならず、彼が残したメモワールや、バスティーユをはじめとした牢獄で国王や警視総監に宛てた請願書等を用いながら、この無名の一市民がフランスという王国の統治をどのように理解し、あるべき姿をいかに構想していたのか明らかにすることを目的としている。そのため、次節ではル・プレヴォがバスティーユに拘置されるまでのプロセスを追うことで、事件の概要を明らかにする。続いて第三節ではル・プレヴォのメモワールをもとに、彼の主張を検討する。そこでは、王権の穀物供給政策への不信感や陰謀疑惑はもちろんのこと、自分自身の逮捕のプロセスに対するポリス側への不満が表明されていることが分かるだろう。最後に、彼の主張から単なる王権の政策批判や、ポリスの専断性批判を超えて、彼が思い描くあるべき社会の独自性を考察したい。

第一節「飢餓の契約」の発見と逮捕のプロセス

一八世紀における王権の穀物供給政策

アンシァン・レジームにおける穀物とは、人々のもっとも基本的な生活財として認識されており、その他の商品とは異なる位置づけがされていたことはよく知られている。つまり、人々に穀物を「正当なる価格 juste prix」で満遍なく供給することは、人々との保護―服従関係の基礎をなす君主の最大の義務であり、だからこそ、穀物取引は利害に基づいた市場経済ではなく、「モラル・エコノミー」によるべきものとされていた。だからこそ、現実の取引の場においては、穀物を扱う商人と市場に対して、可視性、公開性、反独占が原則とされ、おびただしい規制が加えられていたのである(3)。例えば、穀物商人の登録、農場取引や青田買いなどの市場外取引の禁止、穀物備蓄量、売却期間、市場開設の日時の制限がそれであった。

一七六三年五月、時の財務総監ベルタンは、農業関係者や重農学派の要請を受けて、穀物取引の一部自由化を公認する王令を布告した。従来は制限されていた穀物取引への参加資格を、全ての人に開放し、市場外取引も許可された。ただし、パリは例外とされ従来通りの規制のもとに置かれ、新政策導入に伴う混乱をとどめようとした。翌一七六四年七月には財務総監ラヴェルディが、穀物輸入を無条件で認め、二七の港を積み出し港に指定し、穀物輸出を可能にした王令を布告している。小麦一スチエ(4)の価格が三〇リーヴルを超えると、輸出は自動的に停止されるという条件付きであったが、この二法は王権がそれまでの古いポリス＝規制を脱し、自由化路線に舵を切り始めたことを宣言する画期的な政策だったと言えるだろう(5)。

一方、王権側は一八世紀初頭以来、パリを対象とした「国王の穀物 blés du roi」という名の穀物備蓄政策を練っていた。時折発生する食料飢饉に備え、王権は金融業者に命じて外国から穀物を輸入させ、実際に飢饉が生じた際には穀物の放出を行おうとしていたのである。外来穀物に対する不信は民衆層の間に根強く、穀物に不純物が混入されているだとか、金融業者と王権が癒着して市場を操作しているといった噂が常につきまとった。カプランによれば、六〇年代の自由化二法の背後には、財務総監マショーの時代に起源を持つ王権の穀物備蓄政策があるとされ(6)、それは穀物取引自由化の時代を見据えて、自由化にまつわる混乱を未然に防止できると考えられていた。マショーは二〇分の一税を担当していた財務役人ゴデを登用したが、民衆層の疑念を掻き立て、政策は失敗した。次いで、財務総監ベルタンがこの備蓄政策のために登用したのがパリのパン屋であり、コルベイユで製粉機を開発し、製パンの技術改良に従事していたマリセだった。マリセは一七六〇年一一月から「国王の穀物」政策に参加し、六二年にはその最高責任者に抜擢された。そして一七六五年には後任の財務総監ラヴェルディとの間に新たな「国王の穀物」政策にまつわる契約を結んだのである。契約の内容は、小麦一スチエの価格がパリの市場で二一リーヴルを下回っている限り、マリセは備蓄量の最大三分の一について四か月の期間内での利潤追求が可能であり、二一リーヴルを超えるとマリセの会社は王権の指導を受け、二五リーヴルを超えた場合にはマリセの穀物は全面的に「国王の穀物」となる、というものだった(7)。したがって、その内容自体は決してマリセの会社に有利であったわけではなかった。だが、この契約にまつわる秘密文書を偶然に「発見」し、民衆の飢餓を企てているとしてルアン高等法院に告発したのが、ル・プレヴォなのである。

ル・プレヴォの「発見」と逮捕

ル・プレヴォは、ノルマンディ地方ボーモンのバイイ裁判所の検察官の息子として一七二六年一一月二六日に生まれた。学業を終えた後、弁護士としてパリに住居を構えたとされているが(8)、事件発生時は、聖職者身分団総務 agent général du clergé de France であるシャルル・ド・ブロイの書記 secrétaire としてパリのサン゠ジェルマン城外区のブロイの邸宅に暮らしていた(9)。ル・プレヴォは「飢餓の契約」を発見し、バスティーユに拘束されるまでのプロセスを次のように説明している(10)。

一七六八年七月、マリセ会社の経営陣の一人であるルソーの主席事務員であったランヴィルから、彼の仕事に関わる諸々の事柄について助言が欲しいと頼まれ、ル・プレヴォはランヴィルの自宅での夕食会に向かった。到着するや否や、彼はランヴィルから事務所で発見した書類に目を通して欲しいと頼まれた。そこで財務総監ラヴェルディの署名入りの二〇の条項を見つけたル・プレヴォは、翌日に改めてランヴィルの事務所に赴き、調査を開始することにしたという。穀物の独占を図り、民衆を飢餓に陥れようとするマリセとラヴェルディの契約書を発見したというル・プレヴォは、約二か月かけて告発文書を作成し、誰に対して訴え出るべきか頭を悩ませた後、最終的にルアンとドフィネ(グルノーブル)の高等法院に送ることにした。ル・プレヴォはパリ高等法院を避けた理由として、「司法官の大半がこの企みに関わっている」(11)からだとし、ルイ一五世に対して穀物の買占め問題について建言書を最近提出したルアンとグルノーブル高等法院を選んだとしている。また、ルイ一五世に直接訴えることも不可能と判断したル・プレヴォは、その理由を「怠惰で好色、そして呑気なこの国王に近づくことはできない」(12)のであって、それは大臣らが密告を受け付けないように、王座を監視しているからだ、とする。

その後、ランヴィルの手違いで告発文（ランヴィルの署名入り）は財務監察官ブタンの事務所に送付されてしまい、ブタンは時のパリ警視総監サルティーヌに即刻、この告発文の件を通報したという。サルティーヌの部下である警視ミュテルと捜査官マレによって逮捕されたランヴィルは、この告発文に関する情報を知っている者の名前と住所を明らかにすれば二四時間以内に釈放されると言われ、ル・プレヴォを含め、計五名が逮捕され[13]、バスティーユに連行された。当初、警視総監サルティーヌはル・プレヴォを懐柔しようとしたが、ル・プレヴォは断固として穀物の買占めや「飢餓の契約」説を取り下げようとはしなかったため、最終的には二一年にわたって国事犯牢獄に監禁されることになったのである。

穀物商人による買占め、不純物の混入といった憶測で構成される飢饉の陰謀説は、食糧飢饉の際に必ず姿を現す民衆の偏見とも言うべき観念であり、一八世紀を通じて確認できる。だが、それまでの飢饉の陰謀説は、腐敗した宮廷の取り巻き、大臣、穀物商人、そして金融家といった個人に批判の矛先が向いていたのに対し、六〇年代後半における陰謀説は、政策あるいは王権そのものがターゲットとなっているという点で異なっていた[14]。ル・プレヴォの告発を含め、国王の政策を直接攻撃する「悪しき言説」[15]は、パリのいたるところで囁《ささや》かれ、遂に国王自体がその批判の対象となってしまうのである。パリの書籍商アルディは、一七六八年の秋、次のようなビラがサン＝ジャック城門に張り出されているのに気が付く。

> アンリ四世の治世では、戦争が原因でのパン価格の高騰があった。だがその時代は国王がいた。ルイ一四世の治世では、戦争、悪天候による本当の飢饉が原因でパン価格の高騰が幾度もあった。だが、まだ国王がいた。

現在のパン価格の高騰の原因は、戦争でも小麦の不作でもない。もはや国王はいない。なぜなら国王は穀物商人なのだから(16)。

伝統的に臣民を「養う王 roi-nourricier」としての国王像は絶対王政を支える重要な要素の一つであったが、このビラは、国王は穀物を統括する能力に欠け、それどころか穀物取引に関与して民衆を苦しめているのだ、という臣民側の落胆や憤りを示すものだと言えるだろう。王権側は緊迫した状況のもと、穀物備蓄政策の発覚を恐れ、責任をマリセ一人に転嫁し、彼との関係を大急ぎで闇に葬るのだった(17)。

一方、ル・プレヴォに対するポリス側で交わされた文書を見ると、彼の「狂気」を指摘するものが散見できる。例えば、「頭が完全におかしくなってしまった」(18)、「完全に知性を失ってしまった」(19)人物として形容されている。そしてル・プレヴォはバスティーユ、ヴァンセンヌ、シャラントン、そしてビセートルで「狂人」として監禁されることになるのであった。サルティーヌはル・プレヴォがその過ちを頑として認めず、反省の色を見せないことに対して、彼を「頑固で矯正不可能」(20)として釈放による社会への影響の危険性を指摘している。そこには、ル・プレヴォという一個人を「狂人」として社会から隔離することで、社会に蔓延する飢饉の陰謀説を払拭しようというポリス側の意図があったと考えられる(21)。

第二節　ル・プレヴォの主張

「飢餓の契約」批判

ル・プレヴォはマリセとラヴェルディの間で交わされた穀物の買占めは、一七五六年七月一二日から一七七七年同月同日まで有効な一二年間契約だったと述べる。そして本契約は、第一にルイ一五世とルイ一六世を裏切るものであり、そして、穀物と小麦の買占めによって、平時、穀物収穫高が低い時期に限らず、食糧難や穀物価格の高騰や、全国的飢饉を組織的にもたらそうとするものであると断罪する。そしてこの契約の締結者を「四名の大金持ち」と形容し、マリセ会社の経営陣、レ＝ド＝ショモン、ルソー、ペルショ、そして「最高司令官 généralissime」マリセであると指摘する。王権側の黒幕として断罪されるのは、財務総監ラヴェルディと彼を補佐する財務監査官、〔歴代の〕警視総監、大臣六名、そしてパリ高等法院の司法官らである。そして、これほどまでに多数の政府要人が荷担している企てがどのように機能しているかについて、ル・プレヴォは次のように述べる。

四名の財務監査官はそれぞれ九の地方を一つの管轄地域とし、継続的に地方長官と連絡を取り合う。そこで地方長官は毎年四月になると、担当の徴税官区での穀物収穫高の概況を報告するのである。警視総監であるサルティーヌはまるで〔パリ高等法院の〕主席検事のように、単独で首都パリとブリを含めたイル＝ド＝フランス地方を牛耳り、高等法院の管轄下にあるバイイ裁判所の代官と連絡を取り合うのである(22)。

そしてこれら企ての本部はパリのジュシエンヌ通りに置かれ、そこに配置された会計係が毎年一一月に穀物と小麦の買占めによって得られた利益を計算しているという。ル・プレヴォによれば、このような陰謀はラヴェルディの時代に始まったことではない。一八世紀に生じた大規模飢饉について、彼はその副次的な原因として過度な奢侈、重い税金、横領、商業の停滞、農業の軽視、海軍の凋落、無能な政府、司法とポリスの強奪、法の侵害、習俗の退廃などを指摘するが、主たる要因は、一七二九年から一二年ごとに更新されているこの契約＝陰謀なのである。そしてこの陰謀の根底には、「公共善という偽りの口実がある」からこそ、「全ての人々は永遠に騙され続けている」というのである(23)。

この時、ル・プレヴォの国王に対する眼差しは大きく揺れていると言える。基本的には国王の知らぬ間にその名と権力が乱用され、国王に従順で忠誠を誓った臣民との絆が危うくされているとの認識を示している。つまり、国王も臣民と同様に被害者であるという位置づけである(24)。

彼らは陛下を可能な限り高値で売りつける穀物商人のように思わせていますし、ある時は、穀物買占め人のようにも思わせています〔…〕彼らはこの秘密活動によって、実際にはそうではないにもかかわらず、陛下にフランス人の圧制者、暴君の汚名を着せているのです。そして陛下を王国の不幸の元凶とし、陛下はこの陰謀について疑う余地もないにもかかわらず、陛下をその煽動者であると思わせているのです(25)。

とはいえ、ル・プレヴォにとって国王は完全に無実なわけでもない。既述のように国王を騙された存在として擁護する一方、「〔大臣らに〕全幅の信頼を寄せすぎだ」(26)と批判することも忘れていないのである。さらに、飢餓の契約はあまりにも大がかりなものであるため、国王が気づかないはずがない、とも指摘している(27)。「国王の穀物」は、本来、パリの食糧危機を予防すると同時に、穀物取引の自由化を支える制度として設計されたものであった。事実、警視総監サルティーヌの命を受けて、一七七〇年代にパリのポリス論を作成した警視ルメールも、「貧しい民衆層は、彼らの労働の成果でのみ生活しているのであって、市場でこれ見よがしの豊富な穀物があるだけで、日々の苦労が慰められるのである」とし、穀物取引へのポリス規制の重要性を訴えると同時に、「〔穀物の買い手と売り手の〕価格が自然な価格に近づけば、その価格は直ぐに上昇したり下落したりすることはなく、両者の取引はより一層活発になる」(28)と述べており、ポリス側が感じていた自由と規制の両立の困難さがうかがえる。実のところ、ル・プレヴォも古典的な規制派の代表者というわけではなさそうだ。明言はされていないものの、ル・プレヴォが重農主義者たちに一定のシンパシーを抱いていると感じさせる記述が見られるのである。

ある市民は真実をもって雄弁に語っている。彼らの文章や驚くべきモデルによれば、穀物の買占めがなければ、いくら収穫高が例年よりも劣っていたとしても、フランスに飢饉や価格高騰は起こらない、と明らかにされている。だが〔ポリスは〕明快な証拠を提示するこのような諸作品に手を回し、その意図に合うように飢えた物書きを雇って、これみよがしの誤った答えを垂れ流しているのだ(29)。

このようにル・プレヴォ自身も時代のトピックであった穀物取引の自由化の議論にまったく無知であったわけではなかった。とはいえ、「国王の穀物」という備蓄政策は秘密裏の事業であったこと、そして、穀物にまつわる民衆の集合心性とは適合しないものであったため、ル・プレヴォにとっては白日の下にさらす必要のある「陰謀」として認識されたのであろう。だからこそ、一四七七年にルイ一一世のもとで制定された法、つまり、国王や国家に対する陰謀の存在を知った臣民が、もしそれを通報しないのであれば、陰謀の首謀者と同様の罰を受け、財産は没収され、一切の名誉を失う、という法を持ち出してまでも(30)、ル・プレヴォは告発の正当性を訴え続けるのである。

ポリス批判

ル・プレヴォの主張の第二点目はポリスのあり方への批判である。フランス国立図書館アルスナル分館所蔵の「バスティーユ文書」にはル・プレヴォ事件のファイルが三つあるが、特に一つ目はポリス批判に終始している。そもそもル・プレヴォは「飢餓の契約」の首謀者のひとりとして警視総監サルティーヌを激しく弾劾しているが、それと同等に批判しているのがポリスによる封印王状の「濫用」である。その中でも、特にル・プレヴォが非難しているのが、白紙の封印王状による恣意的な逮捕・拘束である。封印王状によって遂行されるアクションとは、被疑者の身柄拘束、家宅捜索、逮捕、投獄等であり、発行についての特段の要件もなく国王による発行という体裁をとりながらも、警視総監と宮内卿の一存で決定されることから、秘密裏に迅速で簡潔な対応が求められる事件について極めて有効とされていた。歴史家ケテルの調査によれば、一六五九年から一七八九年の間にバスティーユへの連行を命じた封印王状は五二七九通を数えるが、そのうち司法の手に委ねられたのは約一三パーセント、中でもルイ一五世の親政期（一七二六〜七四）に限れば九・一パーセントである(31)。封印王状はその性質から四種に分類され、そのうち、家族からその名誉の保護を目的に要請され発行される王状はフォンク゠ブレンタノ、フーコー、ファルジュによって詳細に分析されており、その機能はよく知られている(32)。こうした家族に関する封印王状の発行数は、地方においては四種の中で首位を占めるが、パリではポリスにまつわる封印王状が圧倒的に最大数を占めるとされる[33]。

ル・プレヴォのポリス批判は決して目新しいものではない。ル・プレヴォが逮捕されたちょうどその時期は、封印王状が本格的に批判の対象となる時期でもある。一七七〇年四月、当時の租税法院院長だったマルゼルブは、ある人物の国王命令による誤認逮捕をきっかけとして、国王への建言書で封印王状の問題点を述べている[34]。そこでは、封印王状そのものの廃止や批判が繰り広げられているわけではないが、国王の署名が確かではない封印王状の、警視総監や地方長官による恣意的な用いられ方が問題視されている。逮捕や監禁、追放は確固たる証拠に基づいて遂行されるべきというこの主張は、迅速・柔軟な対応で社会秩序を守るというポリスの実践が専断的と見なされ、ポリスそのもののあり方に異議が申し立てられたことを意味しているのである。こうした封印王状への批判や恣意的な逮捕・投獄への抗議は時とともに高まり、一七八〇年代にその頂点を迎えることとなる[35]。

ル・プレヴォも二一年間の獄中生活を通じてこうしたポリスの専断的なあり方に対して批判を繰り返しているのである。「フェリポ〔宮内卿サン＝フロランタンを指す〕」と副署されただけで、国王の署名のない封印王状の適用について、バスティーユに監禁された当初は、「国王が旅行中で、緊急の場合は大臣〔宮内卿〕がポリス側に交付しなくてはならない」[36]と封印王状の仕組みを理解した上で、拘束の不当性を訴えていた。そして革命勃発後の一七九〇年に出版されたパンフレットでは、次のように思い返して封印王状による逮捕をより語気を強めて非難している。

私の拘留を正当化するために色々と調査をすることに疲れた警視総監は、拘留を延長する口実を一つも見つけることができなかったし、私の市民としての振る舞いにわずかな過ちすら見つけられなかった。虚偽に訴えた警視総監は、庇護者フェリポに頼み、私を逮捕させた〔…〕怠惰なフェリポは、何の調査も、囚人を一人も訪れることなく、封印王状を安売り prostituer していた。それが彼の地位の最重要の職務であるにもかかわらず。また、ル・プレヴォは裁判を受けずに二一年間拘束されていたこと、つまり正式な申し立てとそれを正当化する証拠が提示されないまま、これ程までに長い期間拘束されていたことを問題視している(37)。いずれにせよ、ル・プレヴォが一貫してポリスのあり方を批判していたことが、革命勃発後に国事犯牢獄から解放された後、アンシァン・レジームの専制を生き延びた英雄として祭り上げられていくことになるのである(38)。

第三節　ル・プレヴォが描く社会

財政中心社会に対する眼差し

これまでル・プレヴォの主張を概観してきたが、彼は一七六〇年代、七〇年代によくあった議論を時流に乗って主張していただけなのだろうか。「飢餓の契約」の暴露、ポリスの専断性の批判を超えて、彼自身があるべき社会とはどのようなものと捉えていたのかうかがい知ることはできるだろうか。

ル・プレヴォは「飢餓の契約」に荷担している人物として、王権の重要人物を数多く列挙していた。財務総監にはじまり、財務監査官、地方長官、警視総監、諸大臣、そして彼らの下で働く人々も批判の対象としており、つまりは政府のほとんどが断罪されていたと言える。その中で、特に財務総監とポリスに対しては、その職に就く個人を名指しして（あるいはその資質を）批判しているのに加え、組織や制度そのものに異議申し立てしていることに気がつく。

国家に対する陰謀の大半は財務総監と低俗なポリスから発せられている。なぜなら、両者ともに記憶に遡れないほど昔から、調査や管理を免れてきたし、その職に就任あるいは退任する際にも彼らの業務運営 gestion や財産について報告されたこともなかったからである(39)。

中でもル・プレヴォが声高に批判しているのが徴税システムであり、まずもって過度に重い税金が問題視されている。三度にわたり導入された二〇分の一税、タイユ税、カピタシオン、飲料税、入市税、塩税、臨時の国王税といった数え切れない種類の税金が何の制限や取り決めもなく設定されていることが非難されている(40)。この時、批判の矢面に立たされているのは国王ではなく、国王官僚である。「国王が臣民に対して善を成すことを妨げ」、「国王が巡幸して臣民の状況を知ることを防いでいる」とされる大臣や官僚らが、この悪しき徴税システムの中心に君臨しており、さらには「王領地を騙し取り、浪費している」とまで言われているのである(41)。この王領地についてであるが、ここでル・プレヴォは極めて伝統的な王政観を披露している。「かつて国王は生計を立てたり、その威光や栄華を保ったりするのは〔王領地のみで〕十分だったのに」と述べるように、国王が租税に頼らず王領地からの収益だけで堅実に暮らしているという中世的な王権のあり方を想起しているのである(42)。

さらにル・プレヴォは、戦争と租税の関係についても容赦ない批判を展開する。「無謀で不当な戦争は、次から次へと続き、われわれはその終わりを見ることがほとんどないわけであるが、〔これら戦争は〕新たな税を設けるために引き起こされている」と述べているように(43)、ル・プレヴォは戦時体制に伴う徴税の強化に不満を呈している。戦争を契機とした新たな課税は、「決して人々が同意したわけでもなく」、「いつも和平が訪れた後も保持される」(44)と論を展開するル・プレヴォは、戦争の恒常化がもたらした新しい財政―行政のシステム自体を問題視していたと言えるだろう。実際にル・プレヴォがフィナンシエ（税収に関わる役人および民間業者一般）にむける眼差しは極めて辛辣である。一例を挙げるなら、「彼ら独自の利率で国王に金を貸し付け」、「この莫大な借金の高い利子の支払いを強制」するシステムは、総徴税官の「無能さ」と「不実」から生まれたものであるとしている(45)。暴利、投機売買、貸し付け、手形割引、為替、銀行券、宝くじといった「財政システムの強欲さ」を追求する官僚、特に財務行政に関わる大臣らの「技法 science」を、国家の行き詰まりの要因とするのである(46)。

財務局やポリスという機構を批判する一方で、ル・プレヴォが王権の要人の中で信頼を寄せているのが、唯一「これらの恐ろしい不正行為に関わっていない」(47)という大法官 chancelier である。事実、ル・プレヴォはバスティーユに拘束中に、国王と並んで大法官に宛てて陳情の手紙を送っている(48)。また、ヴァンセンヌ牢獄に拘留中の一七七七年一〇月には、獄中から外部に向けてルイ一六世を取り巻く大臣らの陰謀を暴露しようとビラを作成しているが、その中で、ビラを発見した人に対してそれを国王、王妃、王太子、王弟アルトワ伯、あるいは大法官、高等法院院長、主席検事に手渡して欲しいと懇願しており、決してその他の大臣には渡してはならないと呼びかけている(49)。また、前述したように、ル・プレヴォはパリ高等法院の司法官の多くが飢饉の陰謀に荷担しているとして非難するものの(50)、ルアンとグルノーブルの高等法院の建言書を目にした彼は、最終的にルアン高等法院に告発することを選んだのだった。つまり、ル・プレヴォは大法官をはじめとした司法関係者に信頼を寄せていることが分かるのである。

周知の通り、ルイ一四世の時代には大規模な行政改革が行われ、まず中央レベルでは国務会議から、それまで列席の権利を有していた王族や大貴族は排除され、王の意思に基づいて比較的慎ましい出自の法服貴族が政治の表舞台に登場する。その一人が財務総監コルベールであった。同時に、司法の守り手である高等法院と貴族によるフロンドの乱が失敗に終わったことも相まって、文官の最高位である大法官にかわって財務総監が国務会議の主席を占めるようになった。財務総監の大法官に対する優越が制度的に定められたわけではなかったが、このことは国家機能の中心が司法から財政に移ったことを意味していたと言えるだろう。つまり、統治が裁きを下し秩序を維持することを意味する政治的司法的国家から、統治が国家の財力を管理することを意味する行政国家へ移行したと言えるだろう。ル・プレヴォはこうした財政が最優先される社会のあり方に異議を申し立てているのではないか。この点については、ル・プレヴォがヴァンセンヌに投獄中に五年の年月をかけて作成したものの、一七八四年三月のシャラントン牢獄への移送時にポリス側に押収されたとされ(51)、現在はそのアウトラインと要約のみ残存する『統治の技法 l'Art de régner』を参考に、彼が思い描いたあるべき社会のあり方を探っていくこととする(52)。

司法の問題点と国王への期待

「あらゆる事柄が財政に取って代わられてしまった」(53)と嘆くル・プレヴォは、一三巻にわたると主張する『統治の技法』の中で、フランス君主政が依って立つべき原則について分析したという(54)。実際に、司法を扱った第一四巻では司法の問題点が指摘されているが、まずル・プレヴォは高等法院を次のように位置づける。

国王に対し、決して諸高等法院を手放すべきではなく、むしろ、彼らを支持することが重要であると示さねばならない。国王は高等法院を国王自身の裁判所として、そして厄介な事件が生じた際の常任の相談役 ses conseils permanents として見なさなければならない(55)。

このように君主政における高等法院の重要性を高く評価するル・プレヴォであるが、一方で司法官職の売官制については極めて辛辣な評価を下している。官職売買のシステムを「忌まわしく恥ずべき」ものとして位置づけるル・プレヴォは、その理由を以下のように説明する。

司法の本質である国王の威信 dignité royale は金銭で取引するものではなく、国王の中の国王によって無償で受け継がれていくべきである。恥ずべき司法官職の売官制を単に廃止するのではなく、王領地からの出費であらゆる人々にいつでもどこでも無償で正義を成せるようにすべきである。それは中国やその他の偉大な異教の国々で行われていることであって、そこでは司法手続きや判決にはまったく費用がかからないし、裁判官は君主に直接任命されるので、訴訟の当事者から何も受け取ることはない(56)。

さらにル・プレヴォは、「シャルル七世を手本に、多量の司法手続きのあり方を簡潔にし、改革する必要性がある」(57)とし、『統治の技法』を作成した一七八四年当時の売官制に基づく司法のあり方に疑義を呈すのである。ここでル・プレヴォが「シャルル七世」を引き合いに出した理由としては、一四六七年一〇月のルイ一一世の王令をもって保有官職の罷免不可能性が正式に宣言され、その後の売官制の進展に決定的な支柱を与えたこと(58)が念頭にあり、その前王の治世における司法のあり方に戻るべきであると考えたのだと推測できるだろう。

司法官職を売買するということは、正義それ自体を売買することであって、正義はまったくもって売り買いできるようなものではない。それは、裁判官に判決を不正取引させることになるし、人々に負担を強い、正義と不正を買わせるようなものだ〔…〕(59)。

このようにル・プレヴォにとって、売官制とは、本来であれば人々が簡単に無償でアクセスすることが可能であるべき正義を妨げる最大の要因として認識されているのである(60)。君主政における高等法院をはじめとする司法の重要性自体は高く評価すると同時に、当時の司法システムの問題点を手厳しく批判するル・プレヴォであるが、では具体的にどのように改革すべきであるのか、彼の残したメモワール等に明言されていない以上、その構想を把握するのは極めて困難である。とはいえ、彼の次の発言は注目に値するだろう。

〔売官制を廃止すれば〕裁判官は王権のもっとも重要な職務と見なされ、大臣の登用と同様に〔王権に〕依存することになるだろう(61)。

つまり、王権による介入やコントロールを相対的に忌避することを可能にする売官制を廃止し、王権からの直接任命に移行することによって、不公平な司法システムを改革することが可能と考えたわけである。とはいえ、王権が直接任命権を握る親任官僚こそ、ル・プレヴォが忌み嫌う諸大臣をはじめとしたエリート官僚らである。いくら国王が政府の要人や国王役人を自らの意思で任命できたとしても、彼らの陰謀を完全に阻止することが可能とは限らない。そこでル・プレヴォが重視していると思われるのが、「君主の教育」なのである。

飢饉の契約を告発する際も、その後のメモワールでの政府批判においても、ル・プレヴォが王権の責任を前面に押し出すことはない。しかしながら、国王による大臣の任命責任を重く見るル・プレヴォにとって、君主の教育こそが正しい統治の鍵をなすものとして位置づけられているように思われる。そのことは、『統治の技法』の第一巻がまずもって「君主の教育」を扱っていることからも推測できるだろう(62)。実際にル・プレヴォは一七九一年に発表したメモワールで次のように述べている。

〔大臣たちは〕その地位に長く居座っていたいがために、君主が幼少のころはいい加減な教育しか受けさせないようにしていた。そして君主が狩りの楽しみや青年期の一般的な娯楽に没頭するように仕組んだのである。なぜなら、君主が学業やその職務、王座に付随した義務の遂行を好むほど開明的であれば、遅かれ早かれ、王権や国家の問題に精通し、〔大臣らの〕活動や計画を調査し、彼らの企みを警戒して、君主独自の考えで統治することができたからである。そうであれば、あらゆる問題について大臣に決定させることもなかったはずである(63)。

歴代のブルボン朝の国王を挙げ、アンリ四世を除くルイ一三世からルイ一六世までの君主は、まともな教育を受けることができず分別を欠き、大臣や国務評定官の選択を誤ったのだとル・プレヴォは結論づける。そして、君主の選択こそが、人々の幸福と不幸の鍵を握るのだと主張するのである(64)。

以上のように、ル・プレヴォにおいては、「偉大な君主政を統治するために生まれてきた」(65)君主が、正しい教育を受け、明晰な判断力を養い、適切な大臣を任命すること、また、同じく君主から直接任命された司法官による助言をもとに、社会の隅々にまで正義が行き渡ることがあるべき社会の姿として認識されているのである。そうした君主への期待は、ヴァレンヌ逃亡事件の約半年後の一七九一年一一月の時点でも、ル・プレヴォの訴えの中に垣間見ることができる。「いまでも国王に仕えたいと望む」と主張するル・プレヴォは、ルイ一六世に対して、王室歳費 liste-civile に支障が出ない範囲で、補佐役 son adjoint として雇って欲しいとの要望を明らかにするのであった。

第四節　ル・プレヴォが見た革命前夜のフランス

本章では、穀物取引自由化の議論が白熱していた一七六〇年代に「飢饉の契約」説を唱えたル・プレヴォの訴えを切り口とし、知識人でも文筆家でもない無名の一市民であった彼が、革命前夜から革命期にかけてフランスという王国の統治をどのように理解し、フランス社会の何を問題としていたのか浮き彫りにしてきた。彼の穀物取引自由化政策への批判は、モラル・エコノミーと呼ぶべき伝統的な価値観に裏打ちされたものであり、「陰謀説」という表出の仕方自体は一八世紀特有のものではないものの、一七六〇年代の諸高等法院の議論を汲んだものだった。また、バスティーユに投獄されてからの二一年間、ポリスの専断性を一貫して執拗に批判し続けたことによって、革命勃発後は専制に対して断固譲らなかった者として一躍英雄的存在となった。

しかし、本章で考察してきたように、ル・プレヴォの「陰謀説」やポリス批判は、いわば時流に乗ったものであり、彼独自の社会批判とは言い難い。むしろ、メモワールや嘆願書、手紙を見る限り、ル・プレヴォの主張や批判には社会はこうあるべきという一貫したプログラムはなく、論点が多岐にわたっていると言えるだろう。徴税システムが発展し、財政中心の社会となったフランスで重税に苦しむ社会のあり方に異議を申し立て、司法システムの問題点を指摘しつつも、フランス君主政にとって高等法院を代表とする司法機関が極めて重要な意味を持つことを主張するル・プレヴォは、さらに、近代的な意味においての官僚制の中央集権化への希求とも、中世的王権のあり方への憧れとも形容できる王政観、そして君主の教育の重視など、様々な観念を披露していた。

実は、一七九一年の立法議会での嘆願において、ル・プレヴォは「飢餓の契約」を誰に訴えるか考えた際に、彼は人々 le public に頼ることを断念したと述べている。なぜなら、「人々は奴隷状態にあり、私を支持しない」(66)と考えたからだとしている。実際、本章でも浮き彫りになったように、ル・プレヴォはフランスの歴史や統治システムに精通し、重農主義者の議論を理解していたし、『統治の技法』ではピエール・ニコルの『道徳論』を引用していると思われる箇所も多々見られる(67)。そうした彼が「飢饉の陰謀説」のような極めて民衆色の強い主張を約二〇年にわたり繰り広げていたことにアンバランスさを感じざるをえないが、これらの多種多様な要素がル・プレヴォという一個人の中でパッチワーク状に連結していることがよく分かるのである。そこには一貫した近代化の構想があるわけではまったくない。あるいは、革命が勃発したからといって断固とした過去との決別によってまったく未知の社会を構想しているというよりは、むしろ過去を参照しながらよりよい社会を構想するというル・プレヴォの姿が垣間見られるのであった。

（松本礼子）

第四章　ダンジヴィレ伯爵
——王の忠実な僕にして「革命家」——

シャルル＝クロード・ド・ラ・ビヤルドリ・ダンジヴィレ伯爵（Charles Claude de la Billarderie, comte D'Angiviller, 1730 ～ 1809）の肖像
ジョゼフ・シフレッド・デュプレッシ《ダンジヴィレ伯爵》
1779 年，144 × 106cm，ヴェルサイユ宮殿美術館

本章で取り上げるダンジヴィレ伯爵は、ルイ一六世の下で王室建造物局総監を務め、フランス初の公共美術館をルーヴル宮に開設しようとした人物である。この役職は王家が所有する建造物全般を掌握するもので、土地や建築ばかりでなくその内部をも管轄の対象とする、いわば美術行政の総元締であり、かつてはコルベールも務めた王権の要職である(1)。

一八世紀半ば以降、美術を取り巻く状況は大きく変化していた。競売会や展覧会の開催が大幅に増え、美術品へのアクセスがより広い層に開かれるに伴って、制作される作品や作家の資質にも影響が表れる(2)。王立絵画彫刻アカデミーが掲げていた古典主義的な「偉大なる様式」の理想や「物語画」重視の主題の序列といった秩序は脅かされていた。加えて次々と着手された王宮や城館の工事の未払いが堆積し、王室建造物局は多額の負債を抱えていた。ダンジヴィレは後に自らの総監職への任命を振り返って、「自分を廃墟の山に配置すること」であったと述べているが(3)、財源のない同局は積極的な美術政策を主導しようもなかった。

こうした状況の中で総監職に就任したダンジヴィレは、先人たちとは異なり、美術行政の円滑化と「軌道修正」を積極的に進めていった。その仕事ぶりは、今日フランス国立文書館に残されている膨大な数の手紙からも想像される。彼の堅固な方針が最も明瞭に現れているのが、「奨励制作」と呼ばれる美術館への展示予定作品の注文制作である。歴史主題（古代史とフランス史）およびフランス史上の偉人（軍人や法曹のほかフィロゾーフや美術家を含む）にほぼ限定したこの注文制作は、開設予定の美術館を美術教育ばかりでなく道徳教育の場と想定し、祖国愛を高め徳を学ぶモデルを鑑賞者に提供することを目的とした(4)。

「廃墟の山」でこのように明確な方針を打ち立て、着実な政策によって長年の懸案であったルーヴル宮の美術館の開設目前にまで漕ぎつけたダンジヴィレ。彼の信念は何に立脚し、目指すところは何であったのか。彼の公的な政策については、数はそれほど多くはないものの、先行研究において検討されてきた。一方で私的な側面については、伝記や逸話がわずかに残されているのみである(5)。本章では主に、これまであまり注目されてこなかったこの私的側面を検討し、公的な政策との関係を探ることで、君主政末期の王権に奉仕したダンジヴィレの信念や社会観への理解を深めたい。

第一節　生　涯

軍人から宮廷人へ

王室建造物局総監は建築や美術を統括する役職である以上、こうした分野への専門知識や造詣の深さが求められよう。ダンジヴィレはどのような資質を背景に同職に任命されたのだろうか。彼の経歴を辿ってみたい。

後にダンジヴィレ伯爵となるシャルル＝クロード・ド・フラオは、一七三〇年一月二四日、ホーヴェ司教区のサン＝レミ・アン・ロに四人兄弟の末子として生まれる。フラオ家は一四世紀まで遡る名門貴族であり、代々軍人であった(6)。父が亡くなる一七四三年に、シャルル＝クロードは父が仕えたノアイユ元帥の取り計らいで、ヴェルサイユの小厩舎部近習となる厚遇を得る(7)。翌年にはオーストリア継承戦争で国王軍に参加する近習一二人の一人に選ばれ、五月のフォントノワの戦いで善戦して王太子に認められる。次いで国王騎兵隊の中隊長相当となり(8)、二四歳で聖ルイ騎士章を与えられた後、騎兵隊長に昇進する。ところが、軍人としての経験を着実に積み上げていた矢先の一七五九年、王太子の長男ブルゴーニュ公付の近侍に任命され、キャリアが一変する。この任命は王太子による信頼の証に違いなかったが、軍務からの転身はダンジヴィレとしては不本意だったようだ(9)。ブルゴーニュ公は夭折するが、続いてプロヴァンス伯（後のルイ一八世）に、次いでベリ公（後のルイ一六世）に付き、数年間にわたって王家の子弟たちの養育にたずさわることになる。とりわけベリ公とは強い信頼関係を築き、「私は不愛想な幼少時代の王が好きだった。頭は鈍かったが、緩慢な中にもまっすぐで公正で豊かな精神が認められ、良好で真正で飾り気のない心を持っていた」と後に回想している(10)。

王太子が没し、まもなく王太子妃も亡くなると、ダンジヴィレは道半ばにして若王太子の元を離れることになる。とはいえ、彼はこれらの役職を通じて宮廷人たちと親交を結び、宮廷貴族の一員としての立場を確かなものとした。そしてその過程で一人の女性に惹かれていく。後に妻となるマルシェ男爵夫人（一七二五～一八〇八）である。

マルシェ男爵夫人との出会いと啓蒙

ポンパドゥール侯爵夫人の代母で、美声の持ち主でもあったマルシェ男爵夫人は、ポンパドゥール夫人と共に「プティ・キャビネ」と呼ばれた宮廷内の舞台で活躍していた(11)。一七五三年を最後に舞台から引退するが、その後も宮廷の社交の中心におり、ダンジヴィレは王家の子弟の近侍を歴任していた時期に彼女と知り合ったと考えられる。その後、王の第一近習を務めていた夫のマルシェ男爵がパリのルーヴル宮の管理官に任命され、同宮北側のオラトワール通りの邸宅を与えられると、時を同じくしてダンジヴィレも同じ通りの隣接する邸宅を与えられ、両家は庭続きの間柄となる(12)。

この新邸宅を舞台に、マルシェ男爵夫人はパリでも華々しい社交生活を繰り広げる。夫人が主宰するサロンには当時を代表するフィロゾーフや文人たちが集った。ディドロやダランベール、トマやデュクロらの他、マルモンテル、ケネー、テュルゴなどが常連であった。サロンでの夫人の言動には誰もが称讃を惜しまず、カンパン夫人も、「アカデミー風の言説や説教や新たな劇作の主題を、マルシェ夫人ほど品よく的確に要約できた人はいなかった。彼女は新旧の著作に関する会話を意のままに導くことにも長けていた」(13)と書いている。マルモンテルに至っては、外見、立ち居振る舞い、会話の運びや言葉の選び方など、二ページ半にわたって夫人の特徴を詳述し、理想的なサロン主宰者として描出している(14)。

ダンジヴィレもまたこのサロンの熱心な参加者となる。マルモンテルによれば、ダンジヴィレは見た目麗しく教養もあり、学問や文芸の趣味（感性）を持ち、魂は気高く、心は純粋で、王太子の信頼と寵愛を得ており、三〇歳前後という年齢にしては珍しく名声と敬意を得ていた。夫人の前では内気で、自信がなさそうに話していたのに対し、夫人のいないところでは伸び伸びと快活だったという(15)。一七八〇年にマルシェ男爵が亡くなると、ダンジヴィレは翌年に夫人と結婚することになる(16)。

他方でダンジヴィレはジョフラン夫人やレスピナス嬢のサロンにも通っていた。その様子は、亡命中に「マルモンテルの回想録に関する注解」という形をとって執筆された回想録でも度々言及されている(17)。一五〇〇冊を超える彼の没収蔵書目録には、当代の思想家や文人たちの哲学書や歴史書などが並んでおり(18)、こうしたサロンへの参加が教養の形成に大きな役割を果たしたことがうかがえる。

ただしダンジヴィレは、「新思想」あるいは百科全書派と呼ばれるフィロゾーフたちの全面的な支持者ではなかった。上記の回想録ではマルモンテルが取り上げている人物たちに関する独自の見解が披露されているが、例えばディドロやダランベールらについては、その才能を認めながらも讃辞を与えていない。一方でケネーやトマ、デュクロ、そしてテュルゴらは、業績ばかりでなく徳のある人間性が称讃されている(19)。ダンジヴィレの人物評価の基準は徳の有無にあり、才能や思想内容以上に重視されたようである。

彼が称える友人の中にはビュフォンもいた。ビュフォンは一七三九年からパリの王立植物園の管理官を務めていたが、一七七一年に病で倒れた際、代替の管理官にダンジヴィレが任命されている(20)。詳細な経緯は不明だが、ダンジヴィレも植物学や博物学に無知ではなかったのだろう。いずれにしても、ここで彼は初めて王室建造物局と関わる公職を務めることになる。

一七七四年五月にルイ一六世が即位すると、まもなく大臣が一新される。その要となったのがテュルゴの登用である。アベ・テレの解任は財務総監と同時に、兼任していた王室建造物局総監職の空席をもたらした。ダンジヴィレは自身の任命について、要求したわけでも願っていたわけでもなく、全くの想定外であり(21)、友人テュルゴの財政改革が直面するであろう厳しい反発の証人あるいは支援者として期待されたのだと認識していた(22)。ダンジヴィレはベリ公の養育係を離れた後も、同公に様々な教えを手紙で伝えていたようで、「かなりの数のそうした手紙にはいつも返事がなかったが、これに続いて大いなる任務が与えられ、それによって報われた」という(23)。盟友テュルゴとは異なり、自身のキャリアや志向から美術行政を任されたわけではなかったが(24)、ダンジヴィレは歴代の総監を圧倒する熱意を持って国王の厚い信頼に応えていく。

職務のスムーズな遂行には夫人も一役買った。版画家ヴィルの一七八七年九月一三日の日記には、オラトワール通りの邸宅に、王立絵画彫刻アカデミーの役職者を含め、少なくとも三六～三八人が招待され、豪華な料理と最高級の銀食器でもてなされたという記述が見られる(25)。ダンジヴィレ伯爵夫人のサロンには、従来のような貴族や文人に加えて、アカデミーの美術家たちも迎えられ、彼らとの良好な関係が築かれたようである。

亡命

一七八七年一月からダンジヴィレは帯剣貴族評定官として国王顧問会議に出席することになる。名実ともに国王の重要な助言者として王政を支えることが期待されたのだろう。だがそのことによってダンジヴィレは王政末期の混乱の証人となった。そしてまもなく開催される名士会以降、国王との親密な関係もあって、様々なレベルで批判にさらされていく。事態を重く見た国王は、八九年七月末から彼を一時国外に避難させる。この短期間の「逃亡」はかえって不利に働いた。ダンジヴィレは半年ほどスペインに逃げたが、彼がこの間に宮廷から多額の金を持ち出して、ランブイエで陰謀を企てていたのだと言い立てる者も現れた(26)。年明けには職務に復帰するも、九〇年一一月七日の議会ではラメトが、王宮の修理のための未払い金が多額に上っており、ダンジヴィレはあらゆる手段によって民衆を疲弊させたと主張した(27)。同年二月の時点でダンジヴィレは国王宛の詳細な財務報告書を作成していたが、この時にはまだ公表されておらず、王室建造物局の財務の実態は知られていなかった(28)。翌年五月二六日の議会ではバレールが国王所有の各城館の利用法について提案する中で、王室建造物局総監が「国王の周りで無遠慮な要求をそそのかし、王宮〔ルーヴル宮〕を危険な寄生虫や不実な宮廷人で満たし、国家の所有地の用途と使用法に干渉し悪用さえした」と批判した(29)。それからまもなくの六月一五日と一六日の議会では、新しい王室建造物局総監の任命とダンジヴィレの財産の没収が議論されるが(30)、この時すでにダンジヴィレはフランスにはいなかった。亡命貴族として故国を去ることを選んだのである(31)。

夫人に十分な財産を残し、生活資金とわずかばかりの持参品を携えて、ダンジヴィレは秘書のナルシスと二人だけで東に向かった。スイスに立ち寄った後、翌年夏にはアーヘン〔エクス・ラ・シャペル〕からヴェストファーレンにプロヴァンス伯を訪ねている。とはいえ、幼少期に世話をした同伯を頼るつもりは毛頭なかった。彼は亡命生活の間、一貫して特定の党派への加担を頑なに拒んでいる。プロヴァンス伯はその後も何度もダンジヴィレに接触し、彼を味方につけようとするのだが、その独立不羈の精神を崩すことはできなかった。ドイツ北方を転々とする中で同じく故国を逃れた亡命貴族たちや外国の政治家たちとの出会いも多かった。総監時代の仕事ぶりを知ってか、ダンジヴィレを自らの宮廷に迎え入れようとする要人も少なくなかった。だが数ある提案はいずれも拒否されている。ダンジヴィレは各地で繰り広げられていた華やかな社交生活よりも慎ましい暮らしを選んだ。ブラウンシュヴァイクで別れたナルシスが帰国する意志を伝えてきた際、ダンジヴィレは彼に宛てた長い手紙の中でこう述べている。「ダンジヴィレ夫人や兄に会ったらこう伝えてください。わたしは幸せではないが名誉ある人間として生きていると」(32)。

そのような中でダンジヴィレは、キール南西のエムケンドルフ城で開かれていたサロンに惹きつけられた。当主は外交官のフリードリッヒ・カール・レーヴェントロウ伯爵夫妻で、このサロンは北ドイツの文化の中心となっていた。同伯爵家との付き合いはダンジヴィレの晩年を支えた。トレムスビュッテルの民事裁判官クリスツィアン・シュトルベルク伯とレーヴェントロウ家出身のルイーゼ夫人の夫妻とも親しくなり、一八〇五年には伯爵夫人から二万四〇〇〇リーヴル（五〇〇〇エキュ）の終身年金を受け取っている。翌年ダンジヴィレはアルトナ（現ハンブルク市西部）に移住し、亡くなるまでここで過ごすことになる。一八〇九年の初めに腎臓を患ったのが原因で、同年末の一二月一一日、七九年の生涯を閉じた。

長年にわたって誠実に奉仕し、私的にも緊密な関係を築き上げてきた最愛の国王ルイ一六世の喪失は、ダンジヴィレにとって埋めようもないほど大きな穴となったに違いない。王弟と手を結ぶことを再三にわたって拒否したダンジヴィレは、ブルボン家の擁護者でもなければ君主政の復活を図ったわけでもなかった。彼が献身すべきフランス国王はルイ一六世その人以外には考えられなかったのである。無論、最愛の王を葬り去った革命は決して許されるものではない。「反革命家」ダンジヴィレが、「悪辣と重罪の国」フランスに再び足を踏み入れることはついぞなかった(33)。

第二節　個人コレクション

コレクション目録

ダンジヴィレの亡命生活からは、ルイ一六世に対する絶対的な忠誠心と愛情、そして自らの精神的独立の貫徹という不動の姿勢を垣間見ることができた。総監時代から筆まめであったダンジヴィレは、亡命後には回想録や知人たちへの手紙の中で故国での半生を振り返り、かつての王太子やルイ一六世への敬愛、そして徳の尊重といった態度を貫いたことを自ら伝えている。こうした文書に加えて、彼の生き様をうかがうことができるもう一つの痕跡が亡命によって現れることになる。没収された財産の目録である。

ダンジヴィレの財産は、先述の一七九一年六月一五日の政令によって没収される。総監就任以前のダンジヴィレは、植物園を任されたことからも推察されるように、美術以上に博物学に強い関心を抱いていたようだ。著名な美術愛好家として名前が挙がる存在ではなかったが、没収財産の目録からは一定数の美術品を所有していたことが分かる。

パリのオラトワール通りの邸宅以外に、ダンジヴィレはヴェルサイユに三軒の住居を有していた。宮殿と通りを一本隔てて設けられていた総監公邸には、総監夫妻の居住空間に加えて国王所有絵画収蔵室が設けられており、宮殿や城館に掛けられていない国王コレクションの絵画が収められていた(34)。一七九二年八月一二日の財産調査の記録では、「ヴュー・ヴェルサイユ通りに面した最初の玄関の間には、様々な巨匠たちの二九点のタブローが認められた」といった概要のみが記されており(35)、ここから個人のコレクションを抽出することは難しい。第二の宮殿内のアパルトマンについては、九四年三月一三日の没収記録に五部屋に残る物品五二項目が列挙されているが、家具や衣類ばかりであり、美術品は記録されていない(36)。第三のゴベール池の別邸は、宮殿から南東に伸びるソー大通りを下った公園内に設けられていた。夫妻は主に夏をここで過ごし、その間には夫人のサロンも開催され、ダンジヴィレの鉱物のコレクションや蔵書、美術品のコレクションが置かれていたというが(37)、九三年六月七日から八日にかけて開催された競売の目録を見ると、美術品と言えるのはユベール・ロベールの風景画一点のみで、他は家具や調度品、装飾品の類であった(38)。

ダンジヴィレが所有していた美術品コレクションの目録として最も充実しているのは、パリのオラトワール通りの私邸について作成された九四年四月一〇日と二一日の没収財産リストである(39)。もっともこのリストも完全ではない。職務上の必要から仮置きされていたと考えられる国王コレクションやアカデミー所有の作品も混在している。また亡命前に手放したり別人に預けた美術品の存在も知られている。さらに、後年の資料からダンジヴィレの所有品と判明した別の作品もある。以上のような問題はあるが、このリストに記録された作品がダンジヴィレの個人コレクションの内容を知るのに最も有力な手掛かりとなることは間違いない。まずはこれを出発点としてコレクションの構成を見ていく。

コレクションの概要

フランス国立文書館に保管されているこの没収財産目録には、絵画と素描、そして彫刻が記録されている。今回はこのうちの絵画コレクションに限定して検討したい。その最大の理由は、他に比べて作品を同定できる可能性が圧倒的に高いからである。

四月一〇日のリストでは、絵画については流派毎に、描かれている内容と大きさ、作家が記録されており、フランス派が三五点、フランドル・オランダ派が一六点、イタリア派が二八点挙げられている。二一日のリストは工芸品や家具等が中心だが、その中に一八点の絵画が流派の区別なく記載されている。これらに加えて、二次文献等からダンジヴィレが所有していたことが間接的に判明した作品が現時点で一一点ある(40)。以上を総合すると合計一〇八点となり、うち現時点で同定されたものは四三点である(41)。そのうち四点はダンジヴィレ個人の所有ではなく、国王注文作品や王立絵画彫刻アカデミー所有の作品であることが分かっている。さらに四月一〇日のリストでは、絵画と素描、彫刻は区別してリストアップされているが、絵画の中に素描が少なくとも三点混在している。従ってこれらの七点は分析の対象から除外せざるをえない。

一〇一点から成る絵画について、まず流派毎の傾向は明確である(42)。フランドル・オランダ派が一八点、フランス派が五四点、イタリア派が二九点となっており、フランス派が突出して多いが、これは同時代作家への注文や作品購入が多いことと関係している。作家の活動時期から考えて、フランスの同時代作家による作品は三一点数えられる。

次に作品の時代について見てみると、最古と考えられるのは一六世紀初頭に活動したイタリアのコレッジョの作とされる《聖家族》である(43)。当時はまだ中世の作品は蒐集対象となっておらず、ルネサンス期の作品の流通も多くなかった中、貴重な作品と言える。これを除けば、彼のコレクションの構成は当時のコレクターとして特筆すべき傾向を持つものではない。

一七世紀の作家については充実の顔ぶれである。イタリア派ではカラッチ兄弟、グェルチーノ、マラッタ、ティツィアーノなど、フランス派ではブールドン、ラ・イール、ル・ナン兄弟、ル・シュウールなど、オランダ・フランドル派ではミーリス、レンブラント、テニールス、ヴァン・ダイクなど、著名な作家がずらりと並ぶが、小型の作品が多い。最も大きいもので、ル・シュウールの《聖マルティヌスのミサ》（一一四×八三センチメートル）程度で(44)、縦横とも大半は数十センチメートル以内となっている。他方、一八世紀の作家の作品には、ル・シュウール程度の大きさの作品が比較的多く見られる。そのほとんどはフランスの作家によるものである。

次に作品の主題を伝統的な区分に従って見てみる。まずはアカデミーの序列の最高位に位置付けられる物語画である。このうち宗教主題は三二点、神話主題が八点、歴史主題が六点、寓意・寓話は二点である。これ以外に、肖像画が一〇点、風俗画一四点、風景画二一点、静物画三点が数えられ、主題の記載からはジャンルが不明なものが六点ある。ダンジヴィレの公的な注文と比較すれば、宗教主題や風景画の多さが目を引くが、当時の個人コレクションとしては取り立てて目立つ特徴ではない。注目すべきはむしろ神話主題の少なさであろう。一八世紀中葉のフランス美術の主流が軽視されていることを意味するからである。

とはいえ、以上の結果をダンジヴィレの意志や趣味と直接結びつけることには慎重にならざるをえない。もちろん自身の意志によって購入した作品もあろうが、立場上、画家からの献呈品や別人から譲渡される場合もあり、入手の経緯には複数の可能性が考えられる。各作品が同定され来歴が判明しない限り、それらを判別することは困難である。従ってダンジヴィレ自身の意志の介在が明確なケースに限定して考察を進めるのが妥当であろう。

第三節　私的注文作品

ローマ・フランス・アカデミーへの注目

ダンジヴィレの個人コレクションの中には、同時代の画家たちに自ら注文して制作させた作品があることが分かっている。少なくとも六人の画家に各一、二点ずつの注文を行っており、それらの注文には明確な特徴がある。第一に、六人の画家はいずれもローマ・フランス・アカデミーの関係者である。第二に、注文されたのは歴史主題を中心とする物語画である(45)。第二の点は第一の点と不可分の関係にある。というのもローマ・フランス・アカデミーは、パリの王立絵画彫刻アカデミー付属の学校の課程を終えて、卒業時のコンクールでローマ賞大賞を受賞した生徒が留学する学校であり、絵画部門の大賞の授与は物語画に限定されていたからである。留学生たちは奨学金をもらってローマで寄宿生活をしながら勉強に励むが、その指導と監督にはパリのアカデミーの教授（物語画家）の中から選ばれた校長があたった。留学生活を終えてパリに提出された作品が成果を示す優れたものと認められると、パリの王立絵画彫刻アカデミーの準会員（正会員への有資格者）となることができる仕組みであった。つまりローマのアカデミーは、将来の優れた物語画家を育てるための、いわばエリート養成機関として機能していたのである。

総監として物語画の復興に力を入れていたダンジヴィレが自身の管轄下にあった同アカデミーに注目するのは当然であった。彼は美術における秩序の回復には優れた画家の養成が必要不可欠と考えており、教育にもかなり熱を入れていた。総監就任後ほどなくして同アカデミーの規則の改定を行い、生徒の素描やエスキスを定期的にパリに送らせ、ローマでの取り組みや成長ぶりをチェックする仕組みを整えている(46)。また校長と頻繁に書簡を交わし

図 1
エティエンヌ・オブリ《コリオラヌスと妻の別れ》1780 年ごろ，146.7 × 196.2cm，マサチューセッツ，マンウントホリヨーク大学美術館
写真：Etienne Aubry (French, 1745-1781) / *Les Adieux de Coriolan à sa Femme au moment qu'il part pour se rendre chez les Volsques (Coriolanus Taking Leave of his Wife to Join the Volscians in their Attack upon Rome),* ca. 1780 / Oil on canvas / Purchase with funds given in honor of Helen Leidner Chaikin by her daughter Joyce Chaikin Ahrens, Class of 1962 / Mount Holyoke College Art Museum, South Hadley, Massachusetts / Photograph Laura Shea 2014.32

て同校の運営や教育に常に気を配った。同アカデミーの設立以来の総監と校長の書簡集が出版されているが、ダンジヴィレ時代の分量は他を圧倒しており、彼の熱意の程が感じ取られる(47)。

ダンジヴィレは総監就任後に、まず校長のヴィアン（一七一六～一八〇九）に私的な注文を行った。ヴィアンはすでに一七五九年からパリのアカデミーの教授を務め、七三年に王立選抜生学校校長に就任して(48)、ペイロン（一七四四～一八一四）やダヴィッド（一七四八～一八二五）ら、後に新古典主義の担い手となる画家たちの指導にあたっていた。ローマのアカデミーの校長に任命されたのは七六年であり、ダンジヴィレが注文を行ったのはその前後である(49)。古代ギリシア風の要素を取り入れた絵画で好評を博していたヴィアンがダンジヴィレのために制作したのは《古代の衣装を身に着けた若い花嫁の化粧》であった(50)。

続いて、かねてより支援していたオブリ（一七四五～八一）に注文を与えた。オブリは一七七五年のサロン展の後に肖像画家としてアカデミーの正会員となるが、同年の出品作《父の愛》が好評を博して風俗画も制作するようになる。さらに物語画家への転身を願ってヴィアンに指導を乞い、七七年秋から奨学生の枠外でローマ・フランス・アカデミーに滞在していた。ローマでダンジヴィレのために制作されたのは《コリオラヌスと妻の別れ》（図1）という伝統的な歴史主題であった(51)。ローマから追放された将軍コリオラヌスは、隣国のウオルスキ族の指揮官として故郷を攻撃しに戻るが、残されていた妻子が攻撃の中止を懇願し、最終的にコリオラヌスは家族の願いを聞き入れ、部隊からは裏切者として処刑される。家族愛の強さを表す物語である。ダンジヴィレはオブリの物語画への取り組みを気にかけており(52)、本作の注文はオブリの物語画家への希望を後押しするものであったと考えられる。

奨学生への注文

その後ダンジヴィレはローマのアカデミーの有望な奨学生に注目して、十分に研鑽を積んだ留学の終盤に注文を与えるようになる。最初に注文を受けるのはペイロンである。一七八〇年三月、ダンジヴィレは対になる二点の絵画を校長ヴィアンを介して注文している。主題については画家の自由な選択に任せるとしながらも、「明暗表現に適した神秘的な色調で描かれなくてはなりません。牢獄でのソクラテスの死か他のものが良いと思いますが、主題は示しません。二点のうちの一点が裸婦を描いた主題になっても構いません。彼はうまく描きますから」と、ある程度具体的な示唆を行っている(53)。ペイロンは準備素描やエスキスをダンジヴィレに送り、《ミルティアデスの葬儀》（図2）(54)、および《アルキビアデスを快楽の魅力から引き離すソクラテス》を制作した(55)。いずれも古代の

図２
ジャン・フランソワ・ピエール・ペイロン《ミルティアデスの葬儀》1782年，98×136cm，パリ，ルーヴル美術館
写真：筆者撮影

エピソードだが、絵画としては先例のない主題である。前四九〇年のマラトンの戦いでペルシア軍を破ったアテナイの英雄ミルティアデスは、後年の攻略の失敗で告発され、死刑こそ免れたものの高額の罰金を課せられ、支払い完了までの間、投獄される。古傷のために獄中で死を迎えると、息子のキモンは父の栄誉にふさわしい葬儀が執り行われるよう、自らが身代わりとなって牢獄に繋がれたという、父子の情愛、自己犠牲、あるいは名誉の尊重を表した作品である。他方のソクラテスとアルキビアデスのエピソードでペイロンが選んだ場面は独自のもので、明確な着想源がないことが指摘されている(56)。やはりアテナイの軍人でソクラテスの弟子であったアルキビアデスは、才能ばかりでなく容姿にも恵まれ、愛人が絶えなかったと伝えられる。入手できた画像の質の問題から隅々までは確認できないが、長椅子またはベッドの上で、アルキビアデスと思われる男性に言い寄る半裸の女性が画面中央に描かれている。画面左手の影の中にはソクラテスと思

われる男性の姿がわずかに認められるが、弟子を女性から引き離そうと説いているのか、仕草は確認できない。この場面からは本来、誘惑に惑わされないソクラテスの精神の堅固さを教訓として読み取るべきだろうが、ここでは誘惑する女性が主役であるかのように描かれている。本作の素描は《ミルティアデス》のものと併せて、ヴィアンが校長職を終えてパリに戻る際に持参していた。これを見たためか、ダンジヴィレは後任の校長ラグルネに、「二点のうちの一点のみを仕上げてパリに戻り、もう一点は保留して、パリに着いてから完成させる」よう伝えた(57)。その後のやり取りは不明だが、最終的にペイロンは二点ともに完成させて一七八二年八月にローマで披露した。翌月には別の人物から《ソクラテスとアルキビアデス》に一二〇〇リーヴルが支払われている。どうやらダンジヴィレはこの絵を気に入らず、購入しなかったようである。

ペイロンに続いてダヴィッドも注文を受けた。ダヴィッドは一七七三年にペイロンに負けてローマ賞大賞を逃すが、翌年に受賞し、七五年からペイロンと共にローマに滞在する。帰国直前の八〇年五月に完成した《ペスト患者のために聖母に執り成しの祈りを捧げる聖ロク》がローマで大好評を博したことから(58)、ダンジヴィレはダヴィッドに作品を注文すると同時に、ローマ滞在延長の特例を与えることを決める。二点の絵画の注文は予めヴィアンに伝えられていた(59)。だがダヴィッドはパリのアカデミーへの入会を優先し、九月末にパリに戻る。アカデミーの入会や新作《施しを求めるベリサリウス》（一七八一年）の買取等の問題があり(60)、帰国後しばらくの間、ダンジヴィレの注文作には着手されなかったようである。にもかかわらず、八一年八月にアカデミーの準会員に認められるや、ダヴィッドは早くも八三年のサロン展のための奨励制作の担当者に抜擢される(61)。ダンジヴィレのための作品の完成は、ようやく八四年六月に入って伝えられた。うちの一点は八一年の《ベリサリウス》の縮小版（図3）であった(62)。ユスティニアヌス帝の下で軍功を挙げた将軍ベリサリウスは、晩年には陰謀に加担したかどで捕ら

図３
ジャック＝ルイ・ダヴィッド（フランソワ＝グザヴィエ・ファーブル）《施しを求めるベリサリウス》1784 年，101 × 115cm，パリ，ルーヴル美術館
写真：筆者撮影

えられるも、無実が証明されて釈放されたが盲目となり、物乞いの身にまで落ちぶれたと伝えられる。このエピソードは六七年にマルモンテルが発表した小説によって広く知られ、多くの画家がこれを着想源とした(63)。ダヴィッドは、このベリサリウスがコンスタンティノープルの道端で物乞いをし、背後の兵士がその正体を認めて驚く場面を選んでおり、名声の儚さがテーマとなっている。八一年の作品と基本的な構図は変更されていないが、背景の建造物や驚く兵士の仕草などの細部が異なっている。実は本作は、当時弟子入りしていたファーブル（一七六六～一八三七）が複製を制作し、師が最終的な仕上げを行って署名を入れたものである(64)。

もう一点の作品については、今のところ推測を可能にする材料がない(65)。ダンジヴィレは次の注文において《ベリサリウス》の対となるような作品を別の画家に依頼していることから、二点の対とすることにこだわっていたことが分かる。ダヴィッドの二点目は、制作されていたとしても対としてふさわしくないと判断され、ペイロンの場合と同様に最終的には購入されなかった可能性がある。

縮小版《ベリサリウス》の対作品の注文を受けたのはゴフィエ（一七六一～一八〇一）である。ゴフィエは一七八四年にローマ賞大賞を得て、同年からローマに留学していた。八七年五月に校長ラグルネがダンジヴィレに宛てた手紙には、主題こそ明示されていないが、「ダヴィッド氏が貴殿のために制作した絵の大きさと価格のもの」(66)を注文したと記されている。主題の選択は本人の意志に任されていたようだが、一一月には新校長のメナジョによって、ゴフィエが制作した複数の習作が検討され、「クレオパトラがアントニウスの死後、オクタウィアヌスの訪問を受け、なおも彼の気を引こうとしている瞬間」を描くことに決めたと報告されている(67)。自分の姉と一方的に離婚してクレオパトラと結んだアントニウスに対して、弟であるオクタウィアヌスは宣戦布告し、アクティウムの海戦で二人の連合軍を破る。追い詰められたアントニウスは自害する。オクタウィアヌスは、アントニウスを失ったクレオパトラを訪問して慰めており、その深い慈愛が称えられるエピソードである。しかしここにゴフィエは、クレオパトラによる誘惑という要素を加えた。この面会の後ほどなくしてクレオパトラも自害することを念頭に置けば、これは美貌の儚さを予見するものと捉えるべきだろうか。あるいはアントニウスと共に葬られることを望むクレオパトラの遺言を聞き入れるオクタウィアヌスの寛大さ、慈悲深さを読み込むこともできよう。主題決定の報を受けてダンジヴィレは、「その主題は、私が研究するように勧めた優美で古代の趣味に則った構図を大いに促すものであり、迷うことなく承認します」と反応している(68)。翌八八年一月には、習作がすでに複数制作されていることが伝えられる(69)。八五年のサロン展に同主題の作品を出品していたメナジョは、この主題に特有の感情表

図４
ルイ・ゴフィエ《クレオパトラとオクタウィアヌス》1789 年，83.8 × 112.5cm，エディンバラ，スコットランド・ナショナル・ギャラリー
写真：Scottish National Gallery, https://www.nationalgalleries.org/art-and-artists/11036/cleopatra-and-octavian (2019.6.26 閲覧)

現に精通しており、ゴフィエの習作についても、「たしかにこの主題は、入り混じる複数の感情を表現することになりますが、それはまた非常に繊細なものでもあります。エスキスから判断する限り、彼〔ゴフィエ〕はそれを良く感じ取り、それを用いて美しいタブローとするに違いありません」と具体的な評価を伝えている(70)。同年中に完成した《アクティウムの海戦の後のアウグストゥスとクレオパトラの面会》（図４）は八九年のサロン展に出品されるが(71)、出品作品目録「リヴレ」には所有者の名は記載されていない(72)。

社会情勢が変化し自身への批判が高まる中でも、ダンジヴィレは注文を続けた。すでに師ダヴィッドの作品の縮小複製画を担当していたファーブルは、八七年にローマ賞大賞を受賞して留学していた。彼がローマのアカデミーで男性裸体をモデルに制作した作品が高く評価され、ダンジヴィレはそのうちの一点《アベルの死》（一七九〇年）の購入を検討した。

だがこの作品は別人の手に渡ることとなり、ダンジヴィレは画家ロベールを介してファーブルに新たな作品の注文を伝える。九一年三月三〇日のメナジョの手紙から、注文作品の主題は「ウェヌスと瀕死のアドニス」に決まっていたことが分かる(73)。クピドの矢によって傷を負ったウェヌスは、絶世の美少年として名高かったアドニスに恋心を抱くようになる。アドニスは狩に出かけようとするが、ウェヌスは狩場で猪に突き殺されてしまうことを案じて引き留めるも、アドニスの愛は冷めておりウェヌスの願いは聞き入れられない。果たしてウェヌスの予感通りアドニスは死んでしまい、ウェヌスがアドニスの亡骸を抱えて悲嘆にくれるという、愛の儚さを伝えるエピソードである。オウィディウスの『転身物語』を着想源とする神話主題であり、これまでの歴史主題とは性格が異なるが、アドニスの亡骸の表現にファーブルの力量が発揮されると判断されたのであろう。亡命には完成が間に合わなかったものの、ダンジヴィレはロベールにファーブルへの報酬を託した。《アドニスの死》は九二年五月に完成するが(74)、刻々と変化する政治情勢により、作品をフランスに送ることができなかった。本作は今日、エムケンドルフ城に収蔵されている。ダンジヴィレが亡命の最晩年に親しく付き合ったレーヴェントロウ伯爵夫妻は九〇年代の後半にイタリアを旅行しており、多くの美術品を買い求めて城館に飾ったことが知られている。本作を夫妻がローマで購入し、後にダンジヴィレもこれを目にした可能性は十分考えられよう(75)。ダンジヴィレの私的注文はこれが最後となった。

歴史主題と徳の重視

以上、ダンジヴィレが総監在任中に行った私的な注文制作について検討した。すでにローマ・フランス・アカデミーの校長であったヴィアンへの注文作品は別として、同校で学んでいた五人の画家による注文作品には共通する特徴が認められる。注文制作された作品の主題は、ファーブルを除く五点は全て古代ギリシア・ローマの歴史に取材するエピソードであった。またそれらは単に史実の伝達に終わるものではなく、家族愛や自己犠牲、名誉の尊重、堅固な精神、名声や美貌の儚さ、慈悲深さといった教訓が引き出される内容であった。もっとも主題そのものが教訓を含んでいても、造形表現としてそれが表れていない作品は好まれなかった。ペイロンの《ソクラテスとアルキビアデス》が購入されなかった所以と考えられる。

主題や教訓的意味の内容についてては、注文時にダンジヴィレ自身が指示を与えたわけではなかった。ただしローマのアカデミーの生徒たちが制作した習作をパリに送らせ、彼らの取り組みや成長ぶりを定期的に確認しながら、ダンジヴィレは個々の特質を把握していた。すなわちどの画家に注文を与えるかによってどのような作品が期待されるかはある程度予想が可能であった。制作された作品が共通の傾向を持っているということは、ダンジヴィレが一貫した意志を持って注文作家を選んだことを如実に反映している。

また一七七七年のサロン展以降、「奨励制作」による作品が定期的に発表されていた。美術界の期待を一身に受けた若いエリート画家たちにとっては、パリに戻って奨励作品の注文を受けることが近い将来の具体的な目標になっていたであろう。アレ、ヴィアン、ラグルネ、メナジョといったダンジヴィレ総監時代のローマのアカデミーの校長たちは、皆、奨励制作の担い手であった。奨励作品は技法の面で手本になったばかりでなく、主題の選択や内容の面でも画学生の規範になっていたと考えられる。

実際、ローマの生徒たちへの注文作品から導き出された傾向は、奨励制作のそれと共通している(76)。ダンジヴィレは奨励制作において、「徳と愛国的感情をかき立てるにふさわしい歴史上の行為」を主題とする絵画を制作させる方針を示している(77)。ピエールへの手紙の中で語られたこの方針を画学生たちが知り得たかどうかはともかく、サロン展で発表されていた奨励作品は、史実を描きながら、親孝行や家族愛、自己犠牲、勤労の奨励、寛容の精神、公共善への奉仕といった美徳を示すものであった。従来の物語画は宗教や神話のエピソードに依拠してこれを表現し、理念的あるいは観念的な徳として示していたのに対し、奨励作品が提示する徳は世俗の「穏やかな徳」であった(78)。画学生たちはこのパリでの新しい潮流を意識せざるをえなかったはずである。

一方ダンジヴィレは、私的な注文においてはいかなる選択も可能であった。そこであえてローマで学ぶ物語画家の卵たちに継続的に注文を与えたことは、ダンジヴィレ自らが奨励制作との接続を意識していたことの何よりの証拠であろう。将来、パリの美術界にデビューし公的な注文作品の担い手となる若い才能を見極め、留学終盤に私的な奨励を与え、その制作を口実として留学延長の特例を認める。そのことで彼らの画業の最初の一歩を方向付ける。彼らが後に自身の美術政策の即戦力かつ大きな推進力となりえることをダンジヴィレは十二分に心得ていたのである。

ペイロンとダヴィッドは帰国後、期待通りの活躍を見せた。《ベリサリウス》と《聖ロク》を一七八一年のサロン展に出品してパリへのデビューを果たしたダヴィッドは、同年の国王による買い上げは逃したものの、八三年のサロン展のための奨励作品の担当者に早速加わった(79)。留学延長の恩恵に与り遅れて帰国したペイロンは、同年のサロン展で《ミルティアデスの葬儀》が二日間のみ披露されたのがパリでのデビューとなるが、ダヴィッドと同じくまだアカデミー準会員であったにも拘わらず、八五年のサロン展のための奨励作品の注文を得ている。二人の作品はサロン展に出品される度に注目を浴び、当時大量に流通していた批評でも立ち入って論じられることが多かった。

ゴフィエやファーブルにも同様の道が想定されていたであろう。ダンジヴィレは亡命直前まで奨学生たちのことを気にかけていた。書簡集収録の最後の手紙となる一七九一年三月三〇日付のメナジョ宛の手紙で、ダンジヴィレはファーブルに留学延長の許可を与えている(80)。

第四節　ダンジヴィレが目指したもの

ダンジヴィレは軍人そして官僚であった。彼の「思想」を教えてくれるのは著作ではなく、手紙や回想録、人間関係、政策、そして財産である。思想家でこそないが、官僚としての公的な政策と私的な態度の方向性とがここまで一致していることに鑑みれば、彼の目的も一つであったと考えられる。

総監としてのダンジヴィレが美術の秩序の「回復」のために選んだのは、歴史主題の絵画とフランスの偉人の彫像の奨励制作によって人々に「徳と愛国的な感情」を示す道であった。これは一見、懐古的である。従来、美術の秩序の要と位置付けられてきた物語画とは、宗教、神話、歴史、寓話の主題の総称であった。ルイ一五世治世期には、裸婦や愛欲の場面を表わした軽妙な画面が、神話主題の衣を纏って堂々と描かれたが、それらもまた物語画であった。ダンジヴィレはこうした傾向とは一線を画し、総監として初めて宗教や神話の主題と歴史主題とを明確に区別し、ほぼ歴史主題に限って奨励を与えた。彼の個人コレクションにおける神話画の少なさ、そして私的な注文における宗教主題の欠如は、奨励制作の方針と完全な一致を見せている。

歴史主題の重視は同時代のアカデミー・フランセーズや演劇、そしてダンジヴィレが複数のサロンで付き合ったフィロゾーフたちの思想にも認められる傾向である(81)。美術においてもイタリアにおける古代遺跡の発掘以降、ヴィアンをはじめとする画家やケリュスなどの愛好家や理論家に、古代回帰の兆候がすでに芽生えていた。思想そのものはダンジヴィレのオリジナルとは言えまい。ただ彼の新しさは、美術界のこの流れに公的な正当性を与えて集約し、政策として中央集権的に推進したことにある。さらに私的にも若い歴史画家を青田買いしていたことは、自身の新しい政策を定着させ、歴史画を物語画の主軸に据えるための恰好の方策であった。ローマの留学生たちは帰国後にパリのアカデミーに入会し、王室からの注文を請負う立場となる。いずれは公的な注文として歴史画を制作し、サロン展に出品して多くの人の目に印象付け、将来的には美術館での恒常的な展示によって、「徳と愛国的感情」のモデルとして提示される。ダンジヴィレのシナリオは完璧だった。

だが不幸にも、それは最終章の目前で幕引きとなる。彼の改革は強力だった。あるいは徹底が過ぎたと言えるかもしれない。一七八九年、バスティーユ牢獄の襲撃の直後に開幕したサロン展には、ペイロンの《ソクラテスの死》とダヴィッドの《ブルートゥス邸に息子たちの遺骸を運ぶ警士たち》が出品された。権力により真理あるいは精神の自由が押し殺されたソクラテス、王制を打倒して共和政を打ち立てたブルートゥス。このタイミングで人々に披露されたのは全くの偶然である(82)。これらの作品が革命的な意味を持つであろうことは、ダンジヴィレも画家たち自身も想定していなかったであろう。ダンジヴィレ亡命後の美術界では彼が蒔いた種が見事に芽生えた。ダヴィッドを中心に同時代の革命にまつわる事件を題材にした歴史画が数多く描かれ、愛国心の醸成に貢献した。革命政府の下に作られた委員会は、ルーヴル宮への美術館の開設と並行して、全国の国有化された美術品を調査・記録し、その中から傑作を選んで美術館に収めていった。ナポレオン期には地方一五都市に美術館が開設され、パリを頂点とする全国ネットワークが確立し、作品が国家から配分された。ダンジヴィレが着手した美術の中央集権化が、彼の意図とは裏腹に、こうして「完成」するのである。

だが仕えるべき主君を失ったダンジヴィレにとって、それらは何ら意味を成さなかった。故国に戻ることを拒んだ彼は、美術館の完成を目にすることはなかった。回想録や亡命後の書簡においても、美術館の話題は封印されている。

（田中　佳）

第五章　エマニュエル＝ジョゼフ・シィエス
――フランス革命の開始――

エマニュエル＝ジョゼフ・シィエス（Emmanuel-Joseph Sieyès, 1748 ～ 1836）の肖像
図版は，1789 年に全国三部会議員に選出された際のシィエス
出典：Stanford University Libraries; French Revolution Digital Archaive

一七八九年一月、『第三身分とは何か』と題するパンフレットが刊行された。著者は、エマニュエル＝ジョゼフ・シィエス、南フランス出身の聖職者である。発売されるとすぐに評判になり、次々と版を重ねた。現在、パリの国立図書館にはこのパンフレットが、一七八九年刊行のものだけで一四点収蔵されており、頁数などの書誌情報から明らかに異なる版と確認できるものだけでも六種類が区別できる。当時は「著作権」という概念はなく、売れそうな書物はさまざまな出版業者が勝手に印刷・刊行できた。業者の中には、もっともらしく見せるために、オリジナル版と頁数などを揃える者もいただろうから、書誌情報で区別できないから同一の版だとは断定できない。もしかしたら国立図書館にある一四点はすべて、互いに異なる出版業者によるものかもしれないのである。

この時期に刊行された政治パンフレットは、このシィエスのものだけではない。前年の一七八八年夏に翌年五月の全国三部会召集が決まると、国王はその開催様式に関して広く国民の意見をつのった。そして人々が自由に意見を表明できるよう、事前検閲は事実上、停止された。そのため八八年夏から八九年春にかけて、おびただしい数の政治パンフレットが刊行されたのである。具体的にどれくらいの数だったのか、研究者によって推定値は異なるが、八八年七月から八九年五月までの一一か月で一〇〇〇点を超えていたことは確実なようである。その大部分は、現在ではすっかり忘れ去られた。その中で『第三身分とは何か』だけがなぜ、刊行当時から評判になるとともに、古典として現在まで生き残ったのだろうか。一つには、これが単なる時事的な政治談議にとどまらず、「政治権力とは何か」「なぜ、またいかにすれば、政治権力は正当性を持つか」という問題に正面から答えようとする原理論的な内容を持っていたからだろう。それとともに、冒頭の簡潔で力強い書き出しの魅力も無視できない。「第三身分とは何か。すべてである。第三身分はこれまでどのようなものであったか。無であった。第三身分は何を要求するか。何者かになることを」。名著は冒頭の一文で読者の心を捉えると言うが、シィエスのパンフレットも、この書き出しで人々の共感を得たのである。

しかし、『第三身分とは何か』のみが有名になったためか、シィエスがフランス革命において具体的にどのような活動をしたのか、またどのような思想に基づいてそのような活動をしたのかについて、このパンフレットと関わらない部分に関してはあまり知られていないように思われる。本章では、彼の革命直前の思想と一七八九年初夏から秋にかけての彼の全国三部会＝憲法制定国民議会での活動を対比し、両者の関連を追ってみたい。

我が国におけるシィエス研究としては浦田一郎『シエースの憲法思想』(1)があって、今でもまず参照すべき基礎文献である。それ以降にもいくつかの個別論文が発表されているが、特に目新しい見解は示されていない。他方、欧米においては、バスティッドの古典的研究(2)の後、一九八〇年代にはフォーサイスとブルダン(3)、九〇年代にはシーウェル・ジュニアとパスキーノ(4)、二〇〇〇年代にはギヨムー(5)などが注目すべき研究成果を示している。またドリニはシィエスが公刊したパンフレットをファクシミリ版で収録した著作集(6)を出したし、パリの国立公文書館に所蔵されているシィエスの膨大な手稿文書の復刻も進んでいて、現在までに二つの巻が公刊され(7)、研究者を新たな地平へ誘っている。

とはいえ、本章はこうした新知見を踏まえて新たな研究を展開するものではない。そもそもフランス革命の現代的意義は、共和政は都市国家レベルの小国にのみ適すると考えられていた(8)時代にあって、国民国家たるフランスに共和国を成立させた点にあると我々は考えるのであり、この共和国はいかにして成立したかを探るための一つの道としてシィエス研究には現代的な意義があると思われる。本章は、革命の開始に時期を限定して、まずこれまでの研究成果を参照しながら我々なりの展望を開くための、一種の見取り図ないしはスケッチである。その中でささやかながらも我々独自の視点ないしは新知見を多少とも示せれば幸いである。

第一節　革命までのシィエス

革命前のシィエスの生い立ち(9)で、本章との関連で指摘しておかなければならないのは、彼は聖職者をめざして一七六五年にパリに出ているが、これは信仰心によるのではなく、立身出世の道を教会に求めたためだったことである。神学校では本来の神学の勉強よりも啓蒙哲学、とりわけ形而上学と政治経済学の勉強に熱心だった。平民であるため、司教に叙任されることは期待できなかったので、司牧職に専念するよりも教会行政でそれなりの地位を得ることをめざしたが、聖職禄を得るのに苦労している。七五年に司教のジャン＝バチスト・ジョゼフ・ド・リュベルザック（一七四〇～一八二二）の秘書となって、その任地であるブルターニュのトレギエに赴き、八〇年にド・リュベルザックがシャルトル司教に叙任されたのにともない、シィエスもシャルトルで司教代理に、さらに八三年には司教座聖堂参事会員になった。この間、トレギエではブルターニュ州三部会の聖職者議員を経験し、八六年にはシャルトルの教区を代表して、パリの教会裁判所の構成員になり、八七年から八八年にかけては新たに設置されたオルレアネ州議会の聖職者議員となった。

こうして教会法や教会行政、さらには当時の政治全般についての知識と経験を蓄えたわけだが、シィエスはその過程で貴族の特権に対する憤りも体験した。彼自身の回想によれば、ブルターニュ州三部会では貴族が第三身分に恥ずべき抑圧を加えるのを見て憤慨したし、パリの教会裁判所では聖職者層の持つ思想が時代全般から大きく取り残されている（「一八世紀の進歩の中に一四世紀が残存している」）(10)ことに驚き、ある種の「爆発」が生じるのは不可避だと考えた。またド・リュベルザックは国王の叔母であるマダム・ソフィとつながりがあり、その関係でシィエスは自分がマダム・ソフィの聖堂付き司祭に任命されることを望んだのだが、ド・リュベルザックは有能なシィエスを自分の手もとに残すために、任命に必要な推薦を意図的に怠った。シィエスは父親宛の手紙で、自分の主人である司教への怒りをぶちまけているが、彼の貴族ないし特権層への憤怒にはこうした私的な恨みも加わっていたようである。父親宛の別の手紙には「自分は今は無だが、何者かになることをめざしている」という、『第三身分とは何か』の冒頭を思わせる文を記しているが、一七八八年八月にパリ高等法院が、来るべき全国三部会は一六一四年の際と同じ形式によることを主張して、「特権層のエゴイズム」をむき出しにするのを見た時、シィエスの中では彼自身の特権層への憤りと啓蒙思想の政治・経済・社会思想が結びつき、私憤が公憤に変わり（「無」から「何者か」に変わろうとするのは「私」個人ではなく「第三身分」全体となり）、「革命の政治思想」が一気に成熟して、『一七八九年にフランス代表が持ち得る実行手段についての見解 Vues sur les moyens d'exécution dont les Représentants de la France pourront disposer en 1789』（以下『見解』）、『特権論 Essai sur les privilèges』、『第三身分とは何か Qu'est-ce que le Tiers-Etat?』（以下『第三身分』）の三点のパンフレットを立て続けに著すにいたるのである。

第二節　革命直前のパンフレット

パンフレットの成立

右記の三点のパンフレットはほぼ同時期に書かれた一連のものとみなしてよい。シィエス自身によれば、一七八八年の夏を地方で過ごしている時に、目下の問題は絶対王政との対決であると考えて『見解』を執筆し、印刷まですませたのだが、パリに戻ってみると情勢が変わっており、大臣よりも特権貴族の方がより重大な問題だとわかったので出版は延期し、替わりに『特権論』と『第三身分』を大急ぎで執筆・公表したのだった(11)。本節ではこの三点のパンフレットを中心に、フランス革命直前でのシィエスの社会構想を分析したい(12)。

シィエスは議論の前提として、政治の問題を考える時には歴史を参照するのは役にたたず、それよりも理性に拠って推論すべきであるとする（『見解』一頁、三〇頁、『第三身分』九八頁）。この点に限って言えば彼は、同時期の多くのパンフレット作者とは異なって、カルテジアンなのである。三点のパンフレットにおける論点は四つにまとめられるであろう。すなわち①個人の自由と社会の形成の関係、②社会＝国家における意思決定のやり方、③目前に迫った全国三部会が果たすべき具体的課題、そして④個人の自由や権利の否定としての特権とそれへの批判である。ただしそれぞれのパンフレットにおいて、これら四つの論点は互いに有機的に結びついた一体のものとして論述されている。

個人・社会・国家

まず第一の、個人と社会の関係であるが、シィエスは立法権に先立って自然法が存在すると考える（『見解』三五頁、『第三身分』七五〜七六頁）。「国民（およびその自由）」の存在自体がアプリオリなものであって、その根拠は自然法によると考えるからである（『第三身分』七七〜七八頁）。国民は本来、政治的というより経済的な存在であって、自ら労働・生産し、生産物を自己のものとして享受する（『特権論』四頁）。すなわち労働と生産が所有（権）を生み出す。シィエスが想定する国民は常により多い生産・より豊かな享受をめざして絶えず努力する存在であり、そのために自由競争と分業が重視されることになる。ここでいう分業は、一つの品物を生産するための作業場内分業とともに、農業・製造業・商業・サービス業・行政など公共の職務という社会的分業も含む（『第三身分』三〜四頁）。分業は協業と表裏一体だから、人は生活資材を豊かにしようとすれば必然的に社会を形成することになる。相互に対等な立場で協力しあう人々の全体が国民を形成する（『第三身分』五〜六頁）。

しかし国民のこの経済的な社会は、自由と所有を保証する「後見的権威」がなければ安定的に存続し得ない（『特権論』四頁）。言い換えると、社会全体の政治的な意思を形成しなければならないのである。ここで社会＝国家における意思決定という第二の問題に移るが、シィエスはこれに関して三つの段階を想定する（『見解』一七〜一九頁、『第三身分』七二〜七四頁）。第一段階は個人が相互に孤立している状態で、ここでは各人の個別意志のみが存在する。この個別意志がそれぞれに結合を望むから社会が成立するのだが、そうなっても個別意志は残り、社会の共通意志やあらゆる権力の起源となる。第二段階は人々が結合し、共通の意思と権力を形成する合意ができた時であるが、ここでは個別意志の集計が共通意志となる。言い換えれば直接民主政によって意思が決定される。しかし形成された社会が地理的に広い範囲に及び、かつ人口も多いと、全員が一堂に会して意思を決定することは困難もしくは不可能となる。それで第三段階として代表制が想定される。意思する権利自体はあくまで共同体に属するが、共同体は自己の権利のうちで全体の良き秩序を維持するのに必要な部分は代表者に決定を委任するのである。そしてこの第三段階が現実のフランスが取るべき道とされるが、ここで取り上げている三点のパンフレットの段階では直接制か代表制かは国土の大小によって決められるべき問題とされ、制度としてどちらがすぐれているかは問題になっていない（『見解』一一六頁、一二五頁）。

シィエスによれば、代表＝議員は国民全体の代表である（『見解』一二二頁）。言い換えると自分の選挙区の意思に拘束されない。それには二つの理由が挙げられる。一つは便宜的なもので、もし議員が選挙区の選挙人の意思を代弁することしかできなかったら、議員どうしが話し合って意見の相違を調整し、よりよい結論に到達することができなくなるからである。また選挙人は議会で取り上げられるはずの問題すべてについて前もって議員に指示しておくことはできない。だから選挙人は議員を信頼し、議員が議会で討議し、当初の意見と異なる結論でも合意することを認めねばならず、そうすることによって議員は真に代表と言えるのである（『見解』一九～二一頁）。第二はより理念的なものであって、各議員が自己の選挙区という個別の団体ではなく国民全体の代表として思考し、行動する時、議会は国民全体の意思を立法のかたちで表現すると言えるからである（『見解』二二～二三頁）。

憲法制定権力

シィエスは「憲法制定権力 pouvoir constituant」と「憲法によって制定される権力 pouvoir constitué」を区別する。『見解』においても両者は区別された上で、「来たるべき全国三部会は両方の権力を兼ねねばならない」とされている（七七頁）が、『第三身分』においてより詳しく説明される。「後見的権威」（具体的には立法権と執行権）を抱く団体に期待される役割を果たさせるのにふさわしい組織・形式・規則を規定するのが憲法であり、それを作る権利（＝「憲法制定権力」）は国民のみが有する。国民自身は自然法によるだけで成立し、存在するだけで完全であり、憲法に拘束されない。それに対して統治体は憲法の規定に基づいて形成される「憲法によって制定される権力」なのであり、憲法の規定に従って統治行為を行い、そのために必要な法律を制定し、施行する（『第三身分』七四～八七頁）。言い換えると、統治行為の現象面だけを見ると統治機関が法を制定・施行し、国民はそれに服従するだけのような印象を受けるが、その国民は、主権者＝憲法制定権力の担い手としては、統治機関を創出する憲法そのものを自由に作ったり改正したりできるのである。この議論は、絶対王政との政治的対決に主眼をおいた『見解』においても見られたが、特権層との対決・特権の否定を主要な課題とした『第三身分』において、とりわけ切れ味を発揮したと言えよう。特権層がいくら「身分制度はフランス古来の国のあり方」と主張しても、国民はそうした「国のあり方」＝憲法そのものを改正する権利を持つからである。

なおシィエスは社会・国家を企業になぞらえて、有権者を社会の「株主 actionnaire」と呼ぶが、ここで株の購入に相応するのは納税である。市民は税を納めるという行為によって社会の「経営」に関して発言する権利を得るのであるが、『見解』においてはすべての担税者が、納税額とは無縁に、「株主」とされており（四七頁、一一四頁）、『特権論』『第三身分』にはこの点への言及はない。一七八九年一月までの時点ではシィエスには市民を能動的と受動的に区別する発想はなかったのである。

第三の「全国三部会が果たすべき具体的課題」に関しては、いろいろ具体的な提案があるが、その中で注目しておくべきは「議会の分割」案だろう。シィエスはイギリス流の、貴族院と庶民院からなる二院制には反対である（『第三身分』六一～六三頁）。国民は相互に平等で一体なのであるから、身分によって分けられるべきではなく、必然的に一院制を採ることになる。しかし千名を超える議員が一か所で投票し採決するのは技術的に困難をともなう。それ故に一堂に会して討論した後は、採決のために便宜的に設けられる部会に分かれ、部会ごとに投票すべきだというのである。ただし部会ごとに賛否を決めてその結果を持ち寄るのではなく、各部会の責任者は「賛成何名、反対何名」と報告し、決定は議員全体の多数決で決めることになる（『見解』八六頁、『第三身分』九九～一〇〇頁）。

特権批判

第四の特権批判は『特権論』で主に展開されている。シィエスはここでも「特権の原因を事実のうちに求めるのは無駄」（一頁）として、歴史よりも理念を立論の根拠にしている。そもそも法の目的は各人の自由や所有が侵害されるのを妨げることにあるのだが、特権の本質は「共通の法」の外に立つことであり、具体的には法の適用を免除するか、もしくは法によっては誰にも禁じられていないものに関して排他権を設定することである（二頁）。法は「他者に悪をなすな」と命じるものなのだから、その適用を免除するのは「他者に悪をなすことを認める」というに等しく、また特定人物に排他権を認めるのは市民の自由を損なうものであるから、ともに容認されるものではない（四〜五頁）。これがシィエスの特権批判の根幹である。

この根幹からいくつかの論点が導き出される。まず名誉特権であるが、これもまた、法が誰にも禁止していないものを特定人物に排他的に認めるのだから容認できない上、フランス国民のうちの二〇万人に名誉を認めるために残りの二五八〇万人を貶めるのであるから悪習である（五〜六頁）。また特権が付与される時、共通利益は忘れられ、「特権者」としての個別利害のみが意識されるようになる。特権者は自分たちを国民全般とは別の特殊団体と捉え、支配欲と優越感にとらわれる（一七〜一八頁）。特権が世襲である時、弊害はさらに大きくなる。長い時間をかけて名誉や血筋に関する宗教的ともいえる考えが養成され、君主政下においては特権団体が必要物であるかのように意識されるにいたる（二九〜三一頁）。しかし社会には法の保護のもとに生きて活動する市民と、彼らを見守って保護する後見的権威しか必要でない。この権威への依存という概念を混用して、特権層は市民に服従を説くのであるが、市民は相互に対等で自由なのであり、「中間団体」(13)は社会に無縁で有害な存在でしかない（三一〜三五頁）。シィエスによれば、社会の二大動因は金銭と名誉である。公共の尊敬を得る要素はそれぞれの職業にあり、その尊敬に値するものになろうという欲求が金銭欲に対して必要なブレーキになるのだが、生まれるだけで名誉が手に入る特権層には名誉に値する者になろうと努力する必要が生じない（三六頁）。他方で金銭は、他者に誇示するための浪費から出費がかさむので、絶えず不足する。それをカバーするために特権層は宮廷や教会になりふりかまわず寄生するのである（三七〜四二頁）。その結果、国費が特権層の虚栄のために浪費されるとともに、本来なら農業・製造業・商業などの拡大・発展に役立つはずの人材が特権層の浪費を支えるために無駄に用いられている。名誉を君主政の原理とするのは誤りである（四四〜四八頁）。

以上がシィエスの特権（および特権層）批判である。中間団体の役割の否定、および君主政の原理を名誉とすることの否定はモンテスキュー批判であろう。しかし特権批判の論理よりも重要なのは、そこに込められたシィエスの感情かもしれない。『特権論』で彼は、自分自身の経験として、田舎の貴族が虚栄心と優越感から自分の家系を自慢する様子を、露骨な嫌悪感を示しながら記しているし（二〇頁）、類似の記述はそれ以外にもあちこちで見られる。また『第三身分』においても、警察沙汰や裁判の際にも特権身分と第三身分では扱いが異なることなど指摘しながら「この点については論じ出せばきりがなく、腹が立つばかりなので、これくらいにしておこう」（八一頁）と記し、また「封建制度のおぞましい残骸を一八世紀の終わりに聖別しようとする計画がいかに常軌を逸したものか、しかと感じ取らねばならぬ」（九八頁）と書いている。嫌悪感や憤怒、苛立ちを隠さないのである。自分のパトロンである司教ド・リュベルザックへの憤りを父親への手紙にぶちまけた革命前のシィエスの姿がオーバーラップする。司教への私憤が特権層全体への公憤に拡大して、革命初期のシィエスの政治活動を支える精神的エネルギーになっていたように思われる。

第三節　一七八九年六月の状況

三部会へ

全国三部会の選挙においてシィエスは聖職者身分からは選出されず、パリの第三身分に割り当てられた二〇人の議員の二〇番目として五月一九日に選出され、同月二七日に初登院した。三部会はすでに始まっており、第三身分部会は議員の資格審査を全議員が合同で行うことを呼びかけて、特権二身分が合流してくるのを待っているところだった。

六月一〇日、シィエスは三部会で初めて発言し、特権二身分が合同の資格審査に合流するよう、国民代表の名において呼びかけることを提案して、承認された(14)。同月一五日には、資格審査は行われたのだから議会の設立が必要なこと、国民の少なくとも九六パーセントから選ばれた議員たちの議会が活動を停滞させているのは不可能なこと、国民の一般意志を表明する権限はこの議会に属すること、この議会の名を「フランス国民によって承認・審査された代表者の議会 Assemblée des representants connus et vérifiés de la nation française」とすべきことを提案した。この提案は賛成・反対の双方の立場からの活発な議論を誘発し、また何人もの議員がそれぞれに異なる議会名を提案して、討論は一七日まで続いた(15)。最終的には一六日の午後にシィエスが自らの案を撤回して、替わりに「国民議会 Assemblée nationale」とする案を提出し、これを含めて五つの案が一七日午前に採決にかけられて、シィエス案が賛成四九一票、反対九〇票で採択された。六月一六日には続けて「現行の税はすべて非合法であるから廃止するが、混乱を避けるために会期終了までは臨時に徴収を続ける」という案が採択されたが、これはシィエスが『見解』

（四九頁）で提案していたことだった。この時期の第三身分代表議員の動きは、かなりの程度、シィエスがリードしていたと言えよう。

こうした議会の動きをけん制するため、国王は親臨会議の開催を計画し、その準備のためにムニュ・プレジールの間を六月二〇日に閉鎖した。そのために自分たちの議場を失った第三身分代表議員はジュ・ド・ポームの間で、自分たちは憲法の制定まで解散せず、どこであれ自分たちが集まる所が議場であって、そこでの集会は正規のものであるという内容の誓いを立てる。二三日に開かれた親臨会議でルイ一六世は自らの政治改革案を示し、三部会がこれに従わなければ解散することを示唆して脅しをかけた上で、議員たちは解散し、翌日から各身分ごとに分かれて国王の提案について審議するよう命じて、退出した。特権二身分は国王の命令に従って退出・解散したが、第三身分代表議員は、自分たちは国王の命令ではなく自らの意思で集会していることを示すために、その場に残り続けた。

六月の「革命」

さて、ここで気になる記述がある。フランス革命史家ルフェーヴルの著書『一七八九年』(16)である。該当部分を邦訳で紹介しよう。

貴族身分は会場から退出したが、第三身分は、あらかじめ決めておいた通り、その場に残り、数人の司祭もそれに同調した。式部長官のドル゠ブレゼ侯が彼らに国王の命令を重ねて注意すると、バイイは宣言した。「会議のために集まった国民が命令されることはありえない」。またミラボーは自分の席からこの宮廷人に向かってこの日の親臨会議のシンボルとしていつも引用されるのが常である有名な罵声を浴びせた。「銃剣の力によらざる限り、われわれは退去しないであろう」。シエイエスが、彼一流の簡潔な表現でけりをつけた。「顔を洗って出直して来給え」(17)。

さて、ここでシィエスの発言の原文は《Vous êtes aujourd'hui ce que vous étiez hier》、直訳すれば「今日、あなた（方）は昨日のままである」である。この言葉をどのように解釈するかが問題なのだが、まずは史料にあたってみよう。我々が調査したのは①『議会議事』（以下 *AP*）、第八巻、一四六頁、②『モニトゥール *Moniteur*』紙（第一巻、一〇号、九五頁、一七八九年六月二〇〜二四日）、③『ポワン・デュ・ジュール *Point du jour*』紙（第七号、四〇頁、一七八九年六月二五日）の三点である。①は一九世紀後半から編纂が始まって現在も刊行中の史料集（第八巻は一八七五年出版）であり、②は当時の新聞で一七八九年六月の二〇日から二四日までのできごとを一つの号にまとめて出版された。③は議員のバレールが議事の報道のために刊行していた日刊紙で、内容の正確さでは当時から定評のあったものである。問題は原文と邦訳の双方に関わるのだが、ルフェーヴルの記述を読むと、シィエスが発言したのは式部長官のドル＝ブレゼが会場にいる時であり、式部長官に向かっての発言であるような印象を受ける。しかし右の三点の史料はいずれも、ドル＝ブレゼは国王の命令を伝えるとじきに退席したとしており、シィエスの発言はその後になされている。そして①では主語は Vous ではなく Nous（私たち）になっており、さらにシィエスはその後に「さあ、議論しよう」と続けている。②はシィエスを含む数名の議員の名を列挙して、「彼らが熱心な発言をした」と報じているのみであり、③はシィエスの発言に関してはルフェーヴルと一致している。いずれにしても、要するにシィエスは式部長官にではなく、周囲の議員たちに向って「あなたたちは昨日のままですよ」と言ったのであり、シィエス自身も議員なのだから、主語が「あなた方」でも「私たち」でも実質的な意味は変わらないのである。

邦訳の訳者たちは、シィエスの発言相手を取り違えたために苦労の「意訳」を強いられたわけだが、原文の書き方がそもそもひどく紛らわしいのだから、「誤読」とは言えないであろう。ここは単純に「直訳」するだけでよかったのだが、ここまでの記述ではまだシィエスの発言の意味は不明かもしれない。それを解く鍵は親臨会議での国王の発言の中にある。「三部会の現在の開催に関する国王宣言」第一条の末尾で、王は「…従って、今月一七日に第三身分議員によって行われた審議、およびそれに続く審議は、非合法であり国制に反するものであるが故に無効であると、国王は宣言する」(18)と述べたのである。繰り返すが、六月一七日に第三身分代表議員は自分たちの集会は（もはや三部会の一部会ではなく）「国民議会」であると宣言し、二〇日のジュ・ド・ポームの宣誓で国民議会は必要に応じて自分たちの意思で会合を開くことを決めた。二二日までは、誰もこれらの決定を否定していなかった。しかし二三日になってなされた国王宣言を、もし正当なものと認めれば、自分たちは相変わらず三部会の中の一部会のままであり、国王の命令に従って集会を開いたり閉じたりしなければならないことになる。反抗すれば大逆罪にもなりかねない。そうした状況で「我々は昨日のままだ」と言うのは、「一七日と二〇日の決議は有効なままである」と宣言すること、言い換えれば「国王の命令よりも国民議会の決議の方が正当性において優越する」と宣言することだったのであり、それ故にシィエスは（*AP*の記述によれば）「さあ、議論しよう」、言い換えれば「国王が解散を命じても、二〇日に宣誓した通りに、自分たちの意思で集会を続けよう」と呼びかけたのである。シィエスは六月二三日の発言で実質的に国民主権を宣言したのであり、あえて極言すれば、彼のこの一言でフランス革命は真に「革命」になったのである。シィエス自身も自伝の中で一七八九年六月の重要性を強調している(19)。

第四節　人権宣言草案

バスティーユ

結局、国王は第三身分代表議員の反抗を黙認することになり、六月二七日には特権二身分の議員たちに国民議会に合流するよう求めた。それでも貴族身分は抵抗したのだが、その際に彼らが大義名分としたのが命令的委任の制度だった。三部会の議員は選挙民から陳情書を託されていたが、この陳情書というのは議員に議会での行動を指示する文書でもあって、議員は陳情書の指示に従って行動しなければならなかった。しかして陳情書は国民議会の出現を想定しておらず、そこに合流することを認めるという指示はなかった。だから合流する権利は議員にはないというのが貴族代表の言い分だったのだが、七月八日に議会において、そもそも命令的委任はまだ有効であるか否かが問題になった。シィエスはすでに見たように、議員は選挙区の意思に拘束されるべきではないという意見を唱えていたが、この日の会議でも発言し、そもそも六月一七日に国民議会を宣言した際に命令的委任も廃止されたのであるから、今さら議論する余地はないと、問題提起を門前払いするような意見を表明した。特権身分議員の抵抗は激しく、結局はいわゆる玉虫色の決着がはかられたのだが、ここでもなおシィエスは進むべき道を指し示すリーダーだったのである。

翌日に議会は「憲法制定国民議会」を名乗るが、国王は議会を武力で解散することを考えて、ヴェルサイユ周辺に軍を集めた。しかし七月一四日のバスティーユ事件によってその計画は潰え、議会は存続して、フランスが採るべき国制を具体化する道に歩を進めることになる。シィエスも憲法委員会のメンバーになり、自らの人権宣言案・

憲法案を示すことになるのだが、その前に同じ七月に公刊された『憲法についてパリ市に適用されるべき若干の考察』(20)というパンフレット（以下『パリ市』）を一瞥しておきたい。ここで指摘したいシィエスの論点は二点ある。第一は代表制に関して、彼が「フランスは全国政府においても都市当局においても、同じように代表制を採る」（三頁）としている点である。すでに見たように、革命直前のパンフレットにおいては人口や面積が少ない国では直接民主政が適し、多い国では代表制に拠らざるをえないとしていただけだが、『パリ市』では、都市自治体のように人口や面積だけなら直接民主政が可能な規模であっても代表制を採ることにしている。明らかに、民衆の直接的な政治介入を嫌っているのである。そして、この点と重なるようにして主張されているのが第二の論点、すなわち能動的市民と受動的市民の区別である（一一～一二頁）。革命直前のパンフレットでは納税者はすべて国家の「株主」とされていた。しかし『パリ市』では、選挙権を持つためには通常の納税の他に「自発的・市民的貢納金」の支払いが必要であるとする。これは完全に自由で自発的でなければならず、政治に関わりたいという意志の表明として納入される。選挙権を持つには三リーヴル、被選挙権には一二リーヴルが要求される。すなわち少なくとも三リーヴルを納入しない限り、能動的市民としてはふるまえないのである。この案をどのように評価すべきだろうか。少なくとも能動的市民か受動的市民かが機械的に固定されないことは確かであり、また三リーヴルという金額はそれほど重いものではなく、一般庶民でも払おうと思えば払える。つまり政治的権利を経済的な裕福度によって制限しようというよりは、市民としての自覚や覚悟をうながすための教育的制度だとみることもできよう。しかし全員に一律の金額は、貧しい者には相対的により重い負担になることは確かであって、「市民としての自覚」という大義名分をかかげることで実質的に下層の民衆を排除しようとしたと見ることも可能であろう。いずれにせよ、シィエスが社会の下層に属する人の政治的権利の擁護に熱意を示さなかったことは確かである。そこに（シィエスだけでなく、（議員全体に共通することだが）バスティーユ事件の影響が見て取れるのではないだろうか。パリ民衆の武装蜂起は王権に打撃を与え、結果的に議会を助けた。しかし議員たちは、もし民衆の抵抗が自分たちに向かうことになったらいかに大きな脅威であり得るか、否応なしに悟らざるをえなかったのである。

能動的市民と受動的市民

シィエスが人権宣言案を示したのは、このような状況のもとにおいてだった。彼は憲法委員会の委員として、七月一六日に人権宣言案の作成を委ねられ、同月二〇日に自らの案を印刷・公表するように求められる。その結果、三点の文書が出現した。①『フランス憲法の予備考察 *Préliminaire de la constitution françoise*(sic)』と題し、所見・予備考察・人権宣言案の三部からなる五一頁のパンフレット（以下『予備考察』）、②『憲法の予備考察から切り離された、フランス市民の権利宣言 *Déclaration des droits du citoyen françois*(sic), *Détachée du Préliminaire de la Constitution*』と題する一〇頁のパンフレット、③憲法委員会で朗読され、*AP* 第八巻、二五六〜二六一頁に収録された、①と同じタイトルの文書である。①を構成する三つの部のうち、②は人権宣言案のみを、③は予備考察と人権宣言案を含んでいるが、相互に異同があり、文章は完全には一致していない。しかし表現を簡潔にしたり、条文の並べ方を入れ替えたりした程度の修正で、内容がくい違うわけではないので、一つの文書として扱って構わないであろう。本章では基本的に①に基づいて考察する。

パンフレットの冒頭でシィエスは、自分は人権宣言を一種の信仰箇条として押しつけるのではなく、理性と明証性に基づいて説明すると述べる（一頁）。事実、第一部の「予備考察」は「人はどのように生活を維持するか」という基本問題から出発して、社会の形成、個人の自由と社会秩序の維持に必要な制度の形成へと話を進め、その各段階がほぼそのまま「人権宣言」の各条項となっている。シィエス案は、実際に一七八九年八月二六日に採択された人権宣言のように人と市民の自由や権利を列挙するのではなく、むしろそうした自由や権利が生まれてくる必然性を理解させようとするものなのである。また彼によれば人権宣言は市民的権利と政治的権利の双方の平等を保障するものであるが、市民的権利の平等とは各市民に所有と自由とが平等に保障されることであり、政治的権利の平等とは法の形成に関して各市民が等しい影響力を持つことである（一六頁）。

社会の形成に関する論述は革命直前の三点のパンフレットとほぼ等しいのだが、社会において、所有を脅かされないのが自由である。自己の人格の所有は「諸権利の中の第一のもの」であり、そこから行動と労働の所有が導かれ、行動と思想・表現の自由が帰結する。またそれ以外の物に関しては、自分が必要とし、他の誰にも帰属しない物は、自分が労働を加えて自分の用益に適した物にすることで、自分の所有とすることができ、それを享受する自由を得る。土地所有はこうした「物の所有」の中でもっとも重要なものである。自由はすべての人にとって一律・平等でなければならず、他者の自由を損なわないことが自己の自由の限界となる。法は、自由の限界を認識して提示するとともに、自由を守るのに必要な力を保証する。大きな社会では個人の自由を脅かすものは三つある。第一は悪意ある市民だが、これは危険が一番少ないもので、通常の権威で抑止できる。第二は公権力の一部を行使する役人であって、これを抑止するためには公権力の分立とよい憲法が必要になる。第三は国外の敵で、これに対処するには軍が必要になるが、軍は国内の秩序維持には関与してはならない（以上は二六〜三一頁）。

以上は、例えば一七八八年夏に書かれた『見解』など、これまでのシィエスの論述と基本的には同じ趣旨だと言えるだろう。そして前段落の最後に触れた点から、目下の最大の課題である憲法の制定が説かれることになるのだが、憲法制定権力に関しては『パリ市』に現れた新しい志向がさらに強調される。代表制および能動的市民と受動的市民の区別である。憲法制定権力は国民に属するが、国民が持つのは「委託する権力 pouvoir commettant」のみであって、自分では代表を選出することができるだけであり、実際の憲法制定は代表である議員によってなされる。またパンフレットの一六頁で述べられた「市民的権利」は「受動的権利」、「政治的権利」は「能動的権利」と言い換えられ、社会に住む人間はすべて受動的権利を持つが、能動的権利を持つのは能動的市民のみであるとされる。一六頁ではすべての市民が法の制定に等しい影響力を持つかのように書かれていたのが、政治的権利の平等とは能動的市民の内部での平等とされるのである（以上は三六～三九頁）。ここでは能動的市民の条件は示されていないが、「すべての市民が憲法制定に参加するのではない」という否定的側面は『パリ市』以上に強調されている。

『予備考察』で初めて現れる論点もある。「社会状態から引き出すことができる利点は、個人的自由の効果的で完全な保護のみではない。市民はさらに団体 association の恩恵すべてにあずかる権利を持つ」とされるが、この「団体の恩恵」とは具体的には公共財産や公共事業から得られる恩恵、貧困に陥った際に仲間から与えられる扶助、公教育、相互の見守りである（三二～三三頁）。すなわち受動的市民は政治的権利を持たないことが強調されるのに並行して、貧民は経済的な扶助や教育を通じた社会的統合・同化の対象として意識されるようになるのである。

第五節　憲法草案

自由と公正

シィエスは、人権宣言案に引き続き、憲法草案を八月一二日に議会で発表するが、その前に重大なできごとが議会で起こった。八月四日の晩の封建制廃止宣言である。この際に教会十分の一税も廃止の対象となり、最初は有償廃止とされたのが、その後の議論で結局は無償廃止になった。そのことにシィエスは抗議する。同月一〇日の議会で彼は、四日の晩には有償廃止と宣言したのだから、この宣言を守るべきこと、教会十分の一税は本来、自発的な献金であって、他の税と同様に考えるべきではないこと、それを無償で廃止するのは裕福な地主をさらに富ませるだけであること、それが有害であるというなら、むしろ有償廃止にして、そこから得られる利益をこの税本来の目的に用いるべきであることを主張したのである(21)。彼は単に議論の筋を通しただけのつもりだった。しかし彼は聖職者だったから、この発言は単に聖職者の利益を守るのが目的の利己的なものと受け止められた。彼が発言の最後に「彼ら（＝無償廃止論者）は自由であることを望んで、公正であることを知らない」と述べたのも、無用の反発を呼んだ。シィエスと他の議員たちの間には溝ができ、彼の国民議会のリーダーとしての信用には傷がついたのである。また時間的には憲法草案の発表の後になるが、八月二七日には議会にメモワールを提出して、領主層が持つ領地は彼らの正当な所有物であり、所有権は守られるべきであることを主張した(22)。有償廃止とされた封建的諸権利のしかるべき保証額を正当に見積もるのは困難もしくは不可能であると指摘したのである。だからどうすべきだという具体的な結論はないのだが、自由と所有は一体なのであるから、自由であるためには所有権を守らなければならず、すべての所有権は差別なく守られなければならない、しかるに現在の議会は「あまりにも強い熱意」によって惑わされているというのが、シィエスの主張だった。

これらの発言をどのように解釈すべきだろうか。『第三身分』において彼は、第三身分が「何者かになること」を要求していた。六月に国民議会が成立したことでその要求は満たされ、特権層は政治的には存在の根拠を失った。そうであれば、これ以上は特権層と対立し続ける必要はない。「特権」と「特権層」は区別されてよい。特権は廃止されたのだから、かつての特権層は第三身分と同等の国民なのであり、彼らが現に保有するものは全国民に一律に保障されるべき所有権として保護されるべきである。これは確かに一つの筋の通った考えではあり、それがシィエスの発言の趣旨であろう。しかしシィエスは特権層に対して常にこれほど冷静だっただろうか。すでに見たように、革命前の『特権論』などにおいて彼は、田舎貴族の滑稽な家系自慢、宮廷貴族の浪費と自惚れと偽善、さらには自分を意のままになる家来のように扱う司教のド・リュベルザックへの不満などを、苛立ちと憤慨を込めて感情的に告発していた。彼は特権層の性分や態度・ふるまいに腹を立てていたのであって、「特権層」と区別された「特権」のみに的をしぼっていたわけではない。とすれば、理論的な一貫性とは別のレベルで、生身の人間としてのシィエスはやはり態度を変えたのである。平民全体を統合して特権層と対立する必要がなくなると、彼ははむしろ旧特権層と手を結んで下層の民衆に枠をはめる方向に踏み出したのだった。その背景には、すでに指摘したバスティーユ事件と、それに続く農村部の大恐怖が想定できるであろう。

議会の構想

そうした事情を踏まえて、八月一二日の憲法草案(23)を見ていこう。注目すべきはシィエスが提案する議会制度である。第二篇の第七条から第一一条がそれに当たるのだが、それによれば立法府は庶民院 Chambre des communes と諮問院 Chambre du conseil の二院制を採る。前者は身分の区別なしに二五歳以上の市民から議員が選出され、後者は、聖職者であれ俗人であれ、三〇歳以上で「一万リーヴル以上の地代をもたらす封土 fiefs の所有者」から選出される（七条）。法案などはまず庶民院で審議され、可決されたら諮問院に送られる。そこで承認されれば国王に送られ、その裁可により正式に決定される（九条）。王が裁可を拒否した場合には、その法案はその会期中は止めおかれる（一〇条）。諮問院は、法案を拒否する場合には、理由書を添えて庶民院に差し戻す。庶民院はその法案を廃棄するか、諮問院との合同審議にかけるかを決定する。合同審議の場合には、両院が一堂に会して審議した上、全出席議員の三分の二の賛成をもって採択する。否決の場合には、その会期中は止めおかれる（一一条）。シィエスはこれまで一貫して一院制を唱えてきており、院をいくつかの部会に分けることを提案しても、それは採決を能率よく行うという技術的理由のみによることだった。しかし憲法草案の構想では、庶民院と諮問院では議員の被選挙資格が異なるのだから、明らかに二院制である。しかもこの後見るように九月七日の国王の拒否権に関する発言では再び一院制を支持しており、憲法草案のみが例外なのである。なぜこうした構想がシィエスから出てきたのだろうか。草案を見ると、庶民院が実質的な立法機関で、諮問院の役割は結局のところ一種の停止的拒否権を持つにとどまるように見える。そして、諮問院は国王とともに停止的拒否権を持つ機関とみなすならば、九月七日に示される構想とも理論的には矛盾しない。しかし「封土の所有者」という被選挙資格は貴族を想定しているわけで、身分にともなう特権をヒステリックなまでに批判してきたシィエスにも、また革命前に農業のみを生産的とする重農学派をスミス的な視点から批判した(24)シィエスにも、そぐわない提案だと言えよう。ただし fief には平民にも許されたもの（= franc fief）も含まれるのであるから、必ずしも貴族だけを想定しているとは言い切れず、漠然と「所領」全般を含意しているとも解釈し得る。前節でみたように、シィエスにとって自由の基盤は所有、とりわけ土地所有だったのであるから、諮問院の構想は「自由の本質である土地の所有者が一種の拒否権を得て、立法に一定程度、限定的な介入ができるようにする案」とも解釈できなくはない。だが、そのように解釈すべきだという積極的な理由もないのである。憲法草案にのみ二院制案が出ている問題に答えようとした先行研究は、ささやかな管見の限りではみつからなかったし(25)、我々もこの場で明快に答える用意はない。単にバスティーユ事件と大恐怖がシィエスに与えた動揺の大きかったことが窺われるのみである。今後の検討課題として指摘しておくにとどめたい。

前節で『予備考察』に現れる新たな論点として指摘したものの延長上にある項目も見られる。第四篇は「習俗」であるが、その一条では貧民の扶助は各農村や都市の役務とされ、二条では州三部会に「名誉台帳」を作って、善行や徳、有益な奉仕や優れた才能で際立った市民を登録すること、四条では劇場で毎月一回「著名人物の偉大な行動の思い出」を祝うこと、五条では憲法公布の日を国民の祝日とし、才能と品行の良さが顕著な子供の両親に賞を与えること、六条では「規則を逸脱した行動」が認められる市民はあらゆる公職から退けることが、それぞれ規定されている。貧民は政治的権利の主体ではなく保護の対象とされるとともに、彼らの行動は道徳面における矯正、もしくは社会秩序への統合をほどこす対象として取り上げられるのである。

第六節　九月以降

一七八九年の六月から八月までの三か月は、シィエスにとって新たな体験と、それに基づく思索の変更もしくは発展の時期として重要だった。革命直前には、絶対王政の政治制度もしくは身分制度と特権の弊害を見すえ、その抜本的な改革だけを考えていればよかった。しかし六月後半に国民議会が成立すると、彼が『第三身分』で示した基本的な要求はひとまず達成され、憲法の作成、すなわち落ち着いた環境の中で新たな政治と社会の秩序を構想することが課題となった。そこに、それまで予想しなかった新たな問題が生じる。一つは、バスティーユ事件と大恐怖により、民衆層の暴力的な動きがかく乱要因として登場したこと、もう一つは、封建制の廃止宣言は、シィエスにとっては、国民代表である議会も誤り得ることを示すものだったことである。

本節では九月七月の議会での発言と一〇月二日に刊行したパンフレットを取り上げる。前者のテーマは国王に拒否権を認めるか否かの問題であり、後者は全国の新たな区画制度を論じるものだが、それら双方でシィエスは自己の政治論を練り直している。まず九月七日の発言を見よう(26)。シィエスはまず立法の原理を確認する。すなわち法とは「統治される者」の意思の表明なのであり、その意思は国民の代表によって示される。「統治する者」が立法過程に介入するのは、たとえ部分的にであっても、専制に近づくことなので容認できない。それ故に国王の拒否権は認められない。しかしながら国王は執行府・行政府の長であるとともに、「国民の第一人者」「筆頭市民」でもある。そしてこの資格において国王がなし得ることはいまだ明瞭には示されていないのだから、この資格で国王に拒否権を認めることは検討の対象になり得る。とはいえ政治的権利は平等でなければならないのだから、国王が立法に関して持ち得るのは、他の議員と同じく、一票のみである。国王が投じる一票の反対票が、それだけで他の多くの議員の賛成票をひっくり返すことができるような制度は認められない。

こうした原理原則からすれば、国王の拒否権は認められないという結論が論理的に導かれるはずであるが、シィエスはここで話の方向を変え、政治に携わるべき代表とはそもそも何かという議論を始める。それによると、近代ヨーロッパは古代と異なって、商業・農業・製造業が重要になっており、市民の大部分もそれに関わっていて、幸福よりも生産と消費に関心を抱くようになっている。市民の多くは立法に直接に関わるのに必要な教育も時間も持たないので、政治を一種の職業として担当する人間を代表に選んで、彼らに政治を委ねることになる。そうすると拒否権の問題も相を変えて、国民主権に関わる原理の問題ではなく、いかにすれば職業政治家たちの誤りを避けることができるかという立法に関する技術的な問題になる。代表が決めようとしていることが間違っているように思われる場合にそれを「妨げる権利」は、誰がどのようなやり方で行使するのが有効かが問われるのである。すると「筆頭市民」である国王に拒否権を与えるのも一つの選択肢として浮上する。国王の方が誤っている可能性もあるから絶対的拒否権は認められないが、議会に再考をうながすための停止的拒否権ならば考慮の余地があるだろう。こうした議論の流れの中で、シィエスは議会の分割論にも言及する。以前に唱えていたのは、討論は全員でするが採決は便宜上いくつかの部会に分かれて行うというものだった。今回シィエスが唱道するのは討論も部会に分かれて行うというものである。こうすれば一つの部会がアジテーターの影響で間違った方向に進んでも他の部会は正しく議論するであろうし、いずれにせよ同じ問題をあちこちで何度も議論するのは慎重を期すためには望ましいとするのである。シィエスは国王の拒否権を積極的に勧めてはおらず、議会の分割と同様、立法府の誤りを防ぐための技術的措置の一つとして示唆しているに過ぎない。それにしても、原理的には認められないとして正面玄関から追い払った拒否権を、裏口からそっと導き入れるような議論を展開したことは確かである。

一〇月二日のパンフレット(27)の主題は県や市町村など、フランスの新たな区画制度であるが、それらは議員を選ぶ際の選挙区ともなるため、代表制のあり方にも言及している。シィエスは、古代では自由民のみが能動的市民であったが現在では法の保護によりすべての人が平等であると認めつつも、「権利においては市民であっても、事実においてはそうではない者がいる」「肉体的には強健であっても、社会思想にはまったく無縁で、公共の事柄に積極的に参加するにはまるで不向きの人がいるものだ」と述べ、「法の保護と公共扶助は奪うことはできないが、政治的権利は制限されるべき」とする。そこからまず、能動的市民論に言及し、すでに触れた「自発的・市民的貢納金」が能動的市民を決めるのに有益だとしつつも、それを採用するには機が熟していないとして、「三日分の労賃に等しい金額の直接税の納入」という、憲法委員会で検討されている案を受け入れている。政治的権利を持つ資格を納税額＝収入額によって決める案を、シィエスは容認したのである。また同じ考察から代表制論にも言及する。経済的生産における分業の有利さを解いて「これはスミス博士の著作が教えていることである」とした上で、分業の利点は政治にも応用できると述べる。共通の利益と社会状態の改善のためには政治を「独自の職業」とすべきなのであり、政治に不向きの人間までが意思決定に参加する直接民主政は、大国のみならず小さな国においても社会の必要にそぐわないものであって、代表制のみが統治の正当な形態なのである。九月七日には政治的権利の平等への言及がわずかに残っていたが、一〇月二日のパンフレットではまったく触れられていない。

第七節　シィエスにとっての「一七八九年」

結局のところ、一七八九年の晩夏にシィエスは変節したのだろうか。『社会契約論』におけるルソーのように自由を政治的意思の決定への参加と捉えるなら、シィエスの思想や立場は大きく変わったと言えるだろう。しかし彼においては、すでに見たように、自由とは所有権の保障、すなわち社会における私的活動、とりわけ経済活動を妨げられないことであった。特権という不正が消滅し、相互に平等な市民による選挙で決められた代表が立法権を持つことによって、シィエス的な自由を脅かすような政治は行われないことが基本的に保障されれば、改革として十分だったのである。すなわち、彼が構想する「革命」は六月後半の国民議会の創出によって基本的には成し遂げられたのだった。

むしろ変わったのは（少なくとも、シィエス自身の眼から見れば）、国民議会の政治の方だった。八月四日の封建制廃止の宣言は、彼にとっては所有権への脅威だったのである。これに抗議した彼は、オピニオンリーダーとしての権威を失った。シィエスは時代から取り残され、指導力をそがれていく。彼自身も議会で発言しなくなり、次第に「哲学的沈黙」(28)に閉じこもるようになった。しかしこの時期の彼は、革命を担うべき議会自身が誤る可能性に眼を向け、錯誤を未然に防げるような議会のシステムを試行錯誤的に構想し始めた。国王の拒否権への言及、納税額に基づく制限選挙制の容認などは、その現れである。憲法草案における二院制の提案も、その一環と見ることができるかもしれない(29)。つまり八九年の晩夏に彼は、「変節した」というよりは、新たな事態に直面して自らの政治思想を練り直す必要に迫られたのである。

アンシァン・レジーム末期のシィエスの思索と体験は、一七八九年一月に出版された『第三身分とは何か』に結実して彼を一躍有名人にするとともに、同年六月には彼を「議会の革命」のリーダーとした。しかし七月に入ると、バスティーユ事件と農村部の大恐怖に代表される民衆層の暴力的な介入によって、革命はシィエスの構想を乗り越えて過激化していき、彼が立ち続けている位置は相対的に保守的なものになってしまったのである。それがシィエスの「一七八九年」だった。彼は「哲学的沈黙」に閉じこもり、さらに一七九三年〜九四年のいわゆる恐怖政治期には、ギロチンへの恐れから完全に鳴りをひそめて、ロベスピエールに「革命のモグラ」と揶揄されることになる。しかし彼は、舞台の正面からは退いても、権力が相互にチェックし合うことで過誤や行き過ぎを防ぐような政治制度についての考察を続けていた。そして九四年のテルミドール以後、新生の共和国があるべき政治の制度や秩序を模索する時期になると、「政治の科学者」であるシィエスは再び表舞台にさりげなく姿を現すようになるのである。

（山﨑耕一）

第六章　カミーユ・デムーラン

――若き新聞記者が夢みた共和政――

カミーユ・デムーラン（Camille Desmoulins, 1760 ～ 94）の肖像
専修大学ミッシェルベルンシュタイン文庫所蔵

カミーユ・デムーラン、フランス革命の歴史を振り返るとき、彼の名前はロベスピエール（一七五八～九四）やダントン（一七五九～九四）らの影に隠れて、彼らと肩を並べて語られることはもちろんのこと、彼らと同等に評価されることはなかった(1)。彼は一七八九年に発行したパンフレットにおいて共和主義者であることを宣言し、また九三年に執筆したパンフレットでは「一七八九年七月一二日の時点で、フランスには共和主義者がおそらく一〇人しかいなかった」(2)と述べるように、彼の共和主義は当時の共和主義者と較べて異彩を放っていた。

デムーランに対する歴史家の評価は、オラールとマティエの論争、すなわち、ダントン派とロベスピエール派の論争がよく知られている。ダントンを革命と共和国に貢献した偉大な革命家として高く評価するオラールは、革命初期の共和主義者が国王とともに共和政の樹立を求めていたなかで、デムーランは国王を排除して主権者である国民および彼らの代表者によって統治される共和政を望んでいたという意味において、彼を先駆的な共和主義者として評価する(3)。これに対して、ロベスピエールをもっとも卓越した社会革命家として評価するマティエもまた、ロベスピエールの旧友デムーランに接近する。彼はデムーランの初期の出版物には一定の評価を与えているものの、後期の出版物、とりわけ『ヴィユ・コルドリエ *Vieux Cordelier*』（パリ、五日ごと、八折り、一七九三年一二月五日～九四年二月三日、計七号）のなかに、好ましくない人物との交際によってジャコバン派から疑いをかけられていたデムーランが自己弁明に奔走する姿を探し求めている(4)。一見すると、オラールとマティエはデムーランに異なる評価を下している。オラールは彼を独裁者ロベスピエールと対峙した共和国の良心として描き出し、マティエは彼の処刑は剛直廉潔の士のうえに不吉な陰を投げかけるものではなかったとする。しかし、実際のところ、二人には共通した解釈の姿勢を読みとることができる。すなわち、彼らはダントンあるいはロベスピエールを弁護するにあたってデムーランに都合良く言及しているだけであり、デムーラン自身を直接的な分析対象とはしていないのである。

デムーランの共和主義は、あるときは個人的な現実に翻弄され(5)、またあるときは政治党派的な闘争のフィルターを通じて脚色され、一七九四年四月六日、処刑台のうえではかなくも消え去ってしまう。彼が革命に求めた共和政とはなにか。九二年八月一〇日に王権が停止され、その後なし崩し的に既成事実化された共和政にその理想が求められるのであろうか。本章は、デムーランの共和主義を彼の目線から再検証することを目的とする。それは前述した九三年に発行されたパンフレットにおける彼の発言を再解釈することにもなるであろう。本章の分析では彼の出版物を主たる史料とするが、それらのテクストにちりばめられている共和主義的な理念のみならず、出版の自由をめぐる彼の闘争にも着目したい。なぜなら、思想と実践の両側面から彼の共和主義を具体的に浮かび上がらせるためである。本章の構成は以下の通りである。はじめに、デムーランの経歴を確認する。つぎに、彼の共和主義的な理念を検討し、さらにその実現のために繰り広げられた闘争を考察することによって、彼が革命に求めた共和政の実像に迫りたい。デムーランの経験は個人的な事例にとどまるものの、フランス革命を生きた若き新聞記者の共和主義を再検証する作業は、従来のフランス革命史研究における解釈には単純に還元されない、共和政のこれまで見逃されてきたもうひとつの姿を提示すると考える。

第一節　若き新聞記者カミーユ・デムーラン

デムーランは、一七六〇年三月二日、ピカルディ地方エーヌ県の町ギュイーズのバイイ裁判所総代理官ニコラ・デムーラン（一七三一〜九五）の長男として生まれる。進学したルイ＝ル＝グランではロベスピエール、フレロン（一七五四〜一八〇二）、スュロ（一七五七〜九二）らとともに学び、八五年三月に弁護士資格を獲得する。しかしながら、伝統的な権威主義が蔓延る法曹界に馴染めなかった彼は、仕事の依頼もないまま困窮した生活を強いられる。八九年五月、故郷ギュイーズで全国三部会選挙人に選出されるものの、第三身分の代表者には選ばれず、失意のうちにパリに帰京する。

一七八九年七月一二日、パレ゠ロワイヤルでの蜂起の呼びかけをきっかけに、デムーランの人生は一変する。彼は『自由の国フランス *France libre*』（八九年七月）、『街灯検事からパリ市民に告ぐ *Discours de la Lanterne aux Parisiens*』（八九年九月）(6) を矢継ぎ早に発行し、それらの成功を足がかりに、『フランスとブラバン州の革命 *Révolutions de France et de Brabant*』（パリ、週刊、八折り、一七八九年一一月二八日～九一年一二月一〇日、計一〇四号）を創刊し、革命を代表する新聞記者という評判を獲得する。だが、九一年七月のシャン゠ド゠マルス事件において民衆を煽動した容疑をかけられた彼は、当局の追及を逃れるためにパリを一時的に離れることを余儀なくされ、新聞は発行停止においこまれた。その後しばらく姿を隠していた彼は、ジャコバン・クラブでの演説『国民の政治情況について *Sur la situation politique de la nation*』（九一年一〇月二一日）によって論壇に復帰する。彼は新たに招集された立法議会によって新憲法が施行されることを期待していた。しかし、その期待は裏切られる。貴族は革命を全面的に否定することを諦めて、革命を麻痺させる戦略に打って出た。すなわち、憲法に不平等という毒を密かに注入したのである。その結果、参政権は一部の有産市民にのみ認められ、民衆は言葉を持たない丸裸の状態にさせられてしまう。「私たちの自由の根本にはアリストクラートたちが巣くっている。パリの民衆は革命の道具でしかなかった」(7)。この発言には、議会に対する不信感のみならず、アリストクラートの巧みな操作と民衆運動の限界に対する絶望感が表れている。

一七九二年春、立法議会で繰り広げられた革命戦争に関する論争はジロンド派に対するデムーランの敵対的な態度を鮮明に浮かび上がらせる。九二年二月、彼はジロンド派の指導者ブリソ（一七五四～九三）を攻撃する『仮面をはぎ取られたジャン・ピエール・ブリソ *Jean Pierre Brissot démasqué*』を発行し、ジロンド派による共和主義の無謀な煽動を批判する。さらに、彼は旧友フレロンとともに『愛国者の演壇あるいは多数派の新聞 *Tribune des Patriotes ou Journal de la Majorité*』（パリ、週刊、八折り、一七九二年四月～五月、計四号）を創刊するが、ジロンド派の裏工作によってすぐに廃刊に追い込まれる。九二年七月二四日のコミューン総評議会における演説『首都の情況について *Sur la situation de la capitale*』では、サン゠キュロットの平等主義に怯えて、ジャコバン・クラブよりもオーストリア委員会に期待を寄せる富裕な年金生活者や商工業者を激しく非難する。そして彼は「自由の強化、祖国の救済のためには、一日の無政府状態は国民議会の四年間以上に値する」(8)として、コミューンおよび民衆運動の支持をふたたび表明する。

一七九二年八月一〇日の事件直後、王党派の新聞記者であった旧友スュロが虐殺されたことにデムーランは気を動転させる。切り落とされた彼の首からしたたり落ちる血を目の当たりにしたデムーランは革命の残虐さを痛感する。九月八日、国民公会議員に選出された彼は活動の場を議会に移す。しかし、議員としての彼の発言に期待するものは誰もいなかった。バブーフ（一七六〇～九七）はそうした彼を次のように冷笑する。「カミーユはひどく稚拙な考え方をする人間だった。彼の頭は左派的でありながらも、彼の心は右派的であった。彼は陰謀家にはなれなかったと言われているが、それは的を射ている。というのも、彼は二つの政治的な潮流を合流させる術を身につけていなかったからである。しかし彼にとってそれはどうでもよいことであった。ペンを走らせる彼は三つの感情に取り憑かれているだけであった。まずは、卓越した愛国者であることを自慢する感情、次に、教養の高さを誇示する感情、そして最後に、一つの文章に四つの駄洒落を必ず挿入するという感情である」(9)。そしてデムーラン自身も

「私のあらゆる力はペンに宿されているのであり、それは国民公会における私の発言よりも、議会の外にいるあなたがたに奉仕するだろう」(10)とのちに振り返っているように、彼は活動の拠点をふたたび議会外に求めて、『フランスとブラバン州の革命』（パリ、日刊、八折り、メルラン・ド・ティオンヴィルと共同執筆、一七九二年一〇月〜一二月、計五五号）の再発行に踏み切る。国王裁判が開始すると『ルイ一六世の裁判について *Sur le jugement de Louis XVI*』（一七九二年）、『人民投票に関する問題について *Sur la question de l'appel au peuple*』（一七九三年）を発行する。それらによれば、国王はもはや不可侵性を兼ね備えた存在ではなく、処刑されるべき犯罪者となる。「国王であることは罪である。同じく立憲君主であることもまた罪である。なぜなら、国民が憲法を承認していなかったからである」(11)。また国王裁判の手続きに関しても、彼は執行猶予なしの即時処刑に賛成し、人民投票に反対する。なぜなら、平等というものが国王を市民と同様に取り扱うことを望むならば、国王裁判において人民投票を実施することは国王を特別扱いすることになるからである。

一七九三年五月、デムーランは『ブリソ派の歴史あるいは革命の隠された歴史の抜粋 *Histoire des Brissotins ou Fragment de l'Histoire secrète de la Revolution*』を執筆し、ジロンド派をふたたび痛烈に非難する。ところが、ジロンド派が議会から追放されると、彼は体調を崩してしばらく姿を消す。九三年七月一〇日、彼は久しぶりに議会に姿を現すと、国境やヴァンデ地方における軍事計画の愚かさを公然と批判し、公安委員会の刷新を要求する。また元伯爵ディヨン将軍（一七五〇〜九四）がルイ一七世の誘拐容疑で逮捕されると、彼を擁護する『ディヨン将軍への手紙 *Lettre au général Dillon*』（一七九三年七月）を発行する。公会委員会との軋轢《あつれき》、そしてディヨンとの不可解な交流によって完全に信用を失ったデムーランはふたたび沈黙を余儀なくされるが、帰郷していたダントンがパリに戻ってきたことで、政治闘争のなかに直ぐに引き戻される。九三年一二月、彼は『ヴィユ・コルドリエ』を創刊する。この新聞は、創刊当初、極右派の暴力やサン＝キュロット指導者の目論む無政府状態を攻撃していたが、その後寛容派に与することで恐怖政治を批判し、平和と融和を声高に要求する。しかし、旧友ロベスピエールとの対立路線を鮮明に打ち出した結果、デムーランは九四年三月三〇日から三一日にかけてダントンらとともに逮捕され、四月六日に処刑される。

第二節　デムーランの共和主義的な理念

デムーランは、彼が生きた革命の五年間に数多くの出版物を発行し、それらにおいて共和主義的な理念を表明している。全国三部会が開催されるヴェルサイユに足繁く通っていた彼は、国民の代表者たちの精悍な顔ぶれをつぶさに観察するなかで、『自由の国フランス』を執筆する。序論では、まず自由と共和政を要求し、そして誰の血も犠牲にすることなく革命は成し遂げられることを国民に約束する。

デムーランによれば、フランス国民には共和主義精神がそもそも宿されている。「しかしながら、もっとも悲惨な隷属状況にある民衆においては共和主義的な魂が宿されている。〔…〕どんな政体であっても、この広く浸透する感情をもみ消そうと企てても無駄である。実際のところ、その感情は彼らの心の奥底に隠れているが、一瞬の閃めきによってそこからいつでも湧き上がり、すべての人間の精神に火を灯すのである(12)」。そして共和主義精神に火を灯す声がフランス全土から湧き上がる熱気を次のように伝えている。

パリとリヨン、ルアンとボルドー、カレとマルセイユに耳を傾けてみなさい。フランス全土の隅々から、同じ声が、全世界的な声が聞こえてくる。〔…〕国民はいたるところで同じ願いを表明してきた。全員が自由であることを望んでいる。その通りだ、わたしの親愛なる同胞市民よ、もちろん、わたしたちは自由を手に入れるだろう。それを誰が妨げることができるのであろうか(13)。

デムーランは、自由を求める声がフランス全土から湧き上がり、それらが国民の共和主義精神に火を灯す時が到来したことを宣言する。

デムーランの共和主義は、あらゆる宗教的な権威、伝統的な社会秩序、そして世襲制にもとづく王政を否定し、すべての市民がひとつの法のもとに平等な権利を与えられ、国家（公共の事柄）の形成に等しく参加する政体を理想とする。この理想を実現するために彼はいくつかの手段を提示する。そのひとつが代表制である。すべての市民が直接かつ平等に国家形成に参加することは現実問題として不可能である。彼は、市民は選挙によって代表者を選出し、議会で審議可決される彼らの意志がフランス国民の意志となると主張する。「すなわち、多数決はある集団の長を排除し、彼らに代わって物事に憲法の力を与える。したがって社会から彼らを排除するのは合憲的である。それ故、フランスのコミューンの議員は国民のほぼ全体を代表しているのであり、彼ら代表者の意志がフランス国民の意志、すなわちそれが法であることに反論の余地はない」(14)。デムーランは市民の代表者、なかでもエクス＝アン＝プロヴァンスの第三身分の代表者に選出されたミラボー（一七五四～九一）に大きな期待を寄せる。彼は一七八九年五月二日に『全国三部会 *Etats-Généraux*』（一七八九年五月二日～五月五日、四折り、週三刊）を創刊する。この新聞は五月七日に発行停止を命じられるが、彼は国民議会の進捗状況を選挙人に伝達することは彼らの代表者である自分の責務であるとして、タイトルを『ミラボー伯爵から彼の選挙人への手紙 *Lettres du Comte de Mirabeau à ses commettants*』（一七八九年五月二〇日～九一年九月三〇日、八折り、週三刊）に変更して新聞の発行を継続する。デムーランはミラボーのこうした姿勢を称讃する。市民の代表者と彼らを選出した市民との、唯一無二のコミュニケーション手段が出版物である以上、市民の代表者はどのような危険にさらされようとも、市民との対話の手段を放棄してはならないのである。「おぉ、あなたたちは私たちの代表者の守護者なのです！　雄弁な護民官たち、レナル、シィエス、シャプリエ、タルジェ、ムニエ、ラボ、バルナーヴ、ヴォルネ、そしてとくに君、ミラボー。君は立派な市民であり、人生の全てをかけて専制に対する憎しみを表明し、他の誰よりも私たちの解放に貢献した」(15)。市民の代表者は出版物を通じて議会の進捗情況を市民に伝達すると同時に、あらゆる地域から市民の声を収集する。彼らは優れた教養や確固たる信念をもちあわせているとはいえ、それでもなお市民の声についてよく学び、彼らのおかれている環境を自ら進んで理解する必要がある。なぜなら、彼らを自由へと導くためにはそれを阻害してきたあらゆる偏見から彼らを解放しなければならないからである。例えば、「弁論家や詩人たちは数え切れない嘘を並べ、出版者や司教の口から語られるのは王に対する飽き飽きした称讃ばかりで、どんな書物を読んでも、それらには自由を嫌うようにわたしを仕向けることしか書かれていない」(16)。

市民は彼らの代表者を選出するという手段を行使するだけなのであろうか。デムーランは、市民の自発的な政治参加をもうひとつの手段として掲げている。彼は「この帝国の顔が変わった！　私たちも自由に向かって大きな一歩を踏み出した！　一二世紀もの間喉が渇き続けてきたわたしたちは、自由がその姿を現したときから自由の泉をもとめて走り出した。私がいたるところで共和主義精神を見つけ出すのにさほど時間は必要なかった」(17)。市民は自由を求めて大きな一歩を踏み出し、共和主義精神はいたるところで開花する。デムーランは兵士たちが起こした奇跡を次のように伝える。

すでにもっとも驚くべき奇跡が行われている。わたしたちの兵士は武器を地面に投げ捨てた。フランス衛兵が示したこの模範的な振る舞いは、軍隊の権威を落とすものではまったくない。〔…〕いまでは、それらの剣は尊敬に値する。いまでは、あなたたちはもはや専制君主の手先ではない。あなたたちの兄弟である看守たち、彼らもわたしたちの友であり、わたしたちの同胞市民であり、祖国の兵士である。いまでは、あなたたちは差別的な制服を脱ぎ捨て、同じユニホームを着用する。わたしたちと一緒にテーブルに座りましょう。そして一緒に、フランス国民の崇高な代表者たちの健康に、よみがえったネケールの健康に、オルレアン公の健康に乾杯しましょう。アルプスやピレネーからライン川まで、もはやこの歓喜の声しか聞こえない。「国民万歳！フランス国民万歳(18)。

デムーラン自身も市民の自発的な政治参加をつぶさに目撃する。一七八九年七月一二日、彼はパリのパレ＝ロワイヤルで民衆に向かって「武器を取れ」と熱弁をふるった。この日から続く市民の熱狂ぶりを次のように伝えている。

親愛なる同胞市民よ、続く火曜日にわたしたちがさらに記憶に残る涙を流したことを思い出すことができないのか。たった二五分でバスティーユを攻略した勇敢な兵士たちが、バスティーユの櫓の上で抱き合う姿をみて流した感動と歓喜の涙である。翌日の水曜日におこなわれた輝かしい入場式を想像することができないのか。国民の代表者たちの高貴で深い感動を与えるこの行進は、サン＝トノレ門から市庁舎まで、沿道に詰めかけた一〇〇万人の観衆の前を進んでいき、愛国者はそれを見て酔いしれ、彼ら全員の顔には友情の笑みが表れ、市民と兵士は固く手を握り合い、行き交う人びとに女性たちが花びらとリボンを投げかけ、いたるところから聞こえてくる「国民万歳」という声は途切れることがなかった。そして最後に、同じ週の金曜日に、ルイ一六世が護衛をつけることなく、二五万人のパリの兵士たちのまえに姿を見せたことを期待して待っていたのではないか。兵士全員の武器が空高く掲げられ、フランス国民の尊厳さをまえに、ルイは王座の誇りを自ら捨て、この国民の寛大さに身を委ねた。そしてパリ市長から手渡されたあの徽章に口づけをし、自分で自分の帽子にとり付けた。五日前までは最悪の情況であり、誰もが打ち震えながら死にゆく運命を覚悟していた。しかしその後の三日間はわたしたちの歴史のなかでもっとも輝かしい日々であり、それらはわたしにとっても忘れられない日々となるであろう(19)。

デムーランはこの劇的な体験のなかに市民の自発的な政治参加、そして共和政の未来を実感せずにはいられなかったであろう。

デムーランはつづく『街灯検事からパリ市民に告ぐ』においても代表制と市民の自発的な政治参加を具体的に描き出しているが、それらに対する評価にはズレが生じてくる。まずは代表制であるが、デムーランは一七八九年八月四日の夜を称賛する。「フランス人よ、あなたたちはこの夜の記念祝典を挙行しないのか。〔…〕イノシシ、ウサギ、そしてわたしたちの収穫物を食い尽くすあらゆる野生動物を皆殺しにしたのは、この夜である。十分の一税、洗礼・結婚に際する司祭への謝礼金を廃止したのは、この夜である。聖職禄取得献納金と教会法の適用緩和を廃止したのは、この夜である。ローマ教皇アレクサンドル六世から天国の鍵を取りあげ、それらを良識者にあたえたのは、この夜である。……フランス人の人権を回復させたのは、この夜である」(20)。

その一方で、デムーランは市民の自発的な政治参加については、バスティーユ事件後に表面化する彼らの暴力に懸念を抱きはじめる。一七八九年七月二二日、パリを食糧飢饉に陥れようとしたフロン（一七一五～八九）とベルティエ（一七三七～八九）が、グレーヴ広場に集まった群衆によって街灯に吊され、切り取られた首は街中を引き回された。デムーランは、自分たちの生存を脅かされた民衆の心情を理解しながらも、彼らの残忍な暴力には違和感を覚える。「確かに、わたしもこのならず者の二人が陰謀を画策したことは間違いないと確信しています。しかしながら、ひとりの指物師がこの事件になんの確証もない憶測を加えてしまったために、事件の真相が見えなくなってしまいました。それゆえに、わたしはこの事件に関わるいくつかの真実を見つけ出し、それらを検証したかったわけです。それらの証拠を確認するまえに、不安で打ちひしがれていたパリの民衆は冷静さを失ってしまい、おそらくですが、あなたたちに対して企てられた陰謀の証拠を見逃してしまったのでしょう」(21)。デムーランは、彼らが野蛮な暴力に訴えてしまうのは巷に飛び交う憶測が彼らを惑わせたからであり、この事件をきっかけに彼らに対する教育の必要性を実感することになる。

デムーランは、反革命的な動きがにわかに顕在化するなかで、王党派のパンフレットがパリの民衆を恐怖に陥れている事実を指摘する。「これらの危険な小冊子のうち、もっとも辛辣なものが『パリの人びとの勝利 *le Triomphe des Parisiens*』である。その著者はパリの民衆に次のことを信じさせようとする。すなわち、パリは古代都市バビロンと同じように荒廃するというのである」(22)。このパンフレットは、パリが財政難に陥り、高級店やレストランは閉店に追い込まれ、売春宿の女性たちも職を失い、もはやパリの民衆は雑草かジャガイモしか食べられなくなると予言する。ところが、このパンフレットの作家である王党派のル・テリエが逮捕されると、デムーランは彼を弁護する。「パンフレット作家であるル・テリエは逮捕されてアベイに収監された。街灯検事〔デムーラン〕は、フランスの再生を阻害するこの作家の主張は明らかに間違っていると考えている。しかし、それでもなお、たとえそれが予想外の効果を生み出してしまう危険があるとしても、出版物がもつあらゆる可能性を受け入れなければならない。なぜなら、国民が出版の自由という祭壇を設けたにもかかわらず、それを信奉するこの作家に出版の自由を認めないのは、あまりに不幸だからである」[23]（〔 〕は筆者註）。デムーランは反革命的なパンフレット作家であっても、出版の自由が奪われることはあってはならないとする。「この可哀想な悪魔の作家にも、あらゆる手段を講じて出版の自由を認めなければならない。おぉ、一八世紀のアテネ市民よ、出版の完全な自由がどれほど必要不可欠なのかを理解していないのか。市民の政治的な自由をもっとも確実に保証するのは何か。それは出版の自由である。ではその次は何か？　やはり出版の自由である。〔…〕なによりも重要なのは、国民が自らの自由を保持するうえで出版が最後の砦であるということである」[24]。デムーランは出版の自由を保証することは同時に革命の敵にもそれを保証することになり、それによって予想外の危険、すなわち、民衆の暴力を誘発させる危険が生じることになるとしても、出版の自由によってもたらされる教育的な効果を最優先に考えるのである。

出版の自由に対するデムーランの期待は『フランスとブラバン州の革命』においても確認できる。一七九〇年二月、この新聞は反革命の罪を問われて処刑されたファヴラ侯爵（一七四四～九〇）に関する記事を掲載する。デムーランはファヴラの判決に対する人びとの反応が三者三様であることを指摘し、とりわけ民衆の野蛮な反応に注目する。「判決に対する〔民衆の〕拍手喝采、彼が死刑台へ連行されるときの大勢の市民の歓喜、「ファヴラ、ファヴラ」という群衆の叫びは、怒号にも聞こえ、彼が遺言書を書き取らせるために市役所に四時間も長居したことによって、最後には、「侯爵を殺せ」という非常に刺々しい嘲りの声に変わった」[25]。デムーランは民衆のこのような態度に違和感を覚えてならない。彼らは法によって犯罪の大きさを理解するのではなく、本能によってそれを判断してしまう。それは長年苦しめられてきた彼らの恨み辛みの表れであり、彼らには決して罪はないとしながらも、デムーランはそれを矯正しなければならないとする。なぜなら、それを野放しにしたままでは、国民のあいだにひとつの合意の場を設けることができないからである。「ファヴラ侯爵の犯罪は、貴族階級からは英雄的行為、国王への愛、聖なる企てと呼ばれ、穏健派からはユディトの給使人、身勝手な情熱、狂気の沙汰と呼ばれ、そして愛国者、シャトレ裁判所、民衆からは、暗殺、国民反逆罪、祖国への陰謀と呼ばれ、判決についてのそれぞれの見方は大きく乖離していると言わざるを得ない。それもこれも、革命の歴史のなかでひとつの合意の場を確立していないからである」(26)。デムーランはこの犯罪からある事実を教訓として導き出す。「つまり、ファヴラのような人間は、尋問中に見せた冷静な精神状態、賢明な答弁によって、人びとが評価してやまない人物である」(27)。彼はファヴラが犯した罪は許され得るものではないとしながらも、彼の冷静沈着な態度は教育の手本になるとして評価する。彼はファヴラの「知的な態度」と、民衆の「野蛮な態度」を比較することで教育改革の必要性を訴える。「ファヴラの処刑は、国民に対して貴重な手本を示す必要性を十分に訴えるものであった。あらゆる貴族は彼の化身として処刑されるだろう。というのは、彼らの心や思考のなかには、ファヴラがわたしたちにその輝きの一端を見せてくれた、教育の必要性を知らしめる原石がないわけではないからである」(28)。

デムーランは共和主義的な理念を実現するために、『自由の国フランス』および『街灯検事からパリ市民に告ぐ』において代表制と市民の自発的な政治参加という手段を提示するが、その後民衆の野蛮な暴力が顕在化してくると、巷にあふれる憶測に惑わされる彼らに対する教育の必要性を実感し、国民のあいだにひとつの合意の場を設けるために出版の自由という原則を前面に打ち出していく。このときからデムーランは出版の自由の実現をめぐって熾烈な闘争を繰り広げていくことになる。

第三節　出版の自由をめぐる闘争

デムーランは出版の自由を実現するためならば、かつての友人ブリソやロベスピエールでさえも徹底的に攻撃する。革命当初、彼らの関係は良好であった。一七九〇年一二月二九日、デムーランとリュシル（一七七〇～九四）の結婚式が挙行される。教会の祭壇に向かう新婦の両側には立会人のロベスピエールとメルシエ（一七四〇～一八一四）が付き添い、若い二人の結婚を祝福しようと参列した愛国者のなかにはブリソの姿もあった。『フランス愛国者 *Patriote français*』（パリ、週五刊のちに日刊、四折り、一七八九年七月二八日～九三年六月二日）の記者ブリソは、革命当初、出版の自由を熱心に擁護した。彼は八九年六月に『全国三部会に提出された出版の自由に関する覚書 *Mémoire aux États généraux sur la librté de la presse*』を発行する。そのなかで彼はこう述べる。「出版の完全な自由を必要としている国民がいるとするならば、それは一五世紀以来、出版の自由を剝奪され、たえず無知な状態に貶められていた国民である。出版の完全な自由がそうした国民に必要不可欠であるのは、人間が生まれながらにもっている諸権利が長い間略奪されてきたこと、また彼らがそれらの諸権利を行使するためにするべきこと、そしていたるところに仕掛けられている罠を見破る方法を理解させるためである」(29)。八九年一二月三一日、ソルボンヌ・ディストリクトは、マラ（一七四三～九三）が『人民の友 *L'Ami du peuple*』（パリ、日刊、八折り、一七八九年九月一二日～九二年九月二一日）に掲載した、パリ市長と財務大臣が陰謀を企てているという記事に憤慨し、コミューンの代理官に記事の審査を申し立て、シャトレ裁判所は九〇年一月九日未明にマラの逮捕を命じる(30)。ブリソは事件の渦中にいたマラを熱心に弁護する。デムーランに宛てた手紙（一七九〇年一月）で、彼は次のように懇願する。「わたしの親愛なる同僚へ、あなたにお願いがあります。市当局によってひとりの新聞記者が憎むべき迫害を受けています。彼を救出するために一致団結しなければなりません。わたしは彼の救出に尽力するつもりでおります。しかし、あなたの記事がなければ事は順調に進まないでしょう」(31)。出版の自由を擁護するブリソの情熱がこの時期にデムーランとの間に良好な関係を作り上げていたことは十分に推測される。

ところが、一七九三年春、革命は内憂外患の危機に直面し、革命の主導権をめぐって熾烈な党派抗争が繰り広げられるなか、彼らの関係は急速に悪化していく。最初に攻撃を仕掛けたのはジロンド派であり、彼らはモンターニュ派、なかでもマラを激しく攻撃する。マラは全国のジャコバン・クラブに送付する通達において国民の代表者の一部に対する武装を呼びかけた罪に問われた。今度はデムーランがマラを擁護する。彼はマラを告発するデクレの採決を求められたとき次のように反論する。「マラを逮捕したいのか！　わたしたちを逮捕したいのだろ！　ならばわたしたちを逮捕するデクレを可決せよ！〔…〕わたしは、出版の自由に関して、本日マラを逮捕するデクレを要求する人間たちが求めていたのと同様の原則を望んでいるだけである。わたしは、いまから三年前、ブリソとラントナが完全な出版の自由こそ自由の砦であると主張していたことを話しているのである」(32)。ジロンド派は四月一二日にマラを逮捕するデクレを可決し（賛成票二二二票、反対票九二票、棄権票四一票）、四月二三日にマラは出頭するが、翌日には無罪釈放となる。

今度はモンターニュ派が反撃を開始する。デムーランの文才を高く評価していたロベスピエールは、ジロンド派を攻撃するパンフレットの執筆を彼に依頼する。一七九三年五月一九日、デムーランは八〇頁にもわたる『ブリソ派の歴史、あるいは革命の隠された歴史の抜粋』を発行する。これは九二年二月に発行したパンフレットの続編にあたるが、その論調は火船のごとくまさに体当たりの攻撃であった。「共和国の敵、反乱分子、紛れもない無政府主義者、陰謀家、そしてデュムーリエ、ピット、そしてプロイセンの密偵はどこに姿を隠しているのか。そうした輩を見つけ出し、制裁を下す時を迎えている。わたしは入手できる限りの事実を収集し、それらの事実の山から、彼らに対する告発状を書き上げ、各県に送付するつもりである」(33)。デムーランはブリソ派の陰謀に関するさまざまな証拠、なかでもイギリス、ベルギー、プロイセンと共謀関係にある証拠を暴露する。「そもそも陰謀家というものは、自分の痕跡を残さないものである。だが、陰謀の存在を感じ取ることのできるなにかしらの兆候を見つけることは可能である。そこで、わたしはブリソやジャンソネがその存在を認めないアングロ＝プロイセン委員会の存在を証明するつもりであり、それにあたってはたくさんの兆候を証拠として提示する」(34)。デムーランは最終的にブリソ派の陰謀をイギリスの陰謀に読み替える。「わたしは次の事実を突き止めた。それは、国民公会の右側にはおもに陰謀家たちが陣取っているが、彼らの大部分が王党派であり、かつ裏切り者デュムーリエとブールノンヴィルの共犯者であり、彼ら二人はピット、オルレアン、プロイセンの密偵と共謀している。彼らの目的は、フランスを二〇から三〇の連邦共和国に分離することであり、あるいは共和国が樹立された記憶を一掃するためにフランス共和国を一網打尽にすることである。〔…〕この陰謀をわたしがブリソ一味の陰謀と名付けたが、それはブリソがこの集団の精神的な支柱であり、フランス共和政に公然と反旗を翻しているからである」(35)。デムーランはブリソ派を反革命の陰謀集団に仕立て上げ、なかでもブリソを偽りの友、偽りの愛国者と攻撃する。偽りの友、それは彼がデムーランとの個人的な友情を裏切ったからである。偽りの愛国者、それは彼が出版の自由を信奉していたにもかかわらず、いまではそれを私的に流用しようとしているからである。

デムーランとロベスピエールの関係はどうだろうか。ロベスピエールも革命当初は出版の自由を求めていた。一七八九年八月二四日、人権宣言の審議のなかで、彼は出版の自由に関して「思想の自由な交流は、会話によるものであれ、文字によるものであれ、印刷物を通じてであれ、人間に本来備わる取り消し得ない権利のひとつであり、さらには専制政治の人権侵害に対抗するための最強の防衛手段であることから、いかなる理由があろうともそれを制限してはならない[36]」と述べ、完全な自由を要求する。ところが、九三年四月一三日、新憲法における出版の自由をめぐる審議において、彼は革命情況を理由に出版の自由を一時的に制限することを容認する。「すなわち、革命の最中にあっては例外措置が求められる。革命は一般的に人間の諸権利を獲得するために起こされるものであり、本来あるべき革命を成功させるためには、出版の自由を盾に巧みに企てられた陰謀を弾圧することも必要なのである。あなたたちは、これまでと同様に、叙述あるいは演説によって、不可分にして一体の共和国を攻撃する人間に、あるいは王政の復活を煽動する人間に死刑を宣告してきた。これらの措置は平穏な社会においては決して適用されない法ではあるものの、革命がいままさに進展する社会においては必要不可欠な措置なのである。なぜなら、法というものはそもそもの目的に反して陰謀家を保護することがあり得るからである」[37]。

デムーランは革命情況を理由に出版の自由を制限するロベスピエールに牙を向ける。

わたしは出版の自由が完全なかたちで再生されるであろうことを願っている。国民公会の優秀な議員は、出版の自由に加えられようとしている危険について奇妙な洗脳を受けてしまっている。恐怖政治が緊急の課題として議事日程にのせられることを望んでいるわけだが、それは有害な市民による恐怖政治であり、出版の自由は巧妙な詐欺師や反革命家たちに自由を与えてしまうという理由から、彼らの統制下におかれることを望んでいる。〔…〕わたしは次のような考え方が正しいならば、迷わず死を選ぶであろう。すなわち、共和国フランスに幸福をもたらし、繁栄させるためには、ほんのわずかなインクと、一台のギロチンがあれば十分だという

考え方である。(38)

ロベスピエールもまた、戦争状態においては恐怖政治は正当化されると強調する。「ここでのすべての議論は、個人についてのみ審議されるだけであり、国家についてはまったく無視されている。わたしは個人攻撃の論争には与しない。〔…〕いま議論すべきはカミーユについてではなく、国家についてであり、国民公会がいままさに外国集団によってさまざまな陰謀に曝されていることについてである」(39)。デムーランは最後までロベスピエールに立ち向かい、出版の自由を弁護する。

大勢のフランス国民のなかで、新聞の購読者数はいまだに限られており、そのうえ、彼らはいまなお無知蒙昧のままで、理屈しか教えない初等教育を受けているだけであるため、ブリソとロベスピエールのどちらが正しいかを判断することすらできない。〔…〕言論の自由は、人権宣言の単なるひとつの条文ではなく、ほかの条文よりもさらに神聖なものである。すなわち、もっとも現実的で、諸法のなかでも最高位に位置づけられ、国民の救済ともいえる言論の自由は、なによりも優先すべきものなのである(40)。

出版の自由、それはデムーランの共和主義における至要な原則であった。彼はこう述べる。

共和主義者を特徴づけるのは、時代でもなく、その時代を統治する政府でもなく、言葉に与えられた自由である。〔…〕共和政と王政を分かつものは何か。それはたったひとつである。言論の自由と出版の自由である。

モスクワに出版の自由がもたらされるならば、モスクワは明日にでも共和政国家となるであろう。〔…〕出版の自由が唯一、わたしたちを八月一〇日へと導き、一五世紀もの長きにわたって存続してきた王政を流血なくして打倒したのである。自由な諸国民が専制君主の進入を防御するもっとも有効な手段はなにか。それは出版の自由である。ではそれに続く最善の手段は何か。出版の自由である。それらの後に続く手段はなにか。やはり出版の自由である。(41)

しかしながら、デムーランはその後ロベスピエールによって逮捕され、彼の共和主義は処刑台の上で儚くも潰えてしまう。

第四節　一七九三年におけるデムーランの発言の再解釈

本章では、デムーランの共和主義を、彼のテクストにちりばめられた理念と、それらの実現のために繰り広げられた出版の自由をめぐる闘争という二つの側面から検証したわけであるが、最後に、本章の考察にもとづいて、冒頭で引用した一七九三年における彼の発言の意味を改めて探ってみたい。まずは、この発言に対するこれまでの解釈を整理する。オラールは人権宣言の諸原理のうち、権利の平等と国民主権がフランス革命の本質的な原理であるとして、それぞれの論理的帰結である民主主義と共和政のそれぞれの起源とそれらの発展形態という観点から革命を段階的に論じている。彼は一七八九年から一八〇四年までを四つの時期に区分し、一七八九年から九二年までは民主主義と共和政の萌芽期、一七九二年から九五年までは民主主義的な共和政が成立する時期、一七九五年から九九年まではブルジョワ的共和政が確立する時期、そして一七九九年から一八〇四年までは国民投票にもとづく共和政の時期とする。この図式にしたがって九三年におけるデムーランの発言を解釈すると、オラールが彼を先駆的な共和主義者として評価するのは、八九年の時点ですでに国王の存在を否定したという意味においてである。「そしてカミーユ・デムーラン？　彼は一七九三年にこう述べている。『一七八九年七月一二日の時点で、パリには共和主義者がおそらく一〇人しかいなかった』。この発言はつまりこういうことである。『わたしはバスティーユ襲撃事件の前からすでに共和主義者であり、そしてわたしの見解はほとんど単独のものであった』」(42)。オラールによれば、フランス革命において共和主義がひろく国民に意識されるのは、宗教問題や諸外国の宮廷との通謀によって国王に対する不信感が芽生えはじめた九〇年以降、とりわけ九一年六月のヴァレンヌ逃亡事件以降であった。「国王のヴァレンヌ逃亡事件の前夜には、フランスには共和主義的な党派があった。共和主義は一八世紀の哲学者および人権宣言の論理的な帰結である。しかし、この帰結は王政に対して一致して味方していた哲学者たちによっても、無知で王党派であった民衆によっても、そして八九年の人びとによっても、同じ理由で、すなわちルイ一六世は個人的な人望があったがゆえに、認められることはなかった。国王ルイが革命の指導者、新しいフランスの案内人と思われていた限りにおいて、共和主義的な党派は存在しなかった。しかし宗教問題で国王が国民からはなれ、外国の君主と通謀するようになると、一七九〇年の終わりごろから、王政を廃止しようという思想が現れはじめ、共和主義党派が生まれてきた」(43)。

しかしながら、一七八九年の段階においてデムーランが国王の存在を完全に否定していたとは決して言えない。彼は『自由の国フランス』において共和政の樹立を強く求めるが、王政に対する彼の告発はあくまでも歴代の国王を標的としているのであり、この時点では彼はルイ一六世を称讃している(44)。「わたしはルイ一六世を称讃していた。なぜなら、彼は美徳をもちあわせており、彼の父親と同じ道を歩こうとしなかったからである。彼は専制君主ではなかった。だから全国三部会を召集したのである。実際、わたしは故郷で次のようなすばらしい彼の記事を新聞で読んだ。『余の権力が被害を受けることは問題ではない。臣民たちが幸福であればそれでよいではないか』。わたしは自分にこう言った。わたしたちは、自らの権力をまったく制限しなかったトラヤヌス、マルクス・アウレリウス・アントニヌスごとき国王たちよりも偉大な国王を持ったのではないか、と。わたしは個人的にルイ一六世が好きであった。しかし、王権はわたしにとって堪えがたいものである」(45)。彼は王政の歴史を振り返りながら、それが憎むべき政体であることを証明するが、三人の王太子に対しては王座に値すると敬意を表している。のちのシャルル五世、アンリ四世、そしてルイ一二世である。彼らは王の卑俗さをもちあわせていなかった。だが、宮廷の家庭教師に学び、国民の意志によってではなく、神意によって王座に就くという考えを植えつけられ、幼少時代から人目をはばからず執拗にへつらう聖職者に可愛がられ、また宮廷のへつらいによって毒されたミルクを飲まされることで、最終的に彼らは宮廷が望むところの国王に仕立て上げられてしまった。「王を騙すには言葉巧みな宮廷人が四・五人もいれば十分である。彼らは王に物事を示すにあたって自分たちに都合の良い一側面しか見せない。彼らは王に取り憑いて、彼らに都合の悪いものはすべて遮断する。少数の集団の陰謀によって、最良の王は、細心の注意を払っているにもかかわらず、騙されるのである」(46)。このように王政に対するデムーランの批判は、国王に向けられているというよりも、むしろ王権を取り巻く人間に向けられていたのである。

デムーランは、国王そのものの存在ではなく、国王の拒否権を徹底的に攻撃している。「議論の余地はなく、国民の意志と敵対する拒否権の可能性はまったくない。国民の意志がつねに合法である。なぜなら国民は法そのものなのであるから。したがって、もし個人の発言によってイエス・ノーを決定するならば、ヴェルサイユでの審議や議論の意味が無くなってしまう。それ故にそれはもはや検討する問題ではない。フランス人のほぼ全体がその意志を表明してきた。国民の九六％の意志が法なのである」(47)。彼は国家の統治はもはやひとりの人間に委ねられるべきものではないが、自由で平等な国民との契約にもとづくならば、国王の存在は決して否定されるものではないと考えていた。一七八九年の段階では、彼はルイ一六世という個人を否定していたわけではなく、彼を取り巻く環境を批判していたのであり、そうした環境から逃れようとしたルイ一六世に対する彼の期待はむしろ大きかったと言えよう。それ故に、九一年六月の国王逃亡事件によって彼の期待が完全に裏切られたときに、彼の態度は決定的に変化し、極端な憎悪が生まれた(48)。かくして、九三年の段階ではデムーランは確かに国王の存在を否定しているが、その態度を八九年の彼の態度に重ね合わせることで、この時期における彼の共和主義を先駆的であると評価するのは、八九年の共和主義に九三年の共和主義を押しつけているにすぎないと言わざるを得ない(49)。

　ここで、デムーランの共和主義を出版の自由を求める闘争という観点から捉え直してみると、彼の共和主義の独自性が浮上する。一七九三年の彼の発言を当時の革命情況にいま一度投げ入れてみたい。この発言はブリソ派を攻撃するパンフレットに掲載されたものであった。ブリソは、デムーランと同様に、革命初期においては出版の自由を求めていた。ところが、彼は九三年の段階になると出版の自由に制限をかける。それはまさに革命に対する、というよりもむしろデムーランの共和主義に対する裏切り行為にほかならなかった。革命当初は出版の自由を弁護していたが、その後自らの政治的な立場が変化すると、手のひらを返すように出版の自由を制限するブリソの裏切り行為こそが、九三年におけるデムーランの発言に直結すると考えるべきであろう。九三年においては、出版の自由を頑なに弁護する共和主義者はもはやごくわずかしか残っていなかった。そうした共和主義者の顔ぶれを八九年にさかのぼって確認すると、わずか一〇名しか残されていないというのがデムーランの発言となって現れていたのである。おそらくこの時点ではロベスピエールもその一〇名のなかに含まれていたはずであるが、その後直ぐに彼にも裏切られることをこのときのデムーランは想像すらしていなかったに違いない。ロベスピエールは、個人の自由はいかなる時も保障されなければならないが、革命が戦時情況に追い込まれた場合には革命政府の強権措置が必要であると考え、出版の自由でさえも制限せざるを得ないと判断する。彼は現実的な政治感覚を身に付けていた。しかし、政治の現実を優先するあまりに、本来の理念を見失い、革命をあるべき道から逸脱させてしまうことは十分にあり得る。事実、デムーランを処刑した後のロベスピエールは、その後最高存在の祭典で失敗し、プレリアル二二日の法では反感を買い、テルミドール九日に処刑されるという一連の流れがそれを証明する。

デムーランは一七八九年の段階で共和主義者であることを表明した。共和政を樹立するために代表制および市民の自発的な政治参加を重視する姿勢は、当時の共和主義者と共通するところであるが、それらを実現するために出版の自由を断固要求するその姿勢にこそ彼の共和主義の独自性が浮かび上がる。彼は自らの命を犠牲にしてまでも出版の自由を求めて闘った。混沌とする革命情況において、目の前の現実を無視した崇高な理念というものは、時として軽蔑の対象とみなされる。たとえそれが自由を獲得するために誰もが認める理念であったとしても、それが公正であればあるほどに排除されてしまう。そうした批判におもねることなく、独立した共和主義を保持し、それを実践し続けたのがデムーランであった。共和政と出版の自由。若き新聞記者が革命に求めた共和政を再検討することは、フランス革命期の共和政に対する従来の解釈に新たな視点を導入するものであり、デムーラン研究が再評価される所以もここに認められる。

（平　正人）

第七章　ピエール・ニコラ・ドフォントネ

——革命を生きた地方商人——

ピエール・ニコラ・ドフォントネ（Pierre Nicolas Defontenay, 1743 ～ 1806）の肖像
Valentin Louis Doutreleau, Portrait de M. De Fontenay, maire de Rouen, 1841.
*Public Domain

元老院議員のみなさん、大切な同僚の死に際し、悲しみに暮れる残された方々を前に、この胸を締めつける痛みをこらえ、涙を抑えて、一言挨拶をさせていただきたい(1)。

一八〇六年二月一三日、パリのサン゠スュルピス教会で執り行われた葬儀に集まった元老院議員たちを前に、沈痛な面持ちで追悼の演説を始めたのは議長フランソワ・ド・ヌシャト。その対象は、この二日前にパリで息を引き取ったピエール・ニコラ・ドフォントネだった。仮にフランソワ・ド・ヌシャトの名前は聞いたことがあっても、彼がその生涯に讃辞を捧げたドフォントネを知る人はそう多くないだろう。この人物も革命の激動を生きた一人だが、シィエス、デムーランといった先立つ章で扱った革命家とはその知名度において決定的な差がある。

しかし以下で見るように、ドフォントネは彼が生まれ育ったノルマンディ地方においては、革命以前から市政において枢要な地位を占め、革命とともに中央政界でも政治的キャリアを積み、ローカルな場ではほぼ革命期を通してその影響力を維持した他に並ぶ者のない政治リーダーであった。その死に際して、市議会での弔辞にとどまらず、印刷までされた識者による追悼文が複数残る人物は、確認する限り他に存在しない(2)。フランス史において名を残した人物とは到底言えないが、ここではドフォントネのこの「ローカル性」こそが一つの鍵である。ルアンという地方都市の中で市民から強い、継続的な支持を受けたこの人物は、一八世紀終わりの諸状況をどのように認識し、その中で革命とどう向き合い、混乱の中どのような社会を構想したのか。革命が首都パリにとどまらず、真に「フランス」の革命なら、全国区の有名革命家とは別に、パリとは離れたローカルな世界にむしろ強く結びつけられていたドフォントネの持った国家観は検討されるに値する。彼が抱いた理想の社会や国家の姿は、より大きなレベルで革命が生み出した社会や国家のあり方とどのように重なり、またずれるのだろうか。

ただ当時、とりわけ革命前においては、商工業者が、仮に経済についてさえ、自らの立論を公に問うことは一般的ではなかった(3)。まして国家の政治に関わるような事柄について、商工業に携わる実務者が厚みのある意見表明を行うことはもっと珍しかった。この時期の商工業者個人を対象として、とりわけその思想傾向について分析した研究が少ないのもそのためだろう(4)。本章の主人公ドフォントネも、政治や経済について自らの主張を世に問うために文書を公刊するといったことは一度もなかった。したがって本章は、議会での演説や発言、報告書や書簡など、多くが断片的なものでしかない史料を駆使しながら、自身が生きている社会の現状や国の未来について彼が考えていたであろうことを縁取っていこうとする試みである。

第一節　ドフォントネの生涯

野心的な商人

ピエール・ニコラ・ドフォントネは、一七四三年九月二七日に、ノルマンディ地方の首府ルアン近郊の町エルブフで生まれた。一七五六年にドフォントネ家はルアンに移り、市南西部、セーヌ川にほど近いシャレット通りに居を構える(5)。ルアンは、革命前夜に七万五〇〇〇人から八万人の人口を抱える王国の五大地方都市のうちの一つであった。ノルマンディ高等法院、ルアン会計・租税・財政法院、またノルマンディ州総督、ルアン地方長官が置かれた司法・行財政の中核都市であり、またルアン大聖堂を抱え大司教座を持つ宗教的な中心でもあった。しかし何より、中世以来首都パリと外港ル・アーヴルをセーヌ川が繋ぐその中継地点にあって、毛織物交易を中心に財をなした大商人が伝統的に強い影響力を誇る商工業の町であった。ピエール・ニコラの父は、スペイン産の羊毛を仕入れ、製造された毛織物を国内あるいは海外に売りさばくネゴシアン(6)のニコラ・ウスタシュ・ドフォントネである。ニコラ・ウスタシュの父はエルブフの法曹家で、ニコラ・ウスタシュの時代に毛織物を扱う商いを始めたわけで、ドフォントネ家は新興の商家だった。ただ、シャレット通りの家屋は四つの中庭、三つの倉庫を備え、購入価格が三万リーヴルとなっており、ニコラ・ウスタシュの時代にすでにかなりの身代を築いていたことになろう(7)。

一七六七年九月一〇日、ニコラ・ウスタシュが亡くなり、事業はこの時二三歳の長男ピエール・ニコラと、三男アレクサンドルによって実質的に継承された。兄弟はただ父の事業、毛織物貿易を引き継いだだけではない。当時新しい産業として注目されていた綿工業に積極的に進出する。イングランドからジャコバイトとしてフランスに移住し、ジェニ紡績機を伝えたジョン・ホルカという技術者がいた。彼はルアン周辺地域で主に綿産業の普及に力を尽くす一方、製造業総監察官としてフランス全体の産業発展にも尽力する。ホルカは一七八六年に亡くなるが、翌年ドフォントネ兄弟はホルカの工場を買い取り、綿ビロードの生産に取り組む。さらに、エルブフからも近いルヴィエ市にアークライト紡績機を使った工場を設立し、ルアン左岸のサン＝スヴェール地区には綿捺染工場を作った。原綿輸入、綿製品の製造から取引まで多角的に関わる商人、企業家としてその事業規模を拡大していったのである(8)。

濃密な社会関係と政治的ヘゲモニー

ところで、一八世紀後半のルアンでドフォントネが生きていたのは、ネゴシアンを中心としたルアンの商工業や金融に携わる人々が織りなすきわめて濃密な社会的結合関係であった。例えばピエール・ニコラが所属したフリーメイソンのロジュ「セレスト・アミティエ」には、アンリ・ヴィクトル・ルフェーヴルという一つ年下のメンバーがいた。市北部にあるイエズス会系の学校にともに通った旧知の人物だが、彼はルアン在地のネゴシアンの二代目である(9)。同じロジュのピエール・ルイ・ニコラ・ユラールは、繊維関連の製品を扱い、船舶も有する有力なネゴシアンで、ドフォントネの最初の結婚相手エリザベト・マルグリト・テレーズの弟である。ルフェーヴルが兄と共同経営する「ルフェーヴル・フレール」会社やユラール家、やはり同じロジュのネゴシアンであるアレクサンドル・エロらは、先に挙げたドフォントネ兄弟がルヴィエに設立した綿紡績工場に共同出資している(10)。同様の共同出資者にはやはり毛織物業から身を立て、ネゴシアンを名乗り、金融業にまで経営を拡大していたリバール家があるが、当主ジャン・フィリップ・ニコラ・リバールの娘マリ・エリザベト（一七五七〜一八〇九）は、最初の妻の死後、ドフォントネの二人目の結婚相手となる。ちなみに先述のホルカはリバール家を通じてドフォントネの叔父にあたる。ピエール・ニコラの娘カトリーヌ・コンスタンスは、ピエール・ニコラの母の実家グランダン家を継ぎ、ルアンに拠点を移していたピエール・オギュスタン・グランダンと結婚するし、もう一人の娘マルト・エリザベトの結婚相手は、カリブ海諸島との交易、綿工業、そして海洋保険会社経営などやはり多角的な経済活動を行うルアン有数のネゴシアンであるレズュリエ家の次男ジャック・カトリーヌである。さらに付け加えるなら、ここで取り上げたルフェーヴル、ユラール、エロ、リバール、グランダン、そしてレズュリエというルアン有数のネゴシアンたちは、全員がドフォントネが居を構えていた市南西部に集住していた。ちなみに、のちに全国三部会にルアン市からドフォントネとともに選出されるやはり有力な貿易商で金融業者でもあったル・クトゥ・ド・カントル（一七四九〜一八一八）(11)もドフォントネ家から数メートルの場所に住んでいた。ここでは緻密な論証はできないが、商工業が盛んな都市にあって、そこで有力な地位を築いていたネゴシアンたちが織りなすきわめて濃密な社会的結合関係にドフォントネはすっぽりと包まれていたのであり、この関係こそが、ドフォントネを革命期の最も有力な政治指導者として支えたのである。

実際ドフォントネは、すでに革命前から、公的な諸機関で活躍していた。一七六〇年代から市内の総救貧院の財務官兼管理官を務め、一七七九年七月には街区長に就任する。これらは市内の有力なネゴシアンが慣例的に占める職位で、ある種の特権といってよい。一七八二年の七月には六人しかいない都市参事会員の一人として市政を主導する立場に立つ。この地方の商工業に関わる主な者が所属していたノルマンディ商業会議所でも一七八四年、八八年に幹事の要職を占めた。一七八七〜八八年のオート＝ノルマンディ州議会にも選出され、中心メンバーとして、一七八六年の英仏通商条約以来危機的状況を迎えていたこの地域の産業振興に従事している。このように、この人物は遅くとも一七七〇年代後半からルアンの主要なエリートの一人であった。その後、一七八九年の全国三部会に向けた選挙と陳情書作成のための都市集会には、「元都市参事会員」という資格で参加し、都市第三身分の陳情書作成に深く関わり、最終的にはル・クトゥ、そして弁護士ジャック・ギヨム・トゥレ(12)とともにルアン市選出の第三身分代表の一人となっている(13)。

憲法制定国民議会では農業商業委員会に所属し、経済・財政の諸問題に関わっている。一七九一年九月にルアンに戻るとルアン市長に、その任期後の一七九二年一二月にはセーヌ＝アンフェリユール県議会議長に、それぞれ選出された。一七九三年一〇月には再び市長就任を要請されこれを受ける。それからひと月も経たないうちに市長の座を追われ、一二月には投獄までされるが、すぐに釈放されている。そして一八〇〇年三月誕生の市当局では、三たび市長に就任するのである。その後一八〇三年にナポレオンからレジオン・ドヌール勲章を受け、六二歳で亡くなる二年前の一八〇四年には元老院議員として中央政界でも復帰を飾っている。

第二節　「国民的産業」

産業保護主義

ドフォントネは商人であり、当時の先進的な産業だった綿工業に積極的に関わっていた。そこで、まずは彼の経済思想を検討しよう。一七八六年に締結された英仏通商条約によって、安価で良質なイギリス製品が国内に流通し、革命前夜のノルマンディ地方では、特に繊維産業とファイアンス陶器産業が大きな打撃を受けていた。イギリス側の条約担当者ウィリアム・イーデンが条約締結にあたり、関連する産業に従事するイギリスの商工業者層に意見聴取を行っていたのに対し、フランスの商工業者にとっては条約締結そのものが寝耳に水の出来事だった。王権政府の通商局は、条約締結後二年近くたった一七八八年の秋から条約の影響調査を始めるが、ノルマンディ商業会議所は、通商局よりも早い時期にルアンの商工業者二人をイギリスに派遣して調査、同時にノルマンディ各地の繊維産業、製陶業、皮革産業を中心に詳細な調査を行っている(14)。その上で、この一七八八年のうちに、当時の商業会議所会頭だったル・クトゥが中心となり、条約批判と現状改革の提言をまとめた小冊子を刊行している。そこに表現されているのは、一言でいえば、一八世紀半ばに現れた「産業保護主義」の立場である。経済的自由を依拠すべき基本原理としつつも、現実を考慮し、必要な限りにおいて保護主義を承認しようとする思想潮流である。

ドフォントネもこの商業会議所の中心メンバーであったから、当然ル・クトゥ他の商工業者たちと問題意識を共有していた。例えばドフォントネは、一七八七年に設置されたオート＝ノルマンディ州議会内で「奨励局」をル・クトゥらとともに設立し、倒産の危機にある繊維産業、製陶業に関わる商工業者に対し、政府からの借入金を元手に資金援助を行っている(15)。国家による公的援助の導入は、産業保護主義の重要な特徴の一つである。

革命開始後、ドフォントネは憲法制定国民議会内に設けられた農業商業委員会で、繊維産業、関税、そして植民地交易の問題に取り組んだ。例えば、北部フランスの様々な産業に関わる商工業者からの陳情書に対応しているが、その処理の仕方に彼のスタンスをかいま見ることができる。一七八九年一一月に届いたムティエのファイアンス陶器製造業者からの陳情書は、英仏通商条約はフランスの産業従事者の意見を聞かずに締結されたと批判し、陶器に使う鉛と錫の輸入関税の軽減と、イギリス製ファイアンス陶器の輸入制限を求めていた。しかしドフォントネは、条約の改善必要性は認めつつも、「ムティエの陶器製造業者の要求は条約と両立しない」として退けている(16)。一七九一年八月のポン＝トドメールの皮革製造業者の要求は、原料の皮革に対する輸入関税の廃止と、皮なめし技術を広めるために六〇名の生徒を受け入れる教育機関の設立を提案しており、そのために三〇万リーヴルの公金の拠出を求めていた。前者についてはやはり条約と両立しないとして退ける一方、後者についてはこれを認め、学校設立のためのデクレ法案を議会に提出している(17)。一七八九年一一月のルアンの工場主、一七九一年一月のブリヴェの企業家の陳情書は、一七八九年夏の民衆騒擾の際、工場施設や機械が破壊され、倒産の危機にあることを訴えているが、これに対しては資金援助を承認している(18)。国家による産業の育成、資金援助を含む奨励策も産業保護主義の特徴の一つである。

経済的自由と国家による保護

ここでは別の指摘もできよう。ドフォントネもまた、一七八六年の英仏通商条約がノルマンディの諸産業に与えた深刻な影響を認識しており、明らかに条約反対の立場を取る。しかし、政治的な意味での英仏の講和という意味も持っていた同条約には外交マターとしての側面もあり、条約に反するような要求を受け入れることはできなかった。ただ、ここで通商条約尊重の立場を取るのは、単に現状追認だけが理由ではない。ドフォントネと同じように綿工業に従事していた同じルアンの商人ルイ・エゼシア・プシェは、条約締結翌年の一七八七年にイギリスに調査に赴き、最新の紡績機を分解してフランスに密輸しようとした人物だが、彼がこの調査旅行の報告書を翌一七八八年に出版している(19)。そこでは、条約下の仏英の競争を冷静に比較考量する姿勢が見て取れる。先にも取り上げたル・クトゥの小冊子でも、条約下の今こそフランスの製造業の機械化を進める好機と考えている(20)。全国三部会に向けた『ルアン市第三身分の陳情書』（以下『陳情書』）にはドフォントネも深く関わっているが、ここでも条約下の「現状の不利益」に言及するものの、その廃止を求めてはいない。むしろ、条約下で可能な改善策を提案しているのである(21)。この危機的状況をてこに、フランスの産業改革を進めようとする思考が、農業商業委員会の一員としてのドフォントネの中にもあったと考えるべきだろう。

さらにドフォントネは委員会のメンバーとして、一七九〇年六月三〇日に「喜望峰以東の交易に関する農業商業委員会からの国民議会における報告」（以下「報告」）を行っている(22)。この「報告」は、インド会社の特権が廃止され、インドとの交易が自由化された状況を受けて、必要と考えられる諸措置について分析する。ドフォントネの具体的提案は、第一に原料となる原綿への関税免除であり、第二に製造工程を加えた製品への高関税の設定であった。彼は、「製造業は労働によって原料に価値を付け加え、この価値が、企業家にとっての利益と労働者にとっての賃金を生み出し、結果的に、それは国家収入の増加を導く」と述べている。原料に製造工程（梳毛、紡績、織り、染色・捺染など）を加えたものを輸入することは、フランス国内でそうした製造工程に関わるはずだった労働の機会をむざむざ失うばかりでなく、外国の労働に対してその対価を支払ってやることになる。これはフランスの製造業の破壊を招き、同時に失業を生み出す。この観点から、彼は安価で良質と評判だったインド綿布の輸入に制限をかけるべきと主張したのである。流通を完璧に管理できるように、インド綿布を積んだ船舶の入港可能港をロリアンのみに限定することも提案している。この提案は、大きな外港を有する都市の議員から猛烈な反発を招いたが、その際の論法は、「自由」の原則に反するからというものであった(23)。ドフォントネもまた、革命が獲得した成果としての「自由」一般を賞讃する。しかし、それは無差別に適用されてよい原則ではない。彼は「われわれに対し絶対的な優位を獲得しているイギリスの製造業者ですら、インドとの競争を怖れ、この商品の英インド会社からの輸入を止めるよう強く要求していたではないか」と指摘するが(24)、ここで論拠としているのは、この報告に先立つ四月三日、ル・クトゥが農業商業委員会に提出した『グレート・ブリテンにおけるモスリンとキャラコの製造業に関する諸見解』の仏語翻訳であった。この文書はイギリスの綿製品製造業者が議会下院に提出した意見書である。ル・クトゥは翻訳の前文で「諸君、人間の権利の宣言の中であなた方が創りあげた崇高なる諸原則を、無差別に、しかもふんだんに適用しようとする者すべてを警戒せよ。わたしの経験からすれば、この諸原則に従うことでフランスの政治的な諸利益、特に海外交易に関わる諸利益を揺るがすことはできないと強く確信する」と述べている(25)。ドフォントネとル・クトゥは、経済に関わる見解をほぼ完全に共有していた。ドフォントネは「報告」の中で、綿工業を指して「国民的産業 industrie nationale」と呼ぶ。ドフォントネは理由を明示していないが、こうした見方はやはりル・クトゥにも共有されている。

ル・クトゥによれば、英仏通商条約締結時のイギリスの姿勢には次のことが明らかである。つまり、レース関連製品とボルドーの高級ワインという奢侈品をフランスから受け入れる代わりに、イギリスは安価な綿織物と毛織物をフランスに流通させることに成功した。このことがなぜ重要か。奢侈品を買う富裕者は少なく、しかも買い換え自体が起こりにくい。しかし安価な大衆商品は大量の人々が買う上に買い換えが起こりやすい。結果として、市場価値は後者が大きく上回るというのである。さらに、大衆商品の製造を行っている製造業に従事する労働者の賃金が上昇し、余剰が生み出され、安価な大衆商品の市場を、彼ら労働者が、今度は買い手としてさらに大きくする。彼らは徐々に富んでいき、最終的には国家に納められる税も増大するという構図が描かれる(26)。もともと不平等な税制度によって優遇される富裕層が持つ奢侈品への嗜好を、ル・クトゥは「非国民的好み goût innational」とすら呼んでいる(27)。いずれにしろ、このような考え方がすでに見られたからこそ、ドフォントネの主張においても、安価な大衆商品を生み出す綿工業が「国民的産業」とされたのである。彼は「われわれの市場は外国商品で溢れかえり、他方で消費は食糧の高騰と革命のもたらした諸結果によって落ち込んでいる。大量の労働者が突然その通常の仕事を奪われ、しかもこの要素は他の貧困の諸原因との相乗効果を生みだしている。われわれの製造業者の活力を復活させ、いくらかの奨励策を施すことで、国民の富 richesse nationale の最も肥沃な源の一つたりうるこの産業分野を活性化させることが重要である」と強調する。製造業の不況、秩序の混乱、食糧危機による国民の消費能力減少がさらなる産業縮小と貧困の拡大を招くという。これを断つためには、「国民的産業」たる綿工業の国家による公的な保護・育成、政府による奨励策も含めた「国民的保護 protection nationale」が必要不可欠と主張するのである(28)。

ドフォントネやル・クトゥがその作成に中心的な役割を果たした一七八九年の『陳情書』における、国内関税の撤廃や特権会社の廃止、あるいは同業組合の持つ排他的特権への批判からすれば、彼らが国内においては経済的自由をむしろ重視していたことは明らかである(29)。一七九二年八月末にルアンで起きた食糧危機と民衆騒擾に際し、市長だったドフォントネは、最終的にはパンの公定価格導入に踏み切り、のちには不足する穀物を公的に購入し市場供給するために、自身を含めた富裕市民への強制借款にまで踏み込むものの、市議会の一部や蜂起民衆のパン価格公定への強い要求を前にして、彼らから投石による暴力を受けてまで、ぎりぎりまで「自由な流通と価格」の維持にこだわっていることからも、彼は経済的自由を原則として重視していた(30)。しかし、とりわけ対外的な経済政策については、国内の製造業の保護を重視し、そのために国家権力が強く関与する体制を支持したのである。この意味で、彼の思考が、一八世紀半ばのヴァンサン・ド・グルネ以来の産業保護主義の影響下にあることは明らかである。

第三節　国家のかたち

国王の拒否権をめぐって

一七八九年五月五日、ドフォントネはヴェルサイユで、全国三部会開会の感激と、国王夫妻への溢れんばかりの敬慕の念を、妻マリ・エリザベートに書き送っている(31)。彼は確かに、自分が歴史的な場にいることを自覚していた。妻への書簡はこのあと、一七九一年半ばまで六〇〇通を超えるが、その第一の動機は、妻を相手に、この歴史的な出来事の記録を残しておきたいと考えたからである。全国三部会はこのあと特権層と第三身分代表との対立で空転し、六月一七日、第三身分代表は自分たちを「国民議会」と名乗ることに決める。ドフォントネは、自分たちは「全国民の少なくとも九六パーセント」によって選ばれていると指摘し、「フランス国民の一般意志」を代表する資格をここにいる者たちこそが持っているとして、「国民議会という名乗り」の正当性を主張している(32)。

最初期の書簡に見られる筆致からすれば、ドフォントネが当初国王ルイ一六世を敬愛していたこと、そして王政支持者であったことは疑いない。議会は一七八九年八月末以降憲法制定に専念するが、議論となった中心テーマの一つは、国王が握る執行権としての「拒否権」の問題であった。議会が制定した法律が実効性を持つには国王がこれを裁可する必要があるが、これを拒否する権利を国王にどのようなかたちで認めるかについて、議会では二週間にわたって議論が続く。ドフォントネはこの問題について毎日のように妻に状況を報告すると同時に、自身の考えをしばしば差し挟む。国王が拒否権を行使した法律も、何らかの条件をクリアすることで国王の意志と関わりなく実効性を持つという限定的な拒否権のアイディアをドフォントネは批判する。彼にとって重要なのは、議会の持つ立法権とのバランスであった。議会が議決した法律であっても、その正否について国王が判断できるシステムこそが、むしろ国民代表制にとって安全弁となる。国王が専制的になり、良き法律の成立を妨害する可能性については、われわれ議員と同様に国王もまた「良き法であることを判断する世論」を無視することはできないという。そしてこのためにこそ、「言論の自由」が完全に保障されていなければならない。世論の担い手たる人民が「自由で教養のある」存在となれるのは、言論の自由の保障によって、正確な情報が伝達され、自由な議論が惹起されるからである(33)。立法権と執行権の分立を重視し、両権のバランスが正常に機能することの担保を、言論の自由を通して生まれる世論に求めるのである。イギリスでは、実質的に下院と上院という二院制がこのバランスを保っている。フランスの国民議会は「単一にして不可分」でなければならないので一院制で良いが、それならフランスにおいては、国王が立法権を握る議会とバランスを取ることができなければならない。ドフォントネによれば、したがって、国王が握る拒否権は「単純にして純粋な」ものでなければならなかった(34)。

「道具」としての国王

すぐ分かるように、ドフォントネのこの主張は「国王は世論を裏切ることはない」という国王への信頼を基礎としている。それだけに、一七九一年六月二〇日の国王逃亡事件は、彼にとってきわめて深刻な出来事であった。ルイ一六世への感情は、この事件を期に、否応なく冷淡なものへと変化する。例えば七月六日、彼は街中で何枚もの風刺画が張り出されているのを見たと妻に報告している。

そのうちの一枚なんて発想がかなりおもしろい。「暴かれた仮面」というタイトルで、国王風の服を着た人物が国王の顔が描かれたマスクを自分で外している。仮面の下からは実際の顔の代わりに水差しの壺(35)が現れるんだ。もちろん僕は、こんな不敬が許されていることに懸念を覚えたけれど、哀れな国王、大きな過ちを犯したものだね(36)。

国王への敬慕は消え失せた。ただしそれは即座に王政の否定へとは繋がらない。そもそも六月二一日の段階で、ドフォントネは妻への手紙の中で「国王の逃亡」と明言しているにもかかわらず(37)、翌二三日にトゥレと連名でルアン市議会宛に書いた書簡では、「悪意を持った者たちが国王を誘拐しました」と報告している(38)。書簡の目的は、地元市民の動揺を最小限に抑え、市内における秩序の維持を市当局に促すことにある。妻への手紙の中で、「完成間近の憲法を破壊してはならない、われわれは革命を終える時に来ている」というアントワーヌ・バルナーヴの見解を紹介し、これを強く支持すると書いている(39)。王政そのものへの理念的な支持というよりも、王政を前提とする憲法がもたらすはずの新しい、安定した秩序を守ろうとする意図、自分たちが作ってきた体制が揺らぐことへの危惧なのである。ルイ一六世の国王としての職務復帰宣言のあと、来たるべき新体制について妻に説明する次の一節は、彼の政体観をよく表している。

国民は国民の望むように憲法を作り、次のように国王に言うことができるのだよ。「わたしのために作られた憲法がここにある。憲法の道具立ての一つとなることにあなたは異論ないか。ないなら、あなたは国王である。あなたにとってこれでは都合が悪いというのか。それなら、われわれは他の誰かを国王に任じるだけだ」。問題は憲法を国王が気に入るかどうかではない。この憲法下において、彼が国王でいる方を選ぶかどうかなんだ(40)。

「拒否権」をめぐる議論においては、国王は国民議会と権力を分有する対等な存在だった。しかしここにいたって、国王はもはや従属的な「道具立ての一つ」に過ぎない。この年の九月、ドフォントネは憲法制定国民議会議員としての任期を終えてルアンに戻るが、この時すでに、王政という政体そのものへの強い、原理的なこだわりは薄れていたのではないだろうか。彼はルアン市長として一七九二年八月一〇日の王権停止と、九月の第一共和政成立に立ち合っている。パリでの王権停止の翌日には、テュイルリ宮襲撃事件の第一報がルアン市議会に入った。この時市長ドフォントネが即座に取った行動は、市議会から七名を県議会に派遣し、「公共の秩序」に関わるあらゆる問題を協議するよう指示したことである(41)。その四日後の一五日には、王権停止と国民公会の招集を決めた法を市内各所で掲示、読み上げるよう命じている。そして一八日、パリの立法議会に対して、その決断を祝福する書簡を送った。

二つ目の革命、それはそこまでの三年間の裏切りゆえに必要だったのであり、そのおかげでわれわれは新しいステージに移りました。あまりに長い間中傷を受けてきたあなた方の熱い祖国愛に、ようやく人民は気づいたのです。彼らにその主権を返すことで、あなた方は祖国を救ったのです。(42)

彼はあっさりと王政支持を捨て去ったように見える。しかしそれは、一七八九年以降中央の議会で積み重ねた経験の必然的な結果であった。

第四節　ドフォントネの共和主義

遵法精神と祖国愛

ところでドフォントネは、王権停止を祝福する同じ書簡の中で、テュイルリ宮占拠に関わったパリ民衆の武装解除をパリ市当局が実施するよう、立法議会に要請している。ドフォントネ率いるルアン市議会が何より動揺したのは、パリ民衆の暴力によって既存秩序が崩壊したことではなかったか。遵法精神、秩序の回復と維持へのこだわりは、ドフォントネの言動の一つの特徴と言える。ルアン市長に就任した一七九一年一一月二四日、彼は市議会における就任挨拶で、前市当局のメンバーを次のように賞讃している。

かつては、立憲制の諸権力が依然組織されておらず、権威は本来の保持者に戻されていなかった。彼ら人民はむしろあなた方の歩みを邪魔しかねない、あなた方を助けるには非力でした。専制主義のくびきを打ち砕いたばかりだったフランス人は、依然法の支配のもとに服従することを知らなかったのです。しかし、あなた方はこの大きな町で、秩序と平穏を維持することに成功しました。そして、あなた方の徳が生み出した信頼を通して、徐々に法への尊重を作り上げてこられました(43)。

その上で、あらためて立憲体制への支持を表明し、「一つの旗の下での良き市民の結集」を喜ぶ。「みながあなた方と同じ精神に鼓舞され、常に同じ諸原理と結びつき、同じ歩調で、共通の目的に向かって歩みを進めている」ことを強調し、「公共精神が生み出され、勇気が団結とともに重視され、祖国愛が熱と光とを拡散しています」と述べる。立憲主義とともに法の支配、法秩序の重視が明らかである。さらに言えば、新しい国家の「単一不可分性」への認識も読み取れるし、「祖国愛」という言葉が登場することも指摘しておこう。

実際、とりわけ一七九二年四月以降、ドフォントネは積極的に対外戦争に協力する姿勢を見せている。すでにこの年の初頭から市内での義勇兵の募集に積極的に関わり、八月初めの市議会では、「愛国者たちが享受する自由に対して陰謀を企てている諸王」に対峙し勝利しなければいけないと演説し、ルアン市民が「祖国の防衛者のリスト」に登録するよう強く呼びかけている。「緒戦の勝利で強気になっている外国の将軍たちは、われわれ自由の民に対し、主人であるかのように振る舞っている。彼らを国民が押し戻すこと、それは市民の協力によってのみ可能なのだ」(44)。こうした史料からは、ドフォントネが愛国的な人物であることが伝わってくる。

続く九月に、国民公会の開会とともに新たに樹立が宣言された共和国という新体制について、彼はどのような立場を取っただろう。この点で興味深い史料が残されている。一七九二年一一月、ドフォントネは新たにセーヌ＝アンフェリユール県議会の議長に選出されている。一一月二六日、一年にわたって市政をともに率いてきた市議会のメンバーに対し、惜別の書簡を送っている。そこでは「自分はあなた方とともにこの公的な世界から身を引きたいと思っていた」と述べた上で、できた時間を「子どもたちの教育に充てたい」と考えていたことを告白する。彼らに「共和主義の徳、すなわち祖国愛と諸法への尊重を教え込みたい」と願っていたという(45)。のちの恐怖政治期と比較すれば、相対的にはるかに自由に、自身の政治的立場を表明しえた時期だけに、ドフォントネが「共和主義的な価値」を具体的にどう認識していたかを把握できる材料の一つだろう。

県議会の長となっても、ドフォントネの「祖国愛」は衰えない。一七九三年二月一〇日、彼は県議会議場にジェマップの戦い（一七九二年一一月六日）に参戦していた国民義勇兵の一人である一五歳の少年を招き、セーヌ＝アンフェリユール県の感謝を表現するため、彼を抱擁する。オーストリア軍を撃破したジェマップの戦勝は、全国で人々に大きな力を与えた。ドフォントネ自身の祖国愛は明らかだし、同時にこの場面をわざわざ一般公開したことからも、市民の中にこの「共和主義の徳」の一つを育もうとする意図があったのだろう(46)。

国民主権

一七九三年六月二日、パリの国民公会は八万人とも言われる民衆に包囲され、その圧力のもとで、二九名の議員の逮捕を決議する。この事件に対し、実に六〇に及ぶ諸県が反発し、いわゆる「フェデラリスム」と呼ばれる抵抗運動が引き起こされる。セーヌ＝アンフェリユール県、その首府ルアン市も動揺するのだが、結果的にはこの運動には加わらない。この事件に対するドフォントネの考えを直接伝える史料は存在しない。しかしこの事件に関して、県議会では、県議会議長に次ぐ地位である県総代理官を務めた法曹家アンクタン・ド・ボリュ（一七四一～一八〇〇）が一時間以上に及ぶ演説を行っている。実はドフォントネとは家系上の繋がりもあり、県政にあたることになって以降、県内外へしばしばドフォントネとともに赴くなど、おそらく個人的にも親しかった人物である。六月一四日夜九時を大きく過ぎて演説が終わると、ドフォントネは真っ先に立ち上がり、県議会メンバーとともにアンクタンに盛大な拍手を贈っている。この演説は県議会の命によりすぐに印刷され、県下に配布されることになった。こうしたことから、この演説で示されたアンクタンの主張の骨子は、ドフォントネもある程度共有していたと考えられる。

アンクタンはまずその冒頭で、「私はどの党派にも属さない。〔…〕私は市民であり、私の祖国の幸福のみを愛する」と述べ、国民公会の分裂状態を共和国の分裂と併置して嘆いている。その上で以下の主張がなされる。アンクタンにとっては、六月二日のパリの事件と議員逮捕は、その決定が国民公会が自由な状態で行われたものではなく、この年の春以降の「無政府主義者」「社会攪乱分子」による暴力に脅かされたからであり、明らかに無効であった。「国民の委託物 Dépôt national」である国民公会が自由な意思の表明を妨害された時点で、それは国民主権の原理への明らかな侵犯であり、逮捕決議は即刻撤回されなければならない。しかし結論から言えば、こうした深刻な危機を前にして、セーヌ゠アンフェリユール県は何もできない。なぜなら県という機関は立法機関ではなく、中央の国民議会が作った法律を地方において執行する行政機関に過ぎないからである。「抵抗運動」に加わっている諸県が呼びかけている「県の軍隊」を召集することはおろか、厳密に言えば「国民公会が自由ではない」という判断を下すことすら許されていない。国民公会が事実上解体しているとするなら、主権はその本来の持ち主である国民に返されているはずで、その国民が自発的な意志に基づいて自ら行動を起こさない限り、県の「行政官」である自分たちには何もできないというのである(47)。

明確なのは、国民主権の尊重と議会の絶対視である。国民公会を別の箇所では「聖なる委託物」とも呼んで、これまでの革命の成果の中心を占めるのは、国民代表の理念に基づいた議会の存在そのものであると強調している。ドフォントネが率先して拍手を送ったことを見れば、アンクタンの演説の主旨が、概略ドフォントネ他この時の県議会メンバーに支持されたことは明らかである。

一七九三年一〇月三一日、彼は再びルアン市長に就任を要請され、これを受けている。就任に際しての市民宣誓では、「国民に忠実であること、共和国の憲法、自由、平等、共和国の単一不可分性を固守すること」を誓っている(48)。少なくともこうして残された史料からは、彼は完全な共和主義者であった。また一一月一四日の会議では、市議会メンバーに対し、会議には「自由の帽子」をかぶって出席するよう促している(49)。ところがドフォントネは、この一一月の末に市長の座を追われ、その後投獄までされる。逮捕理由は明らかではないが、状況証拠から言えば、第一に彼が当時の情勢下では敵視されやすかった富裕な大商人であったこと、そして第二に一七九二年八月末にルアン市内で起きた食糧騒擾の際、「自由な流通と価格」にこだわり、パン価格公定に及び腰だったことだろう(50)。いずれにせよ、その後すぐに釈放されている。中央でロベスピエール派が失脚したあとは、「再生された共和主義人民協会」の議長に就任、新しい市議会メンバーの選定にあたる選挙委員会の長にも就任している。そして一八〇〇年三月、市長に返り咲くのである(51)。

一七九二年の王政廃止と共和政成立以降、ドフォントネの言動の特質をまとめると以下のようになるだろうか。法の支配、社会秩序の尊重、祖国愛、そして立憲主義と国民主権にもとづいた国民議会の絶対視。ロベスピエール派による独裁期についてはとりわけ、主に食糧供給問題をテコにした中央権力の介入という要素を考慮せずにルアンの政治指導者たちの行動を解釈することは難しいが、ここで挙げた諸点については、ドフォントネの政治スタンス、あるいは彼にとっての共和主義の内実と考えることができるだろう。

ルアンの革命史研究の中で、従来ドフォントネは「日和見主義者」と見られることが多かった(52)。パリから発信される革命の方向性が変転し続けた一〇年間、国民議会議員、地方行政の長として一貫して政治に関わるということは、その政治カラーも変化してきたことになる。実際、王政支持から共和主義者、モンターニュ派的な革命への同調からテルミドール派政府下での復権まで、「日和見」と見られることは当然かもしれない。しかし、例えば一七八九年の時点では、八〇〇年続く王政の存在がすべての前提であった。そのわずか三年後の共和政への支持を、単に「日和見」と断じて考察を放棄するのは適切とは言えまい。激動の渦中にありながら、一八世紀末を生きていたドフォントネには、彼なりの社会観や国家観があったはずだ。以上の検討から、一見政治的変遷を繰り返しながらも、そこに一貫した軸が浮かび上がってこないだろうか。

彼の言動を貫く特質として、まず「法の秩序」重視を指摘できるだろう。一八〇〇年三月の市長就任演説では、自身の政治キャリアを簡単に振り返っている。共和暦二年に市長を務めていたことには直接言及しないが、その時期について述べる中で、「熱情が我々の間に致命的な衝突をいくつも生み出した」と指摘したあと、「しかしある共通する必要性、すなわち秩序の再建が、私たちを政府に結びつけていた。なぜなら政府だけがこれを成し遂げることができたからである」と述べて、「政府は強力でなければならない」と強調する。なぜなら、「一般利益と私的利益との間の幸福な合意に基づき、公的な繁栄のためのシステムを作り出す」力を持たなければならないからだ。この時期について、自分は「破滅的な諸措置をただ何もできずに見ているしかなかった」と述べるなど、ドフォントトネがモンターニュ派独裁を批判的に見ていたことは明らかだが、ただ全否定するのではなく、秩序維持という目的が、当時の政府を支持した理由だったと述べるのである(53)。

もう一つ、革命の創り出したデモクラシーへの支持を指摘したい。革命当初、彼は立憲王政を明確に支持していた。彼がその作成に関わった一七八九年の『陳情書』の時点では、立法権は国民の議会が持つことを明言するとともに、新しい国家のかたちを定めた憲法の作成を要求していた(54)。憲法制定国民議会では、国民議会の持つ立法権とのバランスを重視し、世論への配慮を前提に、無制限の「拒否権」を国王に認めるよう主張していたが、国王への信頼が剝落すると、国王は「道具立ての一つ」となり、主権を持つ国民、国民議会と憲法の価値が強調されるようになる。選挙によって選ばれる国民代表が構成する議会と憲法の重視という意味では、以上のように、ドフォントネの立場は最初から一貫していた。さらにこうした姿勢の遠景に、ドフォントネを初めとする当時のネゴシアンたちの苦い経験を見ることはできないだろうか。『陳情書』の第五七条は言う。

> 諸外国列強との通商条約を結ぶ際は、必ず、州議会や王国の全商業会議所にこの条約の草案について相談し、これらの組織が十分な時間をとって陛下に対し建言や諸見解を提出するプロセスを設けてくださるようにお願いします(55)。

すでに少し言及したが、英仏通商条約締結について、ドフォントネも所属していたノルマンディ商業会議所の小冊子は、イギリスの商工業者は事前に政府から意見聴取されていたのに対し、フランスの商工業者がこの条約のことを知ったのは締結後であったことを強調している。「彼ら（イギリスの商工業者）が、国民の商業にとって有害になりうるあらゆる障害を、いかに慎重に、政府をして取り除かせたか」と述べ、「イギリス人たちの活力と産業は、常に彼ら自身の真の利益への非常に明確な認識によって導かれ、また強靭で愛国的な精神から生まれるきわめて説得的な動機、すなわち国民の栄光への志向によって刺激を受けているのである」と指摘している(56)。憲法制定国民議会でドフォントネが実際にそうしたように、現実の商工業に関わる人々が主体的に意見表明し、それを政策に確実に反映できる回路を、革命は作り出した。ドフォントネは、このような意味でも、革命が生み出したデモクラシーのシステムを重視していただろう。

また、この小冊子において商工業者の経済的利益と結びつくかたちで言及される「祖国愛」の称揚もまた、ドフォントネの思想的な基調である。彼がルアン市長としても、またセーヌ゠アンフェリユール県議長としても、戦争協力という点で積極的な姿勢を見せたこと、また一七九三年秋に市長職に戻る際の演説において、彼にとっての「共和主義の徳」とは、「諸法への尊重」とともに「祖国愛」であったことを想起しよう(57)。

法の支配の重視、立憲的なデモクラシーへの支持、そして祖国愛。ドフォントネの思想的特徴をこのように指摘できそうだが、ここから彼の理想とする国家観をどのようにまとめることができるだろう。それは、一言で言うなら強力な近代国家への志向ではないか。

憲法制定国民議会の議員として、インド交易に関して彼が作成した「報告」を想起しよう。この時、彼の頭にあった構図は、「国家」という枠組み、とりわけ「フランスとイギリス」という二大国家であった。彼が「国民的産業」と呼ぶ綿工業は、依然としてフランスにおいては幼弱な段階にあり、ようやくノルマンディやピカルディ、ラングドックの一部で工場における機械生産が始まったばかりだった。ドフォントネ自身、綿産業に深く関わっていたが、英仏通商条約の帰結を見れば明らかなように、一人のネゴシアン、単体の企業としてはもちろん、商業会議所が設置された一つの州という単位であっても、国家の強力なバックアップを受けるイギリスの綿製品と対等に、「自由」な競争をすることはできない。何らかの「社団」ではなくもはやフランスという国家を単位として諸外国と対峙せざるをえないのだ。対外的な通商や産業育成という点での「保護」のみならず、アンシァン・レジームのくびきを断ち切り、産業の成長に不可欠な国内における経済的「自由」を確立するにも、実務に携わる商工業者層の声を届ける回路を作り出し、その声を直接反映した政策を実施しうる強力な国家権力が必要だった。

同様に、革命のような動乱期にあっては、国内の秩序維持のためにはもちろん、対外的にも、国家は物理的に強力である必要があった。ドフォントネの戦争協力への積極性や、祖国愛の称揚もこうした動機と関係があるように思われるが、強力な国家を肯定するこうしたスタンスが、この人物の一貫したナポレオン支持へと繋がってくる。一八〇〇年三月の市長就任演説で、ドフォントネは早くもナポレオンについて、依然として混乱が続く中で「フランスがその運命を預けた一人の英雄」と表現し、その庇護のもとで、自分たち地方行政を預かる者は、「国民と政府の間」を繋ぐ役割を果たすと述べている(58)。このナポレオンが、一八〇二年、ルアンの商業産業博覧会を視察しに訪れる。その歓迎演説の中で、市長ドフォントネは次のように述べている。

第一執政将軍閣下、市民のための機関である市議会は、市民のあなたに対する気持をお見せします。それは賞讃であり、感謝です。〔…〕議会においても戦場においても、あなたは偉大です。技芸と産業の守護者よ、あなたは諸法の持つ賢明さが、あるいはわれらの商業のもたらす繁栄が、軍事力によって勝ち取られた栄光を強化することを望んでおられる(59)。

そして、市議会議事録は次のように続ける。「第一執政はルアン市の住民に対し、愛情の証を示し、ルアン市を国民的保護 protection nationale の下に置くことを約束した」(60)。

この一八〇三年の市議会議事録が記録する「国民的保護」という言葉は、そのまま、一七九〇年にドフォントネが国民議会で行った「報告」の中に見られた。その思考フレームを支えた、おそらく最も基本的な要素は、自身を含めた商工業の利益であったろう。しかしそれは必然、フランスという国家の利益と直結するものとして認識された。ローカルで私的な利害関心は、彼の中で結果として国家レベルの公的な利益と結びついた。限られた意味では、ドフォントネは確かに日和見的かもしれない。しかし以上のような観点で見ると、彼にとって政体が王政か共和政か、あるいは帝政かという論点は、一義的に重視すべき基準ではなかった。フランス革命が目指したのは要するに、強力な国民国家の創造である。国家の浮沈と直結する産業を守ることができ、祖国フランスへの愛によって団結し、実務家である商工業者たちを含む一般国民の声を国政に反映するシステムを持つ、そういう国家。一〇年という時間はドフォントネを翻弄した。しかしフランス革命の基底にある方向性は、ドフォントネが描いた理想的な国家像から致命的に逸れることはなかったのである。

（髙 橋 暁 生）

第八章　シャルル・フーリエ
――想像の革命、革命の想像――

シャルル・フーリエ（Charles Fourier, 1772 ～ 1837）の肖像
青年期のフーリエを描いたと思われる肖像画をもとに作られたリトグラフ
Universitätsbibliothek Leipzig, PSL, Inv.-Nr. 15/117

シャルル・フーリエはフランス東部の都市ブザンソンの商家に生まれた。独立後、小商いで生計を立てていたが、しだいに社会改革構想に深い関心を示すようになった。最初の著書『四運動の理論』(一八〇八年)は世に受けいれられず、埋もれていたが、『家政と農業のアソシアシオン概論』(一八二二年、後年『普遍的統一の理論』と改題される)あたりから徐々に読者を獲得した。弟子たちの協力のもとに『産業の新世界』(一八二九年)、『偽産業論』(一八三五〜三六年)を刊行した。

フーリエの伝記的事項を調べるには、ジョナサン・ビーチャーが一九八六年に上梓した伝記が、刊行から三〇年を経てなお基本文献である。その中でビーチャーは、フーリエの思想が終始一貫して、「その思想がはじめて結晶化された時期、すなわちテルミドール反動から総裁政府期までの時期の刻印」をとどめていた、と述べている(1)。内容は後述するが、この表現は、焦点を絞り過ぎているきらいがあるにせよ、革命を生きたフーリエという像を思い描くのに好適と言える。

ビーチャーによれば、フーリエは弟子たちと折り合いが悪く、孤絶を貫いていたようだが、その原因は両者の世代の違いにあった。「フーリエが実質的な初めての弟子を得たとき、フランス革命は一世代以上前に終わってしまっていた。フーリエの思想をうみだした知的世界の全体も消え去ってしまっていた」。彼の理論は、「程度の違いはあれ、一八三〇〜四〇年代にフーリエ主義を民主主義的人道主義的社会運動へ転換させた若い世代の思考とはかけ離れていた」(2)。要するに、見ているものがどうにも違った、というわけである。

よくある言い方を真似れば、フーリエはフーリエ主義者ではない、ということかもしれない。しかし、一八二〇年代から一八三〇年代にかけて彼が主要に活躍したと考えれば、むしろ現実に適応していないのはフーリエその人だとも言えるだろう。フーリエが革命を生きた世代だったと認めるにせよ、その後の時代の変化を彼がどう捉えていたのかも考慮しなければ、その思想の全体は描けないのではないだろうか。本章では、フーリエの生きた世代とはどんなものだったのか、彼はフランス革命で何を経験したのか、その経験が思想的にどのような影響をおよぼしたのか、を検討しながら、この問題を考えてみたい。

第一節　フーリエは「見限られた世代」の一員か

フーリエの属していた世代とはどんなものだろうか。ビーチャーは、フランス・ロマン主義文学研究者レオン・セリエがファーブル・ドリヴェを形容した表現を引きながら、フーリエが「見限られた世代」に属していたと述べている。

私の考えでは、フランス革命において決定的な経験をした一群の思想家たちの一人として、フーリエを見る必要がある。彼らの主要な知的関心は、革命によってかき乱された世界のなかに自分の位置を見出すことにあった。これらの思想家たちのうち、一方には、〔…〕ルイ・ド・ボナルドとかジョゼフ・ド・メストルとか、〔…〕アンリ・サン゠シモンのように、アンシァン・レジームの貴族であり、革命の勃発以前に成熟を迎えていた者がいた。他方には、フーリエその人とか、ロマン主義哲学者ピエール゠シモン・バランシュや一群のマイナーな幻視者たちのように、レオン・セリエの言うフランスの著述家・知識人の「見限られた世代」に属する人々がいた。フランス革命に積極的に関与するには年少すぎ、ナポレオン期の制約によって発言を公に広める可能性を妨げられ、それにもかかわらずこの世代の者たちは革命から深い刻印を受け、青年期以降の生活の大部分を革命のなりゆきにうまく対処しながら過ごすのを余儀なくされたのである(3)。

彼らは、大革命とその後の混乱の原因を啓蒙哲学に求め、啓蒙哲学に敵対する知的構えを持つという点で共通しており、やり方は違っても、大革命によって寸断された社会的紐帯をなんらかの仕方で結びなおすことを課題に掲げていた、と言うのである。

正確に言えば、セリエが「見限られた世代 génération sacrifiée」と述べているのは、一義的には、「ギロチンがシェニエやサン゠ジュストのような人たちの息の根を止めた」ということと、「文学史研究者が彼らになんら価値を認めてこなかった」ということの、二つの理由による（セリエの著作は一九五三年に出版された）。ただし、それだけではなく、セリエは浩瀚な伝記の結論として、以下のように、ふたたび世代の問題に立ち返っている。

まずセリエは、ファーブル・ドリヴェを孤立した神秘家としてではなく、当時数多く現れていた「伝統的な真理が経験的方法で発見できると吹聴する科学的天啓家」の一人とみなし、彼ら相互を比較することが思想的特徴を剔出するうえで有益なのだ、という意味のことを述べている。しかし、クール・ド・ジェブランによる原始世界の探求や「知られざる哲学者」ルイ゠クロード・サン゠マルタンの神秘主義が、「プリミティヴィズムの名で知られる漠然とした郷愁」と「博覧強記への嗜好」という点でファーブル・ドリヴェと共通していたとしても、両者の世代の差は歴然としている（前二者が一七一九年と一七四三年の生まれ、ファーブル・ドリヴェは一七六七年生まれ）(4)。結果として、多くの共通点にもかかわらず、相違が生じる。見限られた世代が抱えていた困難がそこに現れる、ということである。

世代の問題についてセリエが範にしたのは、グルノーブル大学時代の同僚でありロマン主義文学研究の先輩であったアンドレ・モングロンだった。モングロンは、著書『フランスの前ロマン主義』において、スタール夫人やモルレ神父の言を引きながら、世代の観念が前ロマン主義の時代以来持っていた重要性を力説した。「ルイ一六世治下とナポレオン治下のはざまを生きてきた人々は、世代という観念のうちに、二つの世界、二つの年代の衝突を、象徴的に示している。この期間こそ新体制が決定的な勝利を収めるまでにかかる時間である、と彼らは見積もっている」(5)。

モングロンによれば、このような意味での世代は、二つの意味で、家系図などにおける世代と相違があるので、社会的世代と呼ぶべきである。第一に、老年世代と現役世代と若者世代という三つの世代が同時期に共存し、先行する世代から陰に陽に影響を被っている。第二に、世代とは思春期から三〇代に被った経験によって特徴づけられるものだが、動乱の時代と平穏に過ぎる時代があるから、世代を形成する決定的な出来事が定期的な間隔で勃発するわけではなく、ひとつの世代にあてはまる期間はそれぞれ異なっている。

したがって、モングロンにおける世代とは、対象から取り出された観念であると同時に、対象を分析する際の仮説でもある。実際、モングロンが行っているのは、革命の経験そのものというよりは、ルソーとの距離によって世代を区切るということである。その点は措くとして、セリエは、モングロンのセナンクールについての次のような評言が、そのままファーブル・ドリヴェにもあてはまると述べている。

セナンクールと同様、〔彼が描く作品の主人公である〕オーベルマンも、大革命のはじまりを二〇歳で迎えた大いなる世代の一員である。この世代は、生まれてから思想形成の決定的時期まで、依然として一八世紀に身を置いていたので、ロマン主義のただ中においても、アンシァン・レジームの根本的で拭い去ることのできない痕跡を持ち続けている(6)。

したがって、セリエの見立ては、アンシァン・レジームの痕跡と大革命期の思想形成が、この世代を決定づけたということなのである。

以上を踏まえて、ビーチャーの議論をあらためて見てみよう。彼はまず、フーリエが「知的野心においてナポレオン的」、すなわち壮大な理論体系の構築に野心を燃やした世代であった、と述べている。この世代は、啓蒙思想流の経験的批判的方法でよしとせず、物質界と道徳界の両方に適用可能な一元的な理論体系の案出を目指した。そして、啓蒙思想家たちとは違って、人間はそれぞれ独自で多様であり、人々は非理性的な絆によって結びついていて、社会秩序を立法手段のみで確立するのは限界があるから、身分制とヒエラルヒーが必要である、と考えていた。「最後に言えば、これらの思想家はおのおの、フランス革命の意味を理解し、革命後の時代の知的真空状態を満たすべき理論体系を案出しようと試みることにおいて、一種現世に働いている神の摂理の略図を発見したと主張したのだった」(7)。

たしかに、ボナルド、メストル、サン゠シモン、バランシュ、フーリエを並べて特徴づけたとき、彼らの思想は、ビーチャーが述べているように類似しているかもしれない。人間活動のみならず宇宙論の次元まで含めて、すべてを統一的に情念の運動として把握しようとするフーリエの理論は、なるほど独自だが、知的空白を満たしてくれる壮大な理論体系として、目指すものが似ていたように見える。

しかし、そのような思想的な構えがあると述べただけでは、概括的に過ぎるというそしりを免れないのではないか。言ってしまえば、なにがしかの類似性を持つ人々を寄せ集めただけのようにも見えるのである。むしろセリエの議論を引き合いに出すなら、包括的理論をめざす思想的構えという共通性にもかかわらず、異なる仕方でフーリエが対処しようとしたということを強調すべきではないだろうか。一七七二年生まれのフーリエと、一七六七年生まれのファーブル・ドリヴェや一七七六年生まれのバランシュとの知的構えが多くの点で共通していたとしても、関心やパーソナリティの違いによって、異なる表れをしたことのほうが、重要に思える。

熱心な王党派としてルイ一八世の復古王政を支えたボナルドとも、晩年に教皇至上主義に活路を求めたメストルとも、過激王党派に入れあげたバランシュとも違って、フーリエは生涯のどの時期にも、どんな政治流派にも与そうとはしなかった。フリーメーソン結社エリュ・コーエンで思想形成を開始したサン゠マルタンや、古代研究から出発して特異な言語論をそれぞれ唱えたクール・ド・ジェブランやファーブル・ドリヴェとは違って、フーリエには心の拠り所とするものがなかった。それでもなお、フーリエは包括的理論を提唱し、宇宙と情念の照応を説いた。なるほどフーリエは、見限られた世代に属し、多少ともその枠組みで思考していた。しかし、世代は一枚岩ではなく、色違いの微粒結晶の凝固物のごときものだった。ここまで確認したうえで、次節では、フーリエが大革命の際に何を経験したかを簡単に述べ、そこから何を得たか、二つの解釈を要約的に検討してみよう。

第二節　現実の革命と想像の革命

フーリエについて革命との関連でよく引き合いに出されるのは、革命期に全財産接収の憂き目に遭い、従軍を余儀なくされた、という彼の経験である。その死後、シャルル・ペランが著した『シャルル・フーリエ伝』は、弟子たちの必読文献になったが、その記述に従えば、以下のとおりとなる(8)。一七九三年、フーリエは二一歳の誕生日を迎え、それまで母親により管理されていた亡父の遺産を相続したのを機に、リヨンで商店を開こうとしていた。しかし、リヨンは、ジャコバン派指導者シャリエの逮捕（のちに処刑される）をきっかけに、急速に王党派の拠点と化した(9)。国民公会が派遣した軍隊にリヨンが包囲されると、フーリエが開業にあたって手配した商品は防衛軍によって接収され、二度と戻ってこなかった。彼自身も徴集され、兵卒として包囲軍と戦った。同年一〇月九日にリヨンが降伏すると、彼は逮捕され、嫌疑が晴れるまで長い時間を要した。さらに、しばらく後には、総動員令によって今度は革命軍から徴集され、第八猟騎兵連隊の一員として、ライン方面軍に従軍した。

ペラランが、「革命期の中でも最も起伏の激しい局面についての、および一七九三年の大きな危機を導いた人々に対するわれわれの言葉遣い」を弁解しつつ述べているのは、フーリエが革命のいわば被害者であったということである。しかし、そのことを、フーリエが個人的怨恨から革命嫌いになったという程度の挿話として理解するにせよ、七月王政期に社会改革思想を唱える流派が公然と示していた大革命に対する距離感の表現と捉えるにせよ、叙述の具体性のわりに、十分に要領を得ない。

ペラランの物語るような伝記的脈絡を踏まえながら、一九六〇年代に、フーリエのフランス革命観について二つの論文が、それぞれアメリカ合衆国とソヴィエト連邦のマルクス主義研究者によって著された。しかし、両者の見解は、一見してほぼ正反対である。

ロバート・C・ボウルズは、論文「シャルル・フーリエのフランス革命への反応」において、次のようなことを述べている(10)。フーリエは実体験において革命に翻弄されたばかりでなく、理論的にも、戦時下に起こった投機熱や恐慌が人心の動揺を惹き起こしたという観察をもとに、その解決策を探るという問題関心を抱いていた。したがって、フーリエのフランス革命観は、「彼の経験と、哲学的基準と、彼の一般的性格の反映」である。自由、平等、博愛というスローガンは空言に過ぎない。ほとんどの人々が食べるものにさえ事欠いているときに、自由はなんの役にもたたない。不平等があるほうが、競争と協力を惹き起こす刺激になる。博愛について言えば、実際には富者と貧者が憎み合っているのだから、何も実現されていない。何の益もない人権よりも、飢えないために労働する権利のほうが余程重要である。革命を経ても労働権が実現されなかったのは、アンシァン・レジーム期の制約を取り除きたいという実業・商業界の利害ばかりを、革命家たちが重視したからである。たとえ革命が、絶対主義の抑圧的体制への反発や、商業支配をねらうイギリスへの対抗策として勃発したとしても、結局のところ実現されたのは、新たな抑圧に過ぎなかった。したがって、ボウルズによれば、フランス革命に対する反発がフーリエの思想の中で大きな位置を占めていた、ということになる。

ジルベルファルブの論文「シャルル・フーリエとフランス革命」は、フランス革命の経験がフーリエに残した積極的側面をむしろ重視している(11)。彼によれば、年代を追ってフーリエの著作を検討すると、革命期の従軍経験や、当時フーリエがおこなった改革提案から、革命に対して反感を抱いていなかったことは明白である。一八〇三年に記された草稿では、革命は抑圧された民衆を解放するまたとない機会であったのに、恐怖政治のせいで、かえって社会的な退歩を遂げている、と述べられている。その最たるものが、フーリエによれば、結婚制度に手をつけなかったことだった。「人類は解放に近づいていた。もしかりにフランス人たちが、偏見を攻撃するときに結婚を例外にしていなければ、文明・野蛮・未開秩序は永遠に消え失せていたはずなのだ。〔…〕国民公会は、結婚〔制度の改革〕に対して腰が引けていたせいで、無限の栄光を逸し、無限の汚名を着ている。一瞬怖気づいたせいで玉座を失い死刑台に上るはめになったその指導者ロベスピエールのように、国民公会は、臆病な犯罪者の宿命を甘受したのである」(12)（この記述の意味については後述する）。

フーリエは、一八〇七年の草稿でも、革命直前の政治状況が末期的だったのは明らかなのに、言葉だけの自由を与えて労働権を認めないというような矛盾した対応をとったのが誤りだった、と述べている。「ほんのちょっとしたきっかけがあれば、一七九三年の蛮行が、すぐさま第二の革命を引き起こしたはずである。この第二の革命は、第一の革命が醜悪であったのとおなじほど見事なものになったはずである」(13)。このような認識は、一八〇八年の『四運動の理論』においても変わらない。だからフーリエは、「哲学者たちの無能さが、彼らの小手調べであったフランス革命において証明されてからというもの、彼らの学問などは人間精神の迷妄にすぎないことが誰の目にも明らかとなり、政治や道徳における光の奔流も、もはや幻想の奔流としか映らなくなった」(14)と述べえた。その後の著作でも同様に、革命を失敗に終わらせず、自由・平等・博愛という標語を空言にしないためには、労働権を認めるべきだ、という主張が重ねて行われている。要するに、フーリエにとって、フランス革命とは当時の経済的政治的情勢の変化の必然的結果であったが、哲学者に代表される当時の支配的階層がその好機を生かせず、社会進歩を実現できなかった。したがって、ジルベルファルブの考えでは、フーリエは革命を否定したわけではなく、いわばその可能性が汲み尽くされないままに終わったと非難しているに過ぎない。

ボウルズとジルベルファルブの結論は一見すると正反対だが、両者の論拠を見れば、ほぼ同じ文章をそれぞれ逆方向から検討しているだけのように思える。フランス革命を先導した哲学者たちが実現性に乏しい空言の輩だったというフーリエの非難を、ボウルズは革命批判と受けとっており、反対にジルベルファルブは未完の革命へのフーリエの期待を看てとっている。

このような両面性は、結局のところ、研究者の立ち位置に由来するものと考えるべきだろうか。むしろ、フーリエの語り口調そのものが両面性を内包していると捉えるほうが、有益ではないだろうか。強く非難している当のものに可能性を認めるというこのやり方は、フーリエの著作の全篇にわたって見られるものである(15)。それを歴史観に適用すれば、ひとつの時代が衰退に向かうときには次の時代へ移行する条件が形成されている、ということになる。フーリエが革命をどう理解したか、ということだけを抜き出して論じても、思想の全体が把握できるわけではなく、革命の経験が彼の思想にどういう影響を及ぼしたかが重要なのである。

ジルベルファルブの考えでは、フーリエはフランス革命に、次の時代へ移行するための条件の成熟を見いだしていた。『四運動の理論』において「一七八九年より以前、人心は革新に飢えていた」と述べるとき、フーリエ自身もまた革命の機が熟したことを認めている、というのである(16)。しかし、むしろ注視すべきは、その手前に配置された文章だったのではないだろうか。

一八世紀半ば以降、学者たちは財産を得るためになんらかの革命を待望していた。彼らはそれに成功した。しかし、選びうる道はいくつもあったはずだから、人類の利益と彼ら自身の利益のために他にどんな進め方がありえたのか、知っておくのがよいだろう(17)。

ここには微妙だがしっかりした力点の違いが感じられる。フーリエは、現実に起こった革命の推移をたんに観照することや、それを理論的に理解することから離脱し、力点を革命の別の進行を想像することへと移動させている。観照と理解から突如離脱し、世界を再創造するに等しい想像力の飛翔へと急転する語り口調は、この一節に限らず、フーリエの文体の全体を特徴づけている。ひとつの著作、ひとつの文章に、くり返し現れている(18)。結婚制度をめぐるフーリエの見解もまた、その例と考えることができそうである。革命期に施行された離婚法とそれをめぐる論争を、後年のフーリエの主張と比較すると、ある種の符合が見られる(19)。

アンシァン・レジームで認められていなかった離婚が制度化されたのは、一七九二年九月二〇日のことだった。離婚の制度化を要求する世論は、一八世紀に行われていた別居 séparation の慣習の不道徳性を問い直す中で生まれてきたもののようだ。一七九〇年に刊行されたあるパンフレットでは、別居がもたらす悪影響が逐一数えあげられ、離婚の合法化が求められている(20)。このような世論の後押しの結果、一七九二年の政令で、性格の不一致のように夫婦のいずれにも瑕疵《かし》がない場合にも、離婚が認められるようになった。

しかし、総裁政府期以降、離婚制度に歯止めをかける政策が徐々に採られるようになり、一八〇四年に発布されたナポレオン民法典では、性格の不一致による離婚がふたたび認められなくなるなど、離婚の増加に歯止めをかける方策がとられた。

このとき変化を後押ししたのは、当時数多く出版された離婚制度に反対する政治パンフレットだった。ある論者は、離婚の合法化によって、それまでならせめて夫に扶養を求めることのできた女性たちが遺棄される事態に陥った、と述べた。また、合法化以来離婚数が激増したことも問題視され、数年のうちに次々に結婚相手を変えた男女の例を挙げて、頽廃の前兆であるとする主張も見られた。

注目すべきことに、フーリエが行う結婚制度批判の基底をなす現実認識は、離婚法制度化賛成論者よりもむしろ反対論者に近い。つまり、フーリエによれば、文明世界ではひそかに多婚がいとなまれているのに、結婚制度がその隠れ蓑になっている。すなわち、結婚制度を無化するような事態が現に進行している、という認識に立っているのである。しかし、フーリエは、離婚法反対論者とは逆方向からそれを評価し、強いられた結婚が自然に反している、と述べているのである。

国民公会が結婚にたいして腰が引けていたという先述のフーリエの言は、一七九二年の離婚法でさえ十分ではなかったという判断を意味している。一八一〇年代後半に作成されたと推定される「愛の新世界」の議論はこの意味でたしかに現実に根を持っている。しかし、その全体は奇抜奇矯のきわみである。このように、フーリエの社会構想は、現実との軋轢のなかで、想像上でもうひとつの現実を作りだそうとする試みとして理解することができる。

第三節　庇護を求める志向

今日的観点から見て、フーリエの独創性は、現実から飛翔する想像力にあると言えるだろう。しかし、それだけを指摘しては一面的である。なぜなら、伝記を参照すると、フーリエが別の仕方でも現実に食い込もうとしていることがわかるからである。以下では、そのことを、初期から晩年まで彼が続けた、政府や有力者への庇護の要請について検討していきたい。庇護の要請を含めてフーリエの思想の一環と見るべきなのである。

『四運動の理論』は一八〇八年に公刊されたフーリエの最初の著作であるが、彼の文筆世界へのデビューはもっと早く始まっている。おそらく一八世紀末ごろから、いくつかの新聞に記事を寄稿していたからである。記事の多くは無署名だったが、一八〇三年には、「普遍調和」、「大陸三頭政治と三〇年後の恒久平和」という二本の記事を署名付きで発表している(21)。

この二つの記事はいささか面倒を惹き起こしたようだ。新聞の編集者（前出のピエール゠シモン・バランシュ）が当局に呼ばれ、フーリエの素行が調査されたのである。おそらくそのことが直接のきっかけになって、一八〇三年一二月二五日にフーリエは、大判事宛にある種弁明じみた手紙を送ることになった。当時の大判事とは、法務大臣と警察大臣を兼ねた役職であり、フーリエは個人名を記していないが、クロード・レニエが務めていた。「大判事への手紙」の題名で知られるこの手紙は、後年になって弟子たちにより公文書館から発掘され、ペラン のいくつかの文章とともに、パンフレットとして公刊された(22)。この手紙を読むと、自身が「運命の数学的計算」の発見者であると豪語し、社会運動を含むあらゆる運動の祖型である情念引力の研究の必要性を説くなど、後年のフーリエの理論の骨子が、一八〇三年の時点ですでに固まっていたことがわかる。

この手紙でフーリエはまず、プロイセンの弱体化により先々ヨーロッパ大陸の覇権がロシア、フランス、オーストリアの三国によって争われ、まずオーストリアが脱落するだろう、という「大陸三頭政治」の見通しをふたたび繰り返している。しかし、フーリエによれば、それは「よしなしごと」に過ぎない。というのも、この手紙で彼が伝えたい本題は、「普遍調和」到来の近いこと、そのことを明らかにする運命理論を彼自身が手中にしている、ということなのである。

運命理論は諸創造の理論、社会運動の理論、輪廻の理論の三つからなるが、すべてを明らかにするのは「一人の頭でも複数の頭でさえもあまりに難しすぎる任務」であるので、いま議論を社会運動の理論だけに限ることにしよう、とフーリエは述べている。この理論によれば、文明・野蛮・未開の三社会から脱して普遍調和にいたれば、現今の三倍の利益が得られるようになる。しかし、そのために必要な調和法則の発見は、形而上学、政治学、道徳学の不手際により、相当前から遅れさせられてきた。

フーリエの考えでは、「貧困が社会的混乱の主要原因」であるが、そうだとしても、財産の不平等そのものは否定されるべきではない。ブルジョワであれ庶民であれ、嬉々として「しっかり飾り立てられた大貴族の行列」を見物しているわけで、不平等そのものは目くじらをたてるようなことではない。必需品に事欠くほどでない限り、貧富の差は社会的対立を生まない。むしろ必要なのは、「貧困層は平均層に、ブルジョワは富豪に、富豪は栄耀栄華に」するという「段階づけられた変身」の実現である。普遍調和になって産業生産物が三倍化すれば、この目的が達せられる。

ただし、富の増大が、そのまま幸福に結びつくわけではない。どんなに財産があっても、「その基調情念が満足されなければ、ひどく不幸でありうる」からである。有害でない情念を数限りなく発展させることが、幸福への道なのである。

後年フーリエは、あらゆる情念は有益であり、それが歪んで表出したときにのみ有害になる、と力説するようになるわけだが、この時点ではその見解までは達していないように思える。それでも結構はおおむねできあがっている。理論的な違いを別にして、フーリエは手紙のなかで発見について詳らかにしない理由を、「右手を傷めておりあまり書くことができない」云々とわざわざ記しているが、そのような言いよどみはフーリエの常套的なやり方──ロラン・バルトの言う「逆＝逆言法」、「学説の決定的言表をおくらせることに時間を費」やす仕方──であった(23)。

フーリエは、上述のように社会運動の理論を説明したあとで、大判事に二つの依頼をしている。すなわち第一に、政府のお墨付きを得て、フーリエ説の受け入れに二の足を踏んでいるパリの諸新聞に踏ん切りをつけさせること。第二に、手紙の内容をナポレオンに取り次いでもらうことである。フーリエは例によって、新聞掲載の際に思うまま文章を改変して構わないという譲歩や、公表するのは表面的な部分だけで、理論の根幹はフランス政府だけに知らせる、といった言い逃れを重ねている。

「大判事への手紙」は、その内容をフーリエが当時抱いていた全体理論の要約とみなせるというばかりか、公的庇護の要請という点でも注目されるべきである。フーリエがこのとき味わっていたのは、自説を広めていくことへの困難だった。フーリエは、著書の刊行やジャーナリズムへの参画によって公共的関心を喚起することと、行政や政治に携わっている人物に内々に自分の思想を伝え、彼らの影響力を介してみずからの主張を実現させることとを天秤にかけ、後者のやり方に終始こだわっていた。どんな教団にも政治流派にも支持基盤をもたない独学者にとって、新聞は公器ではなく、公論の醸成を待つよりむしろ政府の庇護が望まれたのである。

このようなこだわりは、熟慮の末に選択されたというよりも、意識されざる志向であっただろう。この志向は、現実のなりゆきと半ば齟齬をきたしていると言ってよい。フーリエの主張が政府の施策に実際に直接的に採り容れられることはなかった一方で、後年には、『産業の新世界』をはじめとする著書を読んで集まってきた弟子たちに囲まれて、実験共同体建設などの実践がおこなわれていくからである。それでも、フーリエは、この考え方から抜け出さなかった。

もともと、行政当局への政策案の提示を通じてみずからの主張の実現を図る、というやり方は、革命期にフーリエが総裁政府宛に提出した建議書や各種の建白書に端を発している。ビーチャーによれば、この種の提案は主に二つの主題にかかわっていた。第一は都市計画にかかわるものであり、第二は商業制度の改革に関するものだった。たとえば、一七九六年一二月にフーリエがボルドー市政府宛に提出した建議書は以下のようにはじまっている。「ボルドー市は外国人を迎える一大玄関口でありましたから、〔…〕いかなる貧弱な都市ともまったく異なるように建築された新しい種類の都市のモデルを全地上に提案するにきわめてふさわしい場所になろう、と私は主張するものです」。そして、建造物の建築を許可する委員会の創設提案にはじまって、建蔽率や高さ制限、建物間の距離を規制する必要などが細々と述べられている。この都市計画案は、言うまでもなく、後年フーリエが詳細に論じるファランステールの建物案の先取りに他ならない(24)。

商業制度の改革提案に関して革命期にフーリエが構想した計画は、草稿のかたちで残っているが、実際に提出されたものはまだ見つかっていないようである。しかし、後年一八一二年にリヨンの一群の商人の名前でローヌ県知事宛に提出された建白書が、どうやらフーリエによって下書きされたものらしく、彼の主張を踏まえたものになっている(25)。一七九一年の同業組合廃止に伴い、フランスでは仲買人の職業が開放されたが、一八〇一年には再び少数の特認仲買人のみが営業できる体制に戻されていた。一八一二年にフーリエが非正規業者たちの代弁者として行ったのは、特認仲買人の増員要求であった。商業会議所に巣くっている特認仲買人たちによる独占が社会体の利益を不当に害しているという主張には、後年フーリエが行うことになる商業批判の萌芽が見られる。

伝記からわかるのは、庇護を通じて自説の実現を図る志向が、フーリエの生涯について回ったということである。復古王政下の一八二二年に『家庭と農業のアソシアシオン概論』を上梓したとき、彼はそれをルイ一八世治下で内閣首班を務めたヴィレル伯爵にも送ったし、対立党派にも献本した。「一部ずつ、政府要人、対立党派、有力銀行家、貴族、博愛主義者、科学者、懸賞論文審査担当者、アカデミー会員、ジャーナリスト、とにかく試験ファランジュの設立に財政支援をしてくれそうな人や、他の人々を促して支援者を見つけてくれそうな人なら、誰にでも送りつけた」(26)。あちこちに送ったのは、自説を広め公論を醸成するためというよりも、当たらぬも八卦で、庇護者の出現を期待したためだった。よく知られた逸話によれば、フーリエは、ファランステール建設に出資してくれるはずの居もしない篤志家との面会時間に間に合うよう、毎日かならず正午に帰宅していた、という。この逸話は、明らかに誇張が含まれるにせよ、彼の志向をよく物語っている(27)。

一八二九年に『産業の新世界』を公刊したときも、フーリエは「著作に長文の説明書きを添えて、権勢のある政治家やジャーナリストや文筆家に送りつけ」た。こうした、「シャルル一〇世やルイ゠フィリップの大臣たちへあてたフーリエの一方通行の通信」は、ビーチャーが言うように「終わりのない幻想の鎖」(28)に過ぎなかったにせよ、フーリエが生涯持ち続けた志向の結果だった。一八三二年のサン゠シモン主義者たちの分裂によって多くの弟子が集まった後も、彼らによる社会運動に自説実現の可能性を見ることよりも、有力な庇護者の出現にフーリエは期待をかけ続けた。

第四節　設立者の地位

党派の違いを考慮せず、庇護だけを要求するフーリエの志向を、社会運動への無関心や、政治活動の忌避とみなすべきだろうか。フーリエが夢想しているのは、政治的なものの存在しない、すべてを行政が管理する世界だろうか。以下では、執筆時期の異なるいくつかのテクストをもとにして、この点を考察してみたい。

『産業の新世界』でフーリエは、七月革命前夜の政治情勢を念頭に、ファランジュ建設にあたっては自由主義者にも絶対主義者にも、あるいは「折衷派」にも信をおけないと述べている。彼らは「政論と選挙目当ての策謀で頭がいっぱいなので、きちんと判断できない。あの陳腐な論争から彼らを脱しさせれば、借りてきた猫のように茫然自失する」。フーリエに言わせれば、「政治闘争に必要なのは、斬新な方法であって、おしゃべりではない」(29)。

斬新な方法とは、「試行ファランジュからはじめて、地球全土にアソシアシオンを設立する」ことであるが、そのとき「四人の人物の貢献」が必要だ、とされている（ただし四つの役割のうちいくつかを一人が兼ねてもよい）(30)。

一人目は「設立者」すなわち「会社の長」である（フーリエは試験ファランジュの建設を株式会社方式で行うことを提

案している)。二人目は「仲介者」で、「有力者や大資本家とつきあいのある」人物である。三人目は「演説者」。四人目に相当する「発明者」がフーリエ自身を指すことは言わずもがなである。

設立者とは、要するに出資者である。仲介者とは、設立者を直接に説得する役割である。演説者の役割をフーリエがはっきり書いているわけではないが、作家などを例に挙げているところを見ると、著作や論説を通じて理論の宣伝にあたる役割の人物だろう。『産業の新世界』を通じてフーリエは、調和世界への移行によって、彼らが莫大な利益を得ることを力説している。

驚くことに、本のどこを読んでも、金銭的なものを除いては、ファランジュの建設に対して彼らにどのような関心を抱いてほしいのか、まったく書かれていない。それどころか、フーリエのどの著作にも、これらの人物について政治的立場を問題にする叙述は少しも見当たらない。はっきり言えば、彼らには金銭的支援や広告塔の役割を期待しているだけで、その実質についてはあえて無規定にとどめていると言ってよいのである。

フーリエは、政治と切り離された純粋な経済活動のうちに、社会変革の可能性を看てとっているのだろうか。しかしながら、単にそれだけだとすれば、庇護者の出現に対してフーリエがなぜあれほどまで期待したか、どうにも腑に落ちない。むしろ、指導者のイニシアティヴや巨大資本の必要に気づいたからこそ、その内面を不問にしつつ、実験ファランジュの建設のみを促せばよいというしくみを組みあげたのではないだろうか。

この点と比較して、フーリエが一八一四年に草稿に記したナポレオン評価を見てみよう。没後に弟子たちにより公表されたこの草稿のなかで、フーリエは、ナポレオンが「統一情念者 unitéiste」というたいへん稀少な性格の持ち主だと述べている。「統一情念者たちは、悪についても善についても、凡庸さとは相容れない。彼らは高邁な性向を持っている。人類を深く軽蔑し、それゆえに、人類にはない社会的徳によって卓越しようとする」(31)。フーリエによれば、なんらかの理由でナポレオンは善にむかう高邁な性向の発揮を妨げられたために、かえって性格が「逆行的」発展を遂げ、人類に対して多大な災厄をもたらした。

しかし、たとえナポレオンが統一情念の逆行によって数々の破壊行為をおこなったとしても、世界の統一が果たされれば、すべては帳消しになる。

もし、なんらかの障害によって統一情念者たちの性格の発展が妨げられ、逆方向へ〔誘導される〕なら、統一情念者たちはこのうえなく邪悪な人間になるはずだ。だからといって、彼らがその計画のなかに、人類全体の幸福を含めるのをやめるわけではない。すなわち、ナポレオンのような逆行統一情念者は、人類を手ひどく不幸にする計画を練るのだが、もしその目標である地球の征服と定型的組織化に成功すれば、にわかにこのうえなく穏やかで高邁な人間になるだろう。そのとき彼は、自分の性格をとり戻し、直行的発展を再開するのである。〔…〕いったん統一に達すれば、ナポレオンはにわかに行政手法を転換し、統一維持のために、民衆に対して、彼がかつて与えた責苦と同じだけの安息を約束したに違いなかった(32)。

したがって、フーリエが期待するのは、ナポレオンの人格の高邁さではなく、その情念の激しさである。ナポレオンの華々しい戦勝の数々と、ロシア遠征失敗以降の敗北の数々は、フーリエにとって、正負の差はあれ、激しい情念の表れという意味では、ひとつのものである。世界を征服した後に、「行政手法を転換」し、産業振興と恒久平和の実現によって、被征服民族も数々の恩恵にあずかるようにすれば、それでよい(33)。

このナポレオン評価は、『産業の新世界』の議論と、形式的におなじ構図をとっていないだろうか。『産業の新世界』では、政治的立場や計画への理解度が不問にされ、指導力や資本力が注目されていた。一方、この草稿では、情念の向かう方向について不問にされ、その激しさのみが注目されているのである。

あらためて、一八〇七年の『四運動の理論』に立ち戻ってみよう。すでに引用したフランス革命に言及する文章で、フーリエは次のように述べている。

一七八九年より以前、人心は革新に飢えていた。あのころ何か宗教セクトでもできていたら、マホメットやルターもおよばぬほどの人気を獲得する好機だっただろう。〔…〕一七九三年に自ら敗走を体験してからというもの、もはや実現不可能となった境遇をあきらめる以外に、哲学者たちには何の方策も残っていなかった。つまり自分たちの教条ときっぱり縁を切って、率直に自然と協調し、悦楽的情念に加担するほかはなかったわけだ。〔…〕文明世界に打ちひしがれた彼らが、〔…〕それを破壊するためには、恋愛教を作りだす必要があった〔…〕(34)。

哲学者たちは、情念の自然な飛翔を無視し、恋愛や悦楽的情念を抑圧する理論を押しつけていた。そのやり方は、フランス革命の最中に破綻し、理論そのものを放棄せざるをえなくなった。そこで、やり方を一八〇度変えて、社会において情念の飛翔を支援する立場に加担することが、彼らに本来残された唯一の立場だった、というわけである。

革命は政治的革新の好機だった。しかし、それは現実の革命では実現されず、想像的なものにとどまっている。そして実現には（哲学者をはじめとする）有力者のイニシアティヴが必要だった(35)。

したがって、フーリエが設立者たちの政治的な立場を不問にしたのは、政治軽視の賜物ではなかった。フーリエが一貫しておこなっているのは、いわゆる政治的な立場なるものの如何は社会変革にどんな影響もおよぼすことがなく、いわば社会機構の情念的組み替えのみが政治的に有効だ、という断言なのである。フーリエがどの政治流派にも与せず、あらゆる立場の有力者に秋波を送り続けたのは、このような考えに根を持っていた。

第五節　革命を想像する

さまざまな時代に書かれたフーリエの文章を読んでみて、しばしば驚かされるのは、おなじ問題意識が歳月を経てほぼおなじ仕方でふたたび現れるということである。場合によって、それはいささか時代錯誤的にもなりかねない。しかし、『産業の新世界』に記された「嫌悪の上昇階梯」と「軽侮の下降階梯」をめぐる議論は、かならずしもノスタルジーの産物とは言えないのではないだろうか。

この文章のなかで、フーリエは、われわれの住む「文明期」では野心の情念が万事につけ悪い方向に働き、諸階層間の不和を導く、と述べている。「宮廷、貴族、ブルジョワジー、庶民、下層民と呼ばれる五つの階層」を考えると、「五つのカーストは互いに嫌っている」。さらに、それぞれの階層は「三つの亜カーストに下位分割され」、「高位貴族、中位貴族、下位貴族とか、高位ブルジョワジー、中位ブルジョワジー、下位ブルジョワジー、等々」のように分けられているが、「高位階層は中位階層を軽侮する一方、中位階層は下位階層を軽侮している。そして下位階層は中位階層を嫌い、逆に中位階層は高位階層を嫌悪している」。つまり、それぞれの階層が直下の階層を軽侮するという軽侮の連鎖がある一方で、上の階層を嫌悪するという嫌悪の連鎖も生じている、というわけである。

「宮廷貴族は、拝謁を許されていない貴族を軽侮している。帯剣貴族は、法服貴族を軽侮している。地方領主は、貧乏貴族を軽侮している。貧乏貴族はというと、買爵して貴族になった連中を軽侮し、買爵貴族はブルジョワ・カーストを軽侮している」。ブルジョワジーでも同様である。「銀行家と金融家は貴族から軽侮されるが、大商人と大地主を軽侮することで慰めている。大商人と大地主も、被選挙資格をもつ地位にあることには大威張りで、小商人と小地主を軽侮している。小商人と小地主は選挙人でしかないが、その資格をもっているという理由で、学者やその他のもっと貧しいカーストを軽侮している。ついで、下位ブルジョワジーは、庶民の三つのカーストを軽侮し、彼らとおなじ物腰をとらないことを誇りにしている」。もちろんここまでで終わるわけではない。「庶民と下層民のあいだにも〔…〕、嫌悪にみちた下位分割がいくらでもある」(36)。

フーリエが論じているのは、一見すると、アンシァン・レジームを特徴づける身分の上下関係の心性的表現であるとされるいわゆる「侮蔑の滝」の考え方に等しい。歴史家・道徳哲学者のジョゼフ・ドロは、一八三九年にこう書いている。「宮廷人はブルジョワにやり込められる恐れを抱いていなかったから、ブルジョワに対して地方貴族に対するよりも上品に話した。地方貴族に対しては、彼等よりも優越していることを確認するのに生きがいを感じていたのである。〔…〕こういう表現を許してもらえるなら、ある地位から次の地位へと下っていく侮蔑の滝のようなものがあったのであり、それは第三身分までで終わるわけではなかった。小裁判所の裁判官は商人を軽蔑していたし、商人は職人を嫌っていた。こういう自尊心のざわつきは、フランスで傷つきやすいものであったが、革命前夜の社会に蔓延していた不満の大きな原因のひとつになっていた」(37)。

数学者・経済学者のアントワーヌ・オギュスタン・クルノもまた、死後出版された自伝（一八五九年頃執筆）のなかで、こう述べている。「一八世紀には〔…〕社会習俗や慣習の面で、貴族にもブルジョワジーにも数多くの階層、等級があった。遡れば血縁の王族、下ればこのうえなく卑しい職人となるこれらの階層は、少しも混じりあうことはなかった。〔…〕今日では、サン゠シモンの回想録を通じて、貴族身分で地位の緻密な判定がどこまで行われていたか知るところとなっている。その一方で、大貴族からあれほど侮蔑されていた平民・ブルジョワジー階層もまた互いにあら捜しをしていたことは、数年も経てば忘れられてしまうだろう。〔…〕よく言われるこの「侮蔑の滝」にはたしかに不都合があって、他のなににもまして革命への動きを惹き起こした〔…〕」(38)。

したがって、侮蔑の滝の考え方は、一九世紀半ばに、アンシァン・レジーム末期の心性の表現として知られるようになっていた。

ところで、先ほどのフーリエの文章を仔細に見ると、大商人と大地主がもつ被選挙資格とか、小商人と小地主がもつ選挙資格への言及があることがわかる。それが地方コミューンの議員選出にかかわるものであるとすれば、能動市民が、労賃一〇日分以上を納税する市民から議員を選出するように決めたのは、一七八九年一二月一四日の法令においてであった(39)。であるなら、そこに描かれているのは、アンシァン・レジームの心性そのものというよりも、その末期から革命期を経て一九世紀にいたる時期の考え方のはずだろう。一九世紀におけるアンシァン・レジームの追憶がこのようなずれをしばしば孕みがちであることは、指摘されてよい。

それはともかく、フーリエの理論全体との関係で理解するなら、この文章は彼の言う「文明紀」の特徴を描写するものに他ならない。フーリエが再三にわたり力説するのは、革命の勃発とか共和制への転換とは表面的な変化に過ぎず、フランスを文明紀から脱出させることはできなかった、ということである。文明紀には、侮蔑の連鎖が、諸階級の不和と社会的不満の増大をもたらす。それは野心の情念が悪い仕方で表出した結果なのである。

反対に、調和紀には、玉座ないし錫杖の数を増大させることによって、おなじ野心が、諸階級の連繫を導くものになる。

調和世界には一六種類の資格ないし錫杖があり、一六の玉座に分化した一六の役柄をなしている。〔…〕これらの役柄ないし資格のそれぞれが、一三の等級ないし階梯に分かれ、各階梯に君主がいる。最上の君主は地球全土を統べるし、一番下の君主はひとつのファランジュのみを統べる。あいだの等級の君主は〔…〕累進的な広がりで統治権をもつ。〔…〕このように役柄の階梯をつくり、役柄を等級づけることによって、カエサルとポンペイウスのようなライバル同士がたやすく和解できるようになる。なぜなら、一人は寵児という資格で選ばれ、もう一人は芸術家という資格で選ばれる、等々が起こるからである。彼らの才能は全然違うので、おなじ道を歩むわけではない。もっと言えば、一人が選挙によって統治し、もう一人は世襲によって統治することもある。両者ともが〔…〕ローマを統べられるようになる(40)。

「これらの錫杖を得る可能性は、どの資格、どの等級についても、男女問わずすべての人々に開かれている」。だから、「調和人は、男女問わずだれでも、世界の支配権を熱望するよう、幼年期から育てられる。フランスの玉座のような卑小な君主権で満足したがる者は、男でも女でも、気の毒な臣民、打算的な意気地なしとみなされることになる」(41)。フーリエは同じ文章のなかで、「世界的規模の君主政の志向」が「ナポレオンの見解のなかで最も道理に適ったもの」である、と述べているが、それは以上のように理解された君主政である。したがって、フーリエが身分制やヒエラルヒーの維持を重視していたと言っても、その実質は現実のものとは大きく変容している。それは想像上の制度において、別の意味づけを与えられている。

フーリエの革命経験は、彼の生涯の思想に大きな影を落とした。その意味で、たしかに、彼は見限られた世代に属していた。大判事への手紙から『産業の新世界』まで、彼はおなじ問いをくり返し考え続けた。しかし彼は、革命の理論的解釈に拘泥しなかった。むしろ革命を観照する中で、彼なりの仕方でその本質を摑みとり、革命の別の進行を想像することに執念を燃やしたのだった。

（福島知己）

第九章　アルフレッド＝モーリス・ピカール
――一八八九年パリ万国博と「革命」――

アルフレッド＝モーリス・ピカール（Alfred-Maurice Picard, 1844 〜 1913）の肖像
Photographies Eugène Pirou, *Exposition universelle de 1900 : Portraits des commissaires généraux*, 1900, BnF.

第三共和政下において第三代大統領に就任した共和派ジュール・グレヴィ（一八〇七～九一）は、商務大臣モーリス・ルヴィエ（一八四二～一九一一）の提出した報告書を受け、一八八四年一一月八日の政令《デクレ》によって、八九年にパリ万国博を開催すること、この開催に向けた検討委員会を設立することを布告した(1)。

フランスでは、現在にいたるまで計六回のパリ万国博（一八五五年、六七年、七八年、八九年、一九〇〇年、三七年）が開催されているが、とりわけ八九年は、革命の百年祭、エッフェル塔の建設、植民地展示の拡大といった特徴とともに、「共和主義祭典」として位置づけられてきた(2)。実際、八九年パリ万国博は、ナシオン広場の《共和国の勝利》群像の設置が式典の一つに組み込まれたように、共和派が主導した万国博であった。入場者数は、それ以前の万国博を凌駕する三二二五万人を記録し、さらに財政面においても、第三共和政期に初めて開催された七八年パリ万国博が赤字であったのに対し、八九年は黒字の盛況を呈した(3)。

しかしその華々しい光景とは裏腹に、組織・運営面に目を向けると、開催に向けた準備は必ずしも順風満帆ではなかった。本来は、一八八六年七月二八日の政令で、組織委員長 Commissaire général に就任した商務大臣が八九年パリ万国博の開催に向けた準備を主導すべき立場にあった(4)。しかし共和派の主導によるパリ万国博の開催は、王党派の反対にあい、また八九年の前夜までブーランジスムに象徴される反共和主義的政治運動の影響を受けた。内閣組織は相次ぐ再編成に見舞われ、商務大臣も、パリ万国博の開催が布告された八四年から八九年に延べ七名が入れ替わった。すなわち同じ一人の商務大臣が組織委員長として、パリ万国博の開催に向けた準備を一貫して統轄することは困難であり、むしろ、組織委員長の下に設置された三局（土木局、総務局、財務局）を構成する複数の組織委員がその実質的な準備作業を担ったのである。ただし、これらの組織委員の活動に焦点を当てた先行研究は限られている(5)。

一八八九年パリ万国博の開催を布告した大統領グレヴィも、政治スキャンダル（ヴィルソン事件）によって八七年一二月に大統領の職を辞し、これをサディ・カルノー（一八三七～九四）が引き継いだ。このように共和政にとって不安定な運営体制の中、八九年パリ万国博において「革命」はどのように位置づけられたのであろうか。そこで本章が注目したいのは、同パリ万国博の展示・運営に携わり、かつフランス商務省による公式の総括報告書を執筆した技術官僚アルフレッド＝モーリス・ピカールである。ピカールが執筆した報告書は、八九年パリ万国博の開催経緯から展示概要および審査結果にいたるまで詳述されており、同万国博がいかなる指針のもとで準備され、総括されたのかを見てとることができるからである。それればかりか、この報告書は同時代に高く評価され、ピカールの出世作となる。例えば、次のような評価もされている。

彼〔A・ピカール〕が専心した全一〇巻は、一九世紀末におけるあらゆる形態の人間の活動について見事なまでに明晰かつ示唆に富む描写である。この作品によって、著者は一九〇〇年万国博の組織委員長任命にふさわしい者とされた(6)。

それまで全国的には無名であったピカールは、特にこの報告書の成果によって名声を獲得し、続く一九〇〇年パリ万国博の顔として、組織委員長就任にいたった。この評価の高さからうかがえるように、ピカールによる一八八九年パリ万国博の解釈は、同時代にフランスで広く受け入れられたものと考えられる。本章では、第一節でパリ万国博がいかなる経緯で「一八八九年」に開催されたのかを検討し、第二節で総括報告書の著者ピカールの経歴を明らかにし、第三節で「革命」がどのように総括報告書において位置づけられるにいたったのかを見ていくこととしたい。

第一節　「一八八九年」とパリ万国博

そもそも、いかなる経緯で「一八八九年」にパリ万国博は開催されることになったのであろうか。一般紙『ル・プティ・ジュルナル』は、すでに七八年パリ万国博の閉会後に、主要な組織委員によって「一七八九年の一〇〇周年」として「一八八九年万国博」を開催する計画があることを報じていた(7)。この計画は、七九年に大統領に就任したグレヴィのもと、「革命」を記念するプロセスとともに、具体化していくこととなる。

一八八〇年を起点とした「革命」評価の高まり

一八七九年一月末に王党派のマク＝マオン（一八〇八～九三）が大統領を辞任すると、続いて共和派のグレヴィが就任した。ここで組織された新政権のもと「革命」の概念に直結する国歌および国民祭日が定められていく。まず国歌制定について見よう(8)。この国歌制定にいたる経緯をたどると、もともと一七九二年四月にストラスブールで「ライン方面軍のための軍歌」として作られたこの革命歌は、共和歴三年メシドール二六日（一七九五年七月一四日）の政令で国歌に制定され、愛国讃歌・共和国讃歌として広く認知されるようになる。その性格がゆえに、第一帝政以降にこの歌は禁じられたが、一八七〇年七月のプロイセンへの宣戦布告を契機に再演され、パリ・コミューン敗北後も共和主義者の支持を得た。「ラ・マルセイエーズ」を再び国歌とする気運が生まれ、大統領マク＝マオンの任期に、ナントの共和派議員の提議により七八年一月に下院で審議された。この議案は否決されたが、興味深いことに、大統領マク゠マオン自身も新しい国歌制定の必要性を感じていた。マク゠マオンは「フランス万歳」と題する曲の作成を要請し、これを七八年パリ万国博の開会式で上演した。このように国歌制定は、共和派と王党派ともに、政権および社会的安定に繋がる要素として重視されていた。結果として、マク゠マオンが失脚すると、次の大統領グレヴィのもと、七九年二月一四日に「ラ・マルセイエーズ」が国歌に定められた。

国歌制定に留まらず、一八八〇年七月には、バスティーユ占領と連盟祭の日である「七月一四日」が国民祭日に制定された(9)。この日付の選定は慎重な審議を経てなされたが、バスティーユ占領（七月一四日）は、アンシァン・レジームとの「断絶」、平等の宣言による民衆の「解放」および「自由」の獲得といった点で、共和主義者には大きな意義があった。また「七月一四日」は、一七九〇年の連盟祭の開催日という二重の意義も持ったことから、とりわけレオン・ガンベッタ（一八三八〜八二）をはじめとする共和主義者によって支持され、「精神の連盟」として共和政の社会的安定の基盤の構築が目指された。後述するが、八九年パリ万国博においても、革命を起点とした民衆の「解放」を強調し、その時点からフランスがいかに「進歩」したかが、一〇〇年を振り返る回顧展などを通じて訴えられることとなる。

以上のように、政府は国歌および国民祭日を制定し、フランス革命の継承を象徴的に示した。これに加えて、学術誌『フランス革命』の発刊やパリ大学における革命史講座の開設など学術上での革命史の普及や、革命を顕彰した記念建造物の設置にも取り組むこととなる。他方で、これらの動きに対して、王党派が様々な次元で不満を訴えていたことも忘れてはならない。王党派は、バスティーユ占領を記念することは、「正当な権威に対する裏切り」であり、「武装蜂起を公然と呼びかけるもの」と批判した(10)。共和政に敵対的なメディアもこれに倣った論を展開した。このように、一八八〇年代初頭から「革命」の受容をめぐり、共和派と王党派が対立していくこととなる。

革命百年祭とパリ万国博の結合

こうして一八八〇年代に「革命」の継承に関心が高まる中、「一八八九年」にパリ万国博を開催する計画が、「産業博覧会」の開催の是非をめぐるメディアの議論を通じて八三年に具体化する(11)。

一八八三年三月から、下院の社会経済部門では、国内規模の産業博を八五年にパリで開催する計画が審議された(12)。この産業博の開催目的は「外国との競争にもっとも奮闘すべき中小規模の産業を振興すること」であった(13)。また、八五年の産業博が「一八八九年に計画された重大な万国博の前奏となるだろう」と述べられている(14)。すなわち八三年には、「一八八九年」に国際規模の万国博が開催されることを想定し、その予行として八五年に国内規模の産業博の実施が問われたわけである。

しかし、この一八八五年パリ産業博の開催計画に対しては多くの反発が各紙から寄せられた。興味深いのは、この反発の理由である。『ル・タン』（一八八三年五月二七日）は、八五年の開催について「一八八九年の国家および共和国の博覧会の成功を奪い取るようなものである」と主張し、商務大臣に対して適切な判断を求めた(15)。また『ル・プティ・ジュルナル』（六月四日）は、「革命一〇〇周年に合致する一八八九年万国博の大催事を前に、フランス産業がそれぞれの成果を分散させてしまえば、それは残念でしょう」とし、次のように主張した(16)。

われわれは熟考し、労働および諸体制の民主主義的発展によって立ち直らなくてはなりません。一八八九年は、人民の解放の重大な記念となります。この年に、世界諸国に大きく呼びかけ、われわれがどの賓客や競争者にも劣らないことを名誉としなくてはなりません。こうした理由により、もし一八八五年に内国博〔産業博〕が開催されるならば、その特性および目的が明確に規定されなくてはならないのです(17)。

このようにメディアは、「革命一〇〇周年」となる「一八八九年」にパリ万国博が開催されることを前提に、それ以前の産業博の開催に反対した。とりわけ『ル・プティ・ジュルナル』は「一八八九年」を「人民の解放の重大な記念」として捉えているが、ここからは、この年に万国博を開催することで、フランスの「民主主義的発展」を内外に示すことを重視したことが読み取れる。これを実現するために、フランス産業の活力をあらかじめ削いでしまうような国内規模の産業博の開催に対しては異論を唱えたのであった。

一八八九年パリ万国博の開催布告——一八八四年一一月の政令

こうしたメディアの批判を意識したためか、政府は結局、一八八五年の産業博の開催は取りやめ、八九年のパリ万国博の開催計画に専心することとなる。本章の冒頭で述べたように、八九年パリ万国博の開催が布告されたのは、八四年一一月八日の政令においてである。その経緯を、以下に詳しく見ていこう。

一八八四年一一月八日には二つの政令が布告された。八九年パリ万国博の開催を要請する政令と、その検討委員会の創設に関する政令である(18)。これらは、同日（一一月八日）に商務大臣ルヴィエが提出した報告書を受け、大統領グレヴィが発したものであった。この二つの政令では、第一に産業製品の万国博をパリで八九年五月五日から一〇月三一日まで開催することが定められた。なお、この政令には、開会を五月五日とした理由は明示されていないが、この日付は一七八九年の全国三部会招集の日付に合致していることは付言しておこう。そして第二に、八九年の万国博の開催に向けた検討委員会が、下院議員・元芸術大臣のアントナン・プルースト（一八三二〜一九〇五）のもとで組織されることが決定した。

以上のように一八八九年パリ万国博の開催の提起にあたって最初に舵をとったのは、共和派の商務大臣ルヴィエであった。ルヴィエはいかなる目的でこれを提起したのであろうか。ルヴィエが八四年一一月に大統領に提出した報告書を具体的に見ていこう。

この報告書において特徴的なのは、万国博の歴史をフランス共和政の成果としてたどり直している点にある。まずルヴィエは、冒頭で「フランス共和国は、一七九八年にフランス産業の最初の博覧会を布告しています」と、第一共和政期にフランスで初めて開催されたパリ産業博に触れている。さらに第三共和政期に初めて開催された一八七八年パリ万国博について触れ、ルヴィエは「一八八九年」にパリ万国博を開催する意義について次のように述べた。

一八七八年の万国博は、昨日のことのようです。フランスの労働の発展を提示したこの見事なスペクタクルは、われわれが被った不幸〔普仏戦争〕によってその発展が少しも妨げられなかったことを示すものであり、全ての人々の目に今もまだ焼き付いています。

それ以来、一八八九年という年は、国民感情にとって、新しい万国博を開催すべき年であるように思われました。

というのも、この年は、これまでに博覧会が開催された一一年から一二年の周期からも示されているように思われます。さらにまたこの年は、フランスの愛国心の重要な紀元年から一〇〇年目にぴったりと合致するからです。

この考えは、日に日にいっそう明白なものになりました。一八八九年という日付は、全ての人々の脳裏にはっきりと自発的なかたちで生じました。その年は、全世界的にも適切であり、ぜひとも必要であるとも言えます(19)。

以上のように、一八八九年という年は、単に、先行するパリ万国博の開催の周期に合致するだけではなく、「フランスの愛国心 patriotisme français」といった「国民感情 sentiment national」に合致する「紀元 hégire」から一〇〇周年を記念するものとして構想されたのである。

一八八九年パリ万国博の正式認可・組織委員長および三役の就任

一八八五年三月一〇日、プルーストを委員長とした検討委員会は、商務大臣に対して、博覧会場の選定、建設計画、支出・収入にかかわる案を回答した(20)。博覧会場は、七八年パリ万国博と同様に、パリの中心部に位置するシャン・ド・マルスとトロカデロが選ばれた。プルーストが提出した報告書によると「博覧会は、可能な限り最大数の国民を集めなくてはならず、そのためには観衆が会場を訪れる時間と費用を節減することが肝要である」とした(21)。この文言からも、主催者がより多くのフランス国民を集めることを明確に意識し、その利便性を重視したことがうかがえる。なお、プルーストの報告書では「革命」については触れられず、全ての生産分野における一〇〇年祭として万国博を開催することが望ましいとされている。

〔…〕商務大臣閣下、貴殿は、今世紀を通じた人間精神の努力が全ての生産分野でいかなるものであったかを提示することが望ましく、また一八八九年万国博には、全ての分野において一〇〇年祭の万国博であるという特徴を付与することが有効であろうことをお認めになりました(22)。

しかし、パリ万国博の開催が正式に決定したのは、この検討委員会の報告から一年四か月後であり、この計画が上院および下院の審議を経て正式に認可された翌一八八六年七月六日であった(23)。というのも、この認可にいたるまで、主に王党派の議員から強い反発があったからである。八六年四月三日の下院での審議では、商務大臣が八九年パリ万国博の開催の法案を提出すると、王党派からの激しい揶揄があった(24)。その内容は、ピカールによって次のように記録されている。

議論では、右派の多くの議員、とりわけルロー＝デュガージュ氏が、政府および委員会の提案を激しく攻撃した。彼らの主たる批判は、以下の点に基づいている。国外および国内の商業の発展に万国博の効果が低いこと、パリの一部の商業界に人為的で一時的な利益を得させるために、地方の納税者に過度の負担が課せられること、一八八九年万国博への諸外国の参加が不確かなこと、政府による検討および釈明が不十分なこと、国家の出費が誇張されていること、審査委員会での選抜方法に現実的な根拠がないこと、商務大臣の裁量が過度に認められていること、である(25)。

このように王党派は、万国博の経済効果や諸外国の参加を懸念し、一八八九年パリ万国博の開催に反対した。しかし下院では、共和派が優勢であり、開催を問う議案は三四五対一二八で可決した。さらに翌七月の上院においても三四五対一二八で可決し、八九年パリ万国博の開催が正式に決定した。

さて、正式の認可を受け、同年七月二八日に一八八九年パリ万国博の組織委員長および三役が任命された(26)。この時、商務大臣であったエドゥアール・ロクロワ（一八四〇～一九一三）が組織委員長に任命され、土木局長にアドルフ・アルファン（一八一七～九一）、総務局長にジョルジュ・ベルジェ（一八三四～一九一〇）、財務局長にオギュスト・グリソン（一八三〇～一九一四）が就任した(27)。アルファンは、土木局監督長およびパリ市土木局長を務め、六七年パリ万国博では博覧会場の設営に携わった。ベルジェは、七八年パリ万国博において外国局長を務めた人物である。このようにして、先行する万国博の経験に基づいて準備を進めていったことがうかがえる。

こうして開催準備が本格化していったわけだが、本章の冒頭で述べたように、商務大臣が頻繁に変わり、パリ万国博全体の組織を一貫して統轄すべき組織委員長は十分に機能していなかった。また王党派の批判が的を射ていた点として、諸外国が「一八八九年」の持つ政治性に難色を示す事態が生じた。フランス外務省は、一八八七年三月に諸外国の政府にパリ万国博への参加を要請したが、イギリス、ベルギー、イタリア、ロシア、ドイツ等、多くの君主政国家が公式参加を拒否したのである。

こうした主要各国の不参加の表明は、フランスの政府のみならず、とりわけ経済界を憂慮させた。経済学者ルロワ＝ボリュ（一八四三～一九一六）は一八八七年四月に「一八八九年は国内規模、一八九〇年に万国博開催」を経済誌面で訴えることとなる。

もしフランスが適切な考えを抱くならば、祝祭を二つに分けることだろう。一つ目はもっぱら国内規模で一八八九年に開催する。ただし、この年をとりわけ讃える諸外国は、代表使節をわれわれの元に送ればよいだろう。二つ目は、一八九〇年という完全に中立的な年に万国博を開催することである。一年ではなく、二年にわたって祝祭を開くのである。混同されても何も得のないまったく異なる感情を分離すること、これこそが大いに推奨できる解決策のように思われる(28)。

このように産業博（国内規模）と万国博（国際規模）が注意深く分けられ、万国博は国際関係に支障をもたらすことのない「一八九〇年」に開催することが望ましいとする論が提起された。この他、同年七月には、同経済誌で「われわれは、いたるところからこの万国博を一年遅らせるという要望があがっていることを知っている」と明記されたように、八九年の開催は阻止すべきという意見が広がった(29)。

こうした内外の情勢を背景として、組織委員らは、できるだけ王党派や諸外国に対して無用な刺激をしないよう、穏健なかたちで準備を進めていく必要があった。総務局では、公式参加を辞退した諸国には、外務省を通じて産業・農業・芸術の各界の有力者と交渉し、さらに総務局では、参加国の財政的負担を軽減する措置（賃貸料・税金）を取り入れ、「非公式の参加」を奨励した。ここでいかなる協議が各国との間で実施されたのかは、さらなる検討が必要である。結果としてイギリスをはじめとする君主政国家は八九年パリ万国博への参加を公式には拒否したが、非公式による民間人の出展を妨げることはなく、全体として七八年パリ万国博と同規模の出品者数（六万一、七二二）を記録したのである(30)。

こうした諸外国の参加の可否をめぐる困難については、ピカールが編纂した総括報告書にもよく現れている。

いくつかの国は方針を定めており、わたしが強調したくはないが、何らかの影響を受けていた。ほぼ全ての君主国が、万国博と革命一〇〇年祭が合致していること、フランスがその政治的・社会的歴史において記憶すべき記念祭を祝うために祭典を企画するであろうという観点から、これを恐れたか、あるいは恐れたようである。

〔…〕確かに、われわれは一七八九年の記念祭を祝い、正当な誇りをもって実行することができた。というのも、フランスは、法の前での市民の平等、人間の自由、思想と労働の解放を宣言した最初の国であり、これら重大な原理の全ては、一言で言えば、文明国家の大部分の社会状態の基礎そのものを今日形成しているのであり、これを否定する文明国家はほとんどないだろうからである。また確かに、われわれは人民主権を祝った。この主権は、自らあるいは祖先によっていかに名誉を所持した人物であれ、いかなる人物の主権にも屈することはないのである。

とはいえ、全ての祝祭、全ての祭典は、ふさわしい威厳と謙虚さをとどめていたことにかわりはない。政治的性格を持つ祝祭や祭典は、万国博から注意深く切り離されたのである(31)。

このようにピカールは「一七八九年」を、人間の自由、平等、人民主権といった民主主義国家の基本原則の打ち出された年として位置づけている。ただし、ここで「政治的性格を持つ祝祭や祭典」は除外するといったように、組織委員らは、王党派や諸外国を刺激しない中立的方針をとったことがうかがえる。さて、この総括報告書の著者であるピカールはいかなる経歴を歩んだ人物なのであろうか。その人物像を明らかにした上で、総括報告書において彼がどのように「革命」を位置づけたのか、具体的に見ていくこととしよう。

第二節　アルフレッド＝モーリス・ピカール

ピカールの経歴

アルフレッド＝モーリス・ピカールについては、その死から二か月後に刊行された『月刊ラルース』（一九一三年五月号）に経歴の詳細が紹介された。冒頭は次のように記載されている。

ピカール（アルフレッド＝モーリス）、フランスの技術者および行政官、科学アカデミー会員、副議長、一八四四年一二月二一日ストラスブール生まれ。一九一三年三月八日にパリで死去した。これにより、この時代のもっとも理性的な有識者の一人を失った。アルフレッド・ピカールは、彼の活動をもっとも多岐にわたる行政の分野に応用し、全ての分野に真に卓越した能力と明晰な知性を発揮した。その上、彼はもっとも輝かしい行政の経歴を持ち、国会が決定した国葬にいたるまで、いかなる公的名誉も不足なく称揚された(32)。

アルフレッド・ピカールは、先述したように一九〇〇年パリ万国博の組織委員長に抜擢され、一八八九年一〇月二九日のレジオン・ドヌールのグラン・オフィシエ受勲に続いて、一九〇〇年四月一二日に、レジオン・ドヌールで最高位となるグラン・クロワを受勲した(33)。一九一三年三月八日にパリで死去した際には、フランス政府はこの「国家の偉大な奉仕者」の死を国葬で弔うことを決定した。

この『月刊ラルース』と『アルフレッド・ピカールの業績に関する概要』（一九〇一年）を参照すると、六八年間におよぶピカールの生涯は、主に次の二つの顔によって特徴づけられる(34)。第一は技師としての顔である。ピカールは、一八六七年に理工科学校および土木学校を卒業し、技師として主に運河建設および鉄道敷設で目覚ましい業績を残した。第二は行政官としての顔である。一八八〇年初めに土木大臣アンリ・ヴァロワ（一八二六〜八三）のもとで、陸路・海路・鉱山のそれぞれの分野で指導的立場に就任することとなる。一八八二年にはコンセイユ・デタに入り、一九一二年にはアルマン・ファリエール（一八四一〜一九三一）大統領のもとで、国務顧問会議（コンセイユ・デタ）の副議長を務めるまで出世した。

このようにピカールは、技師から行政官として立身出世し、一九〇〇年パリ万国博では組織委員長としてフランス全土で名が知られることになるが、その契機となったのが、一八八九年パリ万国博であった。八九年にいたるまでのピカールの経歴をもう少し詳しく見ていくこととしよう。

技師から行政官へ

アルフレッド＝モーリス・ピカールは、フランス北東部アルザス・ロレーヌ地方の出身である(35)。一八四四年一二月二一日にバ＝ラン県の都市ストラスブールで生まれた。父親は、通信監督官であり、家族はもともとこのロレーヌ地方の出身であった。

アルフレッドは、通信監督官であった父のように、技師としての道を歩むこととなる。父親の転勤により、ストラスブール、コルマール、エピナルに移り住み、ここで初等・中等教育を受けた。一八六二年にナンシーでの準備課程を経て、同年に理工科学校に入学した。

七月王政期に生まれ、第二共和政、第二帝政、第三共和政と、まさにフランスが革命以降に王党派と共和派の間で揺れ動く中、ロレーヌ地方は「最初の共和主義の拠点」であった(36)。この土地からは、多くの共和主義者の政治家が誕生することになるが、ここでピカールも同様に共和主義の思想を育んでいったようである。

一八六七年に土木学校を卒業すると、ピカールは技師として最初にエジプトに派遣された。任務はスエズ運河の建設であった(37)。ピカールが携わったのは六七年から六八年までの短期であったが、スエズ運河建設の報告書を写真とともにまとめている。

翌一八六八年にフランスに戻り、次にメスに派遣された。以降、ピカールは、出身地のアルザスおよびロレーヌで、技師としての経験を積んでいった。ここでピカールは共和派の政治家たちと出会ったようである(38)。その後は、ラ・サールのデ・ウイエール運河、ディウーズのサリーヌ運河の建設に携わるが、普仏戦争が勃発すると、工兵として、フランス兵をフォルバックの戦いに輸送するため、ラ・サールでの架橋、メスの戦いでは防壁建設に参加した。

以上の経歴を経て、一八八〇年一月に、土木大臣ヴァロワのもとで、ピカールは技術長に任命された。八〇年一〇月には、技術長兼大臣秘書となる。八一年一一月には陸路・海路・鉱山局長、八二年には鉄道局長、八六年に土木・鉱山・鉄道局長、八七年に土木局総監となる。このような経歴を歩みながら、ピカールは主に鉄道に関する技術書を数冊著している。主著としては『フランスの鉄道』（全六巻、一八八三～八四年）、『鉄道概論』（全四巻、一八八七年）、『水理学概論』（全四巻、一八九〇～九四年）が挙げられる(39)。

一八八九年パリ万国博では、ピカールは鉄道機材・機械・電気といった部門の設置に関わる委員会の議長を務めた(40)。また同部門の審査委員長も務めている。さらに、輸送機関（陸送、河川航行、海洋航海、鉄道輸送、軽航空機）の回顧展を企画した。この回顧展では、約一、〇〇〇の物品、模型、デッサンなどが展示され、とりわけ目玉になったのはイギリスのジョージ・スチーブンソンの初期の機関車、フランスのマルク・スガンによる煙管ボイラーの最初の模型、気球など軽航空機であった。以上のように、ピカールは、フランスの工業化を先導した鉄道分野など機械部門の展示を統轄し、フランスを代表する技師の一人として評価を受けていたと言えるであろう。

さらにピカールは、審査報告書の編纂者に任命され、出品部門ごとの報告書『国際審査委員会報告書』（全一九巻）をまとめた。またそればかりでなく、自ら全一〇巻におよぶ『総括報告書』を執筆したのである。この報告書は、フランス商業省による公式の報告書として刊行された。ピカールはこの他に『一八八九年万国博のモノグラフ』（全二巻、一八九五年）も編纂している。これは土木局長を務めたアルファンの死後にピカールが編集を引き継いで出版したものであった。すなわち、八九年パリ万国博に関わる公式報告書は各種あるが、基本的に全てピカールによって執筆・編纂されたのである。

第三節　総括報告書に「革命」はいかに位置づけられたか

ピカールの一八八九年パリ万国博への寄与として特筆すべきは、やはり彼による『総括報告書』の執筆であろう。この『総括報告書』は全一〇巻にわたり、全一八部で構成される。その構成を見ていくと、第一巻においてそれまでの産業博や万国博の歴史が、一七九八年から一八八九年にいたるまで詳細にたどり直されている。第二巻では、八九年パリ万国博の準備過程について、第三巻では、会場設営や観客数についての概要および経理面の概要、第四巻から第八巻では展示品についての詳述がなされ、第九巻で要約と結論が示されている。第一〇巻には各種資料が収められている。各巻が三〇〇ページから場合によっては六〇〇ページにもおよぶ大部の報告書である。こうした多岐にわたる情報が盛り込まれた総括報告書に向けたピカール自身の意図は次のように記されている。

筆者は、一九世紀末における人間の持つ知識の状態に焦点を当てるという大きな特性を持った百科事典の一種として、報告書を作成することに努めた。一貫して、精密性および正確性に配慮した(41)。

さて、この「精密性および正確性に配慮」された報告書において、一八八九年パリ万国博の特徴はどのようにまとめられたのであろうか。

万国博および百周年の祝祭

まずこの総括報告書において「革命」はどのように位置づけられ、実際にいかなる催しが行われたのであろうか。すでに見たように、国内での王党派からの反発のみならず、イギリスをはじめとする君主政国家が「革命」の記念に合致する一八八九年パリ万国博への出席を拒否した。これによって、組織委員は「革命」をどのように位置づけるか、慎重な対応を迫られることとなった。ピカールもまた、この総括報告書において「革命」や共和政の政治的な意義は強調していない。基本的にこの報告書は、八九年パリ万国博にいたるまでのフランス産業の成果を詳述することにほとんどのページが割かれている。第一巻全体、および最終巻の結論においてフランス革命から八九年にいたるフランスの歴史をたどる際にも、もちろん後に触れる「進歩」の立場から描かれているがゆえに第三共和政をその先端に位置づけることはあるにせよ、できるだけ党派性を出さない態度で記述することを心がけているように見られる。

とはいえ、いくつかの革命の記念に関わる記述も見られる。例えば、報告書の第三巻の第一一章は「万国博と百周年の祝祭」という項目が立てられている(42)。これによると、開催の直前となる八九年三月一六日に「祝祭局」が設立され、土木局長と兼任するかたちでアルファンが祝祭局長に就任した。これはブーランジェ将軍のベルギー逃亡（同年二月）を受け、ブーランジスムがいったん終息に向かったことにより、直ちに設置されたものと推測される。会期中の祝祭および式典は、次のとおり日程が組まれた。

万博に関する主な祝祭・式典の一覧表(43)

五月五日　一七八九年の全国三部会招集の記念祭（ヴェルサイユ）
五月六日　共和国大統領主催の万博の開会式
六月一日　展示会場の落成祝い
七月四日　自由の女神像の落成式（アメリカからパリ市への寄贈）
七月一〇日　出品者主催の舞踏会
七月一二日　カミーユ・デムーラン像の落成式、パレ・ロワイヤルの祝祭
七月一三日　フランス音楽協会連盟主催の一七九〇年連盟祭一〇〇周年式典
七月一四日　国民の祭日
七月三〇日　ペルシャ国王のフランス訪問・歓待
八月二日　夜の祝宴
八月四日　軍楽隊の祝宴、一七八九年八月四日の封建制廃止の祝祭

八月五日　　競馬場の祝祭
八月六日　　オペラ座の特別公演
八月一八日　フランス市長の祝宴
九月一一・一二・一四日　オルメース（一八四七～一九〇三）作曲「勝利のオード」の公演
九月一五日　音楽国際コンクール
九月二一日　ナシオン広場におけるダル（一八三八～一九〇二）作「共和国の勝利」像の落成式
九月二九日　授賞式
一一月六日　閉会式

これらのうち注目すべきは、一七八九年と一七九二年に関わる日付を祝祭日として取り入れている点であろう。一七八九年については、全国三部会が招集された五月五日、バスティーユが奪取された七月一四日、封建制の廃止が宣言された八月四日が挙げられる。一方、一七九二年からは、共和政が宣言された九月二一日が選ばれている。もちろん、この他にも祝祭日の候補となった日付はあった(44)。例えば、第三身分の代議員によって「球技場の誓い」がなされた一七八九年六月二〇日も候補となったが、民衆がほとんど参加しなかったこと、またここで中心的役割を果たしたバイイらが一七九一年七月のシャン・ド・マルスの虐殺で革命を裏切ることになったがゆえに、これを間接的に賞讃することには懸念が示された。またサン＝キュロットと連盟兵がチュイルリー宮殿を襲撃し、議会が王権の停止を宣言した一七九二年八月一〇日についても、王党派との軋轢を避けたい穏健共和主義者によって敬遠された。なお、こうした共和主義者らの目論見については、総括報告書では一切触れられることはなく、実施された祝祭が羅列されるだけに留まっている。

また、前述の式典が設定されたとはいえ、政府も、組織委員も、これらを大々的に執り行おうとした形跡は見られない。政府はこれらの日付の中でもっとも異論のない「五月五日」と「八月四日」を強調し、他の日付については控えめな態度を示した(45)。ピカールの総括報告書においてもその概況を示すのみで、その意義が強調されることはない。ここには、可能な限り王党派および君主政国家を刺激することなく、慎重に選択した「革命」の日付を祝祭化することで、フランス国民の連帯をはかろうとした政府および組織委員の意図が現れていると言えよう。

革命を起点とした一〇〇年回顧展

「革命」との関連で一八八九年パリ万国博の、総括報告書から読み取れるもう一つの特徴は、テーマ別の「回顧展」が実施されたことであろう。ここでは、一七八九年を起点に、フランスが一〇〇年間でいかなる成果を獲得したか、その「進歩」を提示することに焦点が当てられた。

具体的に万国博で設置された主要なテーマ別の展示としては、「住環境の歴史回顧展」「トロカデロ広場芸術展覧会」「美術一〇年回顧展」「美術一〇〇年回顧展」「教育史展」「労働と人類学回顧展」などが挙げられる。ピカール自身も、輸送機関（陸送、河川航行、海洋航海、鉄道輸送、軽航空機）の回顧展の実施に主要な役割を果たしたことはすでに述べたとおりである。

総括報告書の最終巻は「要約」と「結論」に分かれているが、そのうち二〇〇ページにわたる「要約部」は「世紀の進歩」と題されている。ピカールは、このようにして一八八九年パリ万国博を、「革命」を起点とした一〇〇年におよぶフランスの産業、技術、芸術、社会の様々な面での「進歩」の頂点を示すものとしてまとめあげた。

〔…〕すでにわれわれは、全ての産業において、他の人々より優位に立ち、再び勝利したのである。一八八九年の万国博はそれを明らかにすることを可能としたのである(46)。

これまで見てきたように、ピカールは、一八八九年パリ万国博をことさらに「革命」の記憶と結びつけてその政治的な意義を強調することはしていない。しかし、上記のように産業面においてフランスが「優位」に立ったという時に、革命以降の一〇〇年間にフランスが成し遂げた「進歩」を強調することは確かである。それがどのような意味を持つのか、もう少し確認しよう。

実は、総括報告書は、第一巻冒頭も、最終巻の「結論」の冒頭でも、一七九八年に内相ニコラ・フランソワ・ド・ヌシャト（一七五〇〜一八二八）が主導した産業博をまず取り上げている。これは、フランスで開催された最初の産業博であり、第一共和政が成し遂げた博覧会であった。ピカールは、これに触れたあと、一九世紀のフランスがたどった歩みを、帝政期や王政復古期を省くことなく、たどり直している。こうした姿勢は、もちろん共和派以外の立場への配慮の現れと解釈することも可能であるが、そこにはもう一つの意図が現れている。それを示すのが、もっとも末尾に置かれた次のような主張である。

偉大な人民の意志の表出たる近代国家は、生と力に満たされた幾多の政治闘争をくぐり抜けてきた。旗ないし王旗の色が何であれ、いかなる結社も、今日もはやそれを凌ごうとは望むまい。大革命に基づく社会形態は、その本質的な特徴を保ったまま、さらに長い間持続するよう求められているように思われる。

しかし、明日がどうなるか誰が分かろうか！　風がどこから吹き、船がどの岸に寄せられるか誰が予見できようか！　何が起ころうとも、われわれが一世紀にわたり生きているこの体制は、世界史の中でももっとも美しいページの一つをなすであろう。それは、高貴な意味における平等を実現し、われわれの正義への衝動を満たしたからである。力強く、人類の飛躍へと貢献したからである。また人類の発展に力強く貢献した。幾多の試練を経て、われわれの国家は〔その体制に〕栄誉と富を負っているのである(47)。

注目すべきは、前段に見られるように、「大革命に基づく社会形態」の優位が今後も揺らぐことはないという確信でも、後段冒頭に見られる、そのような保証が確約されえないことへの不安でもあるまい。むしろ重視すべきは、「われわれが一世紀にわたり生きているこの体制」という表現ではないだろうか。というのも、このように述べることで、その間にあった「幾多の政治闘争」は、決して体制を揺るがす転機とは捉えられず、継続的に進歩する「近代国家」の一ページをなすものとして肯定的に位置づけられるからである。現在から一世紀前を「紀元」として「回顧」することによって、フランソワ・ド・ヌシャトが始めた産業博から一八八九年パリ万国博にいたるまで、一貫した一つの「進歩」の道で繋がっていたというわけである。

一八八九年パリ万国博を革命一〇〇周年の記念として執り行うことをできるだけ非党派的に正当化する際に、ピカールが取り入れたのは、このような意味での「世紀の進歩」という考え方であっただろう。

一八八九年パリ万国博が目指したもの

ピカールは、「一八八九年」にパリ万国博を開催した意義を、次のように端的に述べている(48)。

この年〔一八八九年〕は、過去の万国博が開催された一一年から一二年の周期によってであるが、何よりフランスの歴史だけでなく、人類の歴史にとって記念すべき年の一〇〇周年にあたることによってでもある。労働の解放は、革命における最良の獲得物の一つであり、商業と産業の盛大な祝祭を催すことなしに一七八九年の記念祭をしかるべく祝うことはできなかったのである(49)。

これは、一八八四年の時点において商業大臣ルヴィエが主張したフランスの「愛国心」や「国民感情」の紀元として「一七八九年」を位置づけたものとは異なる。ピカールは「労働の解放」に「革命」の意義を認め、「商業と産業の祝祭」として「一七八九年の記念祭」、一八八九年パリ万国博を位置づけたのである。実際、ピカールは別のページにおいても「社団と職業の規制はもう存在しないことにより、労働と〔商業〕競争における無制限の自由が宣言された」ことを強調している(50)。

本章で見てきたように、一八八〇年を起点として、一八八九年は「革命」から一〇〇周年として、フランス第三共和政期に人々の特別な関心を集めた。革命を継承する政権として、共和派によって共和政権の安定が目指されたが、このような試みは容易ではなかった。「革命」の記憶・記念に対しては、王党派や君主政国家からの反発があり、万国博の開催自体にも激しい批判が寄せられた。他のパリ万国博の事例と異なり、責任者となる組織委員長が複数交替した八九年パリ万国博では、組織委員らがこうした状況を打開すべく奮闘し万国博を開催に導いた。その際に、これらの活動を総括報告書にまとめたピカールこそが、そうした政治的論争化を避けるかたちで、「記念」のあり方を文書で示したと言うこともできるだろう。それは、中立的、穏当といった言葉によって説明できるかもしれないが、内実を見るとそこにあった論理は極めて興味深い。一八八九年に「革命」は、労働の解放として意義付けられ、政治的な左右を問わない「商業と産業」の祭典として、フランスが革命以来の「世紀の進歩」を確認するものとして祝われたのである。

（寺本敬子）

結論

シャルティエが「革命が啓蒙を生んだ」という「逆説」を提唱してからすでに四半世紀以上が過ぎた(1)。シャルティエの主張は、モルネの著書『フランス革命の知的起源』(2)を念頭に、啓蒙に革命の起源を求めること、あるいは、革命という結果に繋がるものとしてのみ啓蒙を理解することへの批判だった。シャルティエの批判自体は正当なものである。一八世紀に展開された多様な思想潮流のうち、革命を準備したかに見える思想だけに焦点を当て、それらに「啓蒙」という名称を与え、啓蒙と革命との関係を論じるという姿勢が、一八世紀の思想世界の理解としても、革命理解としても歪みをもたらすことは明らかだろう。革命との「関連」の度合いによって一八世紀思想を分類・評価することは、一八世紀思想の過度な単純化を招きかねない。また、革命というできごとを、それ以前に展開された思想運動の必然的な結果と見ることも誤りである。

しかし、「革命が啓蒙を生んだ」という逆説を、あまりに字義通りに受け取り、もしも革命が勃発することなく、したがって、人々がその「知的起源」の探求などしなければ、「啓蒙」は存在しなかったと考えることにも問題がある。フランスでは「新哲学」、「当世風の哲学」といった呼称が一般的だったが、既存の体制やイデオロギーを批判し、社会制度、場合によっては統治体制の変革を求める思想潮流が確実に存在し、一八世紀半ば以降に強まっていったことは間違いない。もちろん、そうした思想潮流が革命を引き起こしたと言いたいわけではない。また、既存の体制に対して批判的な議論が存在するのは一八世紀に限った現象ではない。とはいえ、『百科全書』という壮大な企画の成功や、「新哲学」を批判する人々の危惧が示すように、一八世紀の知識人たちは、改革を求める思想の動きが、組織化という面でも、社会への浸透度という面でも、それまでにない段階に達していると判断していた。この判断は的外れなものではなかっただろう。さらに重要な点は、こうした風潮に危機感を覚える人々もひたすら現状維持を訴えていたわけではないという点だ。彼らにとっては正統なものであるはずの体制が危機に瀕しているという認識は、秩序の再建、伝統的価値の回復のために何らかの刷新が必要であるという見解に結びつく。本書を一読された読者にはあらためて指摘する必要もないだろうが、何らかの改革が必要だとする判断を支えていたのは、復古的な価値観、あるいは君主政再建への熱意である場合もあったし、さらには「新哲学」への反発である場合さえあったのである。つまり、そこで提示された社会構想は、アンシァン・レジームに対する「オルタナティヴ」の模索ではあっても、それら全てが絶対王政批判に集約されるものではない。モプー（一七一四～九二）による改革が顕著な例だが、中央集権化を進めることで絶対王政の強化を図るというオルタナティヴも構想されたのである(3)。

しかし、このように述べるだけでは、一八世紀には百花繚乱とも言うべき様々な思想が登場したという、それ自体では意味のない事実の確認に終わってしまう。一七八九年に革命が起きたことは厳然たる事実であり、その数十年前から、アンシァン・レジームに対するオルタナティヴを模索する動きが強まっていたことも事実であるとすれば、両者の関係を意識しないことは難しい。もちろん、そこに単純な因果関係を想定することが妥当性を欠くことは、この問題を考える上での共通認識である。一八世紀に提出された多様な社会構想は革命の起源あるいは原因ではない。しかし、革命を可能にした要因の一つであったことまでは否定できない。問題は、「可能にした」という表現が何を示すかである。

「可能にした」とは、特定の個人なり、集団なりが抱いた社会構想が実現したという意味ではない。それぞれの社会構想から見れば、革命にはそこからはみ出る、時には真っ向から対立する要素が多すぎる。そもそも、絶対王政の強化を目的とした社会構想と、絶対王政を専制と重ね合わせ、その抜本的な改革を目指す社会構想とでは、求める方向性が逆だったのであり、そのいずれもが革命のうちに、部分的であれ、自分らの社会構想の実現を見出すはずはない。しかし、革命が生じた後の目まぐるしい展開、つまり、次々と生じる新しい事態に対する革命家たちの適応力の高さは、彼らが様々な社会構想に学び、一定の知的、精神的訓練を受けていたことを示している。言うまでもないが、全てが予想の範囲内であったはずはない。それどころか、予期せぬ事態に狼狽しながら、彼らは自らの見解を練り直す必要に絶えず迫られることになった。その苦闘のあとは本書においても分析されている通りである。しかし、絶対王政から国民主権を原則とした政治体制への変革、それに伴う「国民」概念の形成、概念形成とともに求められる「国民」の育成、そのために必要な教育改革、共和主義を支える道徳的資質としての徳、とりわけ愛国心の涵養、自由を基盤とした経済の再生。こういった課題に対して、試行錯誤を重ね、もちろん失敗や挫折を経験しながらとはいえ、曲がりなりにも対応していったという事実は、革命を生きた人々が、何の準備もないままに、未知の状況に常に場当たり的に対処していたわけではなかったことを示している。フランス社会が急速に「政治化」したのが一七八七年の名士会以降であることは事実だろうが(4)、この「政治化」の時期に展開された議論には、それが絶対王政を批判するものであれ、その強化を求めるものであれ、長年にわたる蓄積があったのである。

もう一つ、「可能にした」という表現が意図するのは、現状の政治体制や社会制度は変革可能だとする意識の醸成である。thinkable、フランス語では pensable という言葉がある。それまで思いもよらなかったこと、想像の範囲の外にあったものが、考察の対象として視野に入るようになる状態を指す。この言葉がフランス革命との関連で用いられた有名な例はキース・マイケル・ベイカーの著作だろう(5)。こうした意識を醸成する上で、何が重要な要因となるかについては議論の余地はあるが(6)、アンシァン・レジームに向ける批判的な眼差しの広がりが、変革への漠然とした願望を高め、やがては変革は不可能ではないという期待を生み出す推進力となったのは確かだと思われる。漠然とした願望から現実味を帯びた期待への急激な変化が生じたのは革命前夜であるにしても、現状には改革すべき点があるとする意識が形成されるまでには、やはり長い蓄積があったのである。革命直前に全国で作成された陳情書は現実から遊離した夢想を語っているわけではなく、実現可能性を見据えた要望であった。そして、そこに盛り込まれた内容を、人々は一七八九年になって突然思いついたわけではない。

革命という激動の中、人々が予想外の展開に翻弄されながら、即断即決を迫られたことを否定するのではないが、革命には、それまでに蓄積された議論、練り上げられた多様な社会構想が試される場という側面もあったはずだ。試練の結果、得たものが一定の成功であるのか、無残な失敗であるのかはそれぞれの社会構想の内容による。しかし、意図した方向とは異なるかたちで構想の一部が利用されることもあり、成功と失敗を簡単に切り分けることはできない。いずれにせよ、一八世紀に抱かれた様々な社会構想は、その全てではないにせよ、実際にどの程度適用可能かどうかを試されるという「幸運」に恵まれたといってよい。そして、目の前の現実に対応し、修正を施されつつ勝利する、本来の目的から大きく逸れながらも生き残る、あるいは葬り去られるなど、多様な運命をたどることになるが、重要なのは、それぞれの構想にどのような結末が待っているのか予想することは不可能だったことである。アンシァン・レジームに対してオルタナティヴが提示され続けたように、革命の最中にもオルタナティヴは常に存在したのであり、最終的に生じた結果だけが、唯一合理性を持つもの、あるいはもっとも優れたものであったわけではない。その意味で、革命がどのような社会を目指すべきかについては人それぞれに何らかの展望があったにせよ、実際にどのような社会が到来するかを言い当てることはできなかったはずである。

革命は唯一ありうべき社会、最善の社会を生み出したわけではない。そのため、革命を経て成立した社会を生きた人々の間で、革命への評価が異なるのは当然である。革命後の人々が抱く社会構想、彼らが目の前にしている社会へのオルタナティヴを、その意味で革命への評価と切り離して理解することは不可能だ。また、革命へのそれぞれの評価を基盤とする社会構想とはいっても、それらを「革命の継承」あるいは「革命の負の遺産の精算」のいずれかに分類することも単純に過ぎるだろう。革命への評価は全面的な肯定と否定だけではない以上、革命が生み出した社会へのオルタナティヴも論者によってニュアンスに富んだものとならざるをえない。

かつてフュレは「フランス革命は終わった」と書いた(7)。ここで彼は、フランス革命を現代フランスの起源、誕生の瞬間として位置づけ、研究者の政治的アイデンティティを革命解釈に投影することを批判したのだが、そこにはマルクス主義的な革命解釈に対する反論という側面があり、また、絶対王政とフランス革命の関係を理解する上で断絶よりも連続性に力点を置くべきとする彼自身の歴史解釈もあった。しかし、いずれにせよ、フュレが二〇世紀後半の人間に向けて放った「フランス革命は終わった」という呼びかけは、本書が対象としている一九世紀の人々には通じない(8)。彼らにとっては、フランス革命は時には栄光の記憶であり、時には現在の不幸の元凶であり、あるいは、さらなる改革への道標であり、現体制の正当化のための手段であり続けた。その意味では、革命後の世代が抱く社会構想と革命との関係は、アンシァン・レジーム期の社会構想と革命との関係よりはるかに直接的である。もちろん、直接的であることは単純であることを意味するわけではないが、少なくとも彼らが、現実に生じた革命という過去と、自らの社会構想を意図的に関連付けていたことは事実だろう。

本書では革命をはさんで一〇〇年以上にわたる時間の流れの中で、個人に焦点を当てながらそれぞれの社会構想を分析してきた。その際に、アンシァン・レジーム期の社会構想を革命が実現した社会との距離によって測ること、また革命後の社会構想をもっぱら革命との連続性という面から評価することを避けてきたつもりである。革命前の社会構想も、革命後の社会構想も革命との関係はもっと多様であり、その多様性を明確にするために、様々な背景を有し、異なる社会的、政治的立場にあった諸個人を取り上げることは有効な方法であったと信じたい。近代フランス史を考える上で、革命は強力な吸引力によって周囲のものを引き込む力を持つ中心点をなしている。一七八九年にそれまでの社会を激変させる大変革が生じたという事実を忘れて、アンシァン・レジームを分析すること、一九世紀フランスの特質を論じることは、事実上、不可能だといってよい。その意味では革命は常に近代フランス史を語る上での参照軸であり続けているのであり、われわれは革命の呪縛から逃れることは難しい。しかし、「現実に生じたこと」だけが「唯一可能だったこと」ではない点は繰り返し強調しておくべきだろう。いつの時代にもオルタナティヴを提示する人たちは存在する。そして実現されなかったオルタナティヴには価値がない、あるいは評価すべき要素がないわけではないのだ。何より提示された社会構想とその実現との関係は、これまでに述べたように複雑かつ多様であり、実現した、しなかった、あるいは部分的に実現したといった分類で整理できるものではない。それ以上に重要なのは、社会構想を提示するという行為そのものである。新たな社会構想とは、現状への批判的な眼差しと、過去の検討と、未来への展望とが生み出す産物である。結果としてそれが歴史の中で主流の位置を占めることがなかったとしても、それが重大な欠点であるとは限らない。歴史とは特定の方向に向かって必然的に進むものだと考える人間はもはやいないだろう。だとすれば、それぞれの社会構想が歴史の「発展」に寄与した、しなかったという判断を下すことはできないはずだ。また、実現したことにのみ価値があるとする見方は、現状批判の契機を失わせることになりかねない。それぞれの社会構想は、その時代を生きた人々が自身が直面する様々な課題や悪弊、欠点と向き合い、その解決を模索した証である。そして、われわれが学ぶべきは、こうした模索の結果だけではなく、模索を重ねるという姿勢それ自体なのである。

（森 村 敏 己）

あとがき

本書は二〇一五〜二〇一七年度科学研究費助成事業（学術研究助成基金助成金）の助成を受けた共同研究「近代フランスにおける社会構想の複数性と「革命」――〈個人〉を起点として」（課題番号15K02950）の成果である。ただ、この研究テーマの着想は、もともとは編者である私の個人的な思いつきにある。フランス革命史の魅力の一つは、この歴史的事件に関わった人々の織りなすドラマにある。私が革命史に最初に関心を持ったのも、学部時代に読んだ井上幸治氏の『ロベスピエールとフランス革命』（誠文堂新光社、一九八一年）がきっかけである。それ以来、というわけでもないが、フランス革命を生きた個人を取り上げた、伝記とは異なる研究に挑戦したいという想いが頭の隅にずっとあったように思う。伝記とは異なる、個人に焦点を合わせた歴史研究。アプローチする視座は様々に考えられるはずだが、いずれにせよそれは、その〈個人〉を彼・彼女が生きた時代、社会の中に位置づけ、〈個人〉というミクロの中に、その時代全体、ないしそこと関わる社会の一面というマクロを読み取るようなものでなければならないだろう。

例えばフランスを見ると、管見の限りでもそうした研究は少なくない。近年になって日本でも、複数の論著作が世に出ている。山﨑耕一著『啓蒙運動とフランス革命――革命家バレールの誕生』（刀水書房、二〇〇七年）や遅塚忠躬著『フランス革命を生きた「テロリスト」ルカルパンティエの生涯』（ＮＨＫブックス、二〇一一年）などはその代表的なものと言えよう。こうした先行する優れた研究を念頭におきながら、二〇一四年春、パリで借りた小さな部屋で、日頃の雑事から離れて比較的自由に研究の構想を練る中で、徐々に本書のテーマの輪郭が見えてきた。ことの端緒はこのようなことであったと記憶している。

「今までにない研究を」と考える中で、まず時代範囲として革命期だけを対象にすることは避けたかった。序論で掲げたテーマについて十全に考えるには、やはり革命家たちが知的形成をした一八世紀啓蒙の時代を組み込みたかったし、同時に、革命後の一九世紀社会にも視野を広げたい。複数の個人を取り上げることが必須となるし、かつそれぞれの人物について深く掘り下げる必要もあった。当然、編者一人のささやかな能力ではこの研究は完遂しない。複数の研究者からなるチームを組むことはこの研究の性格上必然であった。革命史を専門とする山﨑耕一氏と平正人氏にご協力を願うと同時に、一八世紀思想史の専門家森村敏己氏、文化史の増田都希氏、社会史の松本礼子氏、美術史の田中佳氏に声をおかけし、さらに一九世紀についてはシャルル・フーリエの専門家福島知己氏、また万国博覧会の研究者寺本敬子氏にもチームに加わっていただくことになった。

二〇一五年度に共同研究がスタートして以降、徳島大学や上智大学などで研究会を複数回開催した。こうした共同研究にありがちな、単なる寄せ集めの論文集にすることだけは避けたいというのが私たちの共通認識でもあった。忌憚のない、密度の濃い意見交換のおかげもあって、私たちならではの研究上の貢献ができたと自負している。便宜上高橋が編者となってはいるが、本書は文字通り執筆者九人のスクラムの成果である。あらためて、研究チームのみなさんに心よりの感謝を申し上げたい。

また、編集者・中村文江さんに触れずにこのあとがきを閉じることはできない。縁あって刀水書房さんから出版させていただくことになり、私はある初夏の昼下がり、西神田のオフィスを訪れた。東方学会のビルの一室、小さいながら古雅な趣のある部屋で、中村さんはデジタル化が進む昨今の厳しい出版業界で、また荒涼たる砂漠化がいっそう進むかに見えるこの国において、良質な学術書を紙の本として出版することの意義を、上品な口調ながら、熱く語ってくださった。この時以来、どうしても刀水書房さんから出版したいという想いで作業を進めてきたが、編者としては初めて本の出版を目指す、右も左もわからない私に、文字通り逐一、懇切丁寧に様々なことを教えてくださった。折に触れて垣間見えるベテラン編集者としての矜持にも鼓舞されながら、なんとか編者として最低限の仕事は果たせたように思う。中村さんには深い感謝と敬意しかない。本当にありがとうございました。

二〇一九年一〇月

髙橋暁生

索　引

ア　行

『愛国者の演壇あるいは多数派の新聞』 *Tribune des Patriotes ou Journal de la Majorité* …… 143
アカデミー・フランセーズ　Académie française …… 19, 88, 89
アベ・テレ　Terray, Joseph Marie, abbé …… 90
アメリカ独立戦争　American War of Independence …… 21
アルザス　Alsace …… 229
アルファン　Alphand, Adolphe …… 225, 231, 233
アンクタン・ド・ボリュ　Anquetin de Beaulieu, François Noël …… 180〜182
アングロフォビア　anglophobie …… 21, 22, 28, 32, 33
アングロマニア　anglomanie …… 21, 28, 35
アンシァン・レジーム　Ancien Régime …… 6, 12, 13, 15, 21, 34〜36, 55, 65, 75, 138, 186, 191, 193, 194, 219, 242, 244〜246
アンリ４世　Henri IV …… 68, 81
イエズス会（会士）　Compagnie de Jésus / jésuites …… 13, 14, 24, 25, 167
委託する権力　pouvoir commettant …… 130
ヴァロワ　Varroy, Henri …… 229, 230
ヴァンサン・ド・グルネ　Vincent de Gournay, Jacques-Claude-Marie …… 35, 174
ヴィアン　Vien, Joseph-Marie …… 98, 99, 101, 105, 106, 108
『ヴィユ・コルドリエ』　Vieux Cordelier …… 140, 144
ウィルクス　Wilkes, John …… 31
ヴェルサイユ　Versailles …… 87, 93, 94, 126, 145, 160, 174, 233
ヴォルテール　Voltaire, François-Marie Arouet …… 19, 28, 35, 38, 46, 49, 51, 57
浦田一郎 …… 113
英仏通商条約（1786年）　Traité Eden-Rayneval, 1786 …… 168〜170, 172, 184, 185
エーヌ　Aisne …… 141
エルヴェシウス　Helvétius, Claude-Adrien …… 14, 45, 51
王室建造物局　Bâtiments du Roi …… 86, 87, 90, 91
王政／君主政　monarchie …… 4〜6, 26〜28, 31, 32, 34, 36, 87, 91, 92, 120, 121, 159, 160, 174, 176〜178, 182〜184, 187, 213, 225, 226, 232, 235, 238, 242
王党派　royaliste …… 143, 150, 216, 218, 219, 224〜227, 229, 232, 234, 235, 238
王立絵画彫刻アカデミー　Académie royale de peinture et de sculpture …… 86, 90, 94〜99, 101, 107, 109
オーストリア継承戦争　Guerre de succession d'Autriche …… 13, 87
オブリ　Aubry, Étienne …… 99
オラトリオ会　Société de l'oratoire …… 40, 45
オラール　Aulard, Alphonse …… 140, 144, 158, 159
オルメース　Holmès, Augusta …… 234
オルレアネ　Orléannais …… 114

カ 行

『街灯検事からパリ市民に告ぐ』 *Discours de la Lanterne aux Parisiens* …………… 142, 149, 152
革命政府 gouvernement révolutionnaire …………………………………………………………… 109
カトリック教会 église catholique ………………………………………………………… 45, 46, 52, 53, 58
『仮面をはぎ取られたジャン・ピエール・ブリソ』 *Jean Pierre Brissot démasqué* ……… 143
カラッシオリ Caraccioli, Louis-Antoine ……………………………………………………… 38～62
カラッチョロ Caracciolo, Domenico …………………………………………………………… 39
ガリアーニ Galiani, Ferdinando ………………………………………………………………… 39
カルノー Carnot, Sadi ……………………………………………………………………………… 217
ガンベッタ Gambetta, Léon ……………………………………………………………………… 219
飢餓の契約 pacte de famine ……………………………………………… 64, 65, 67, 68, 70, 73, 75, 83
ギュイーズ Guise ……………………………………………………………………………… 141, 142
教会財産国有化 nationalisation des biens du clergé ……………………………………… 58
教会十分の一税 dîme ecclésiastique ………………………………………………………… 130, 131
狂信 fanatisme /fanatique ……………………………………………………………………… 51, 52
共和政 gouvernement républicain ………… 4～6, 26, 36, 109, 113, 119, 140, 141, 145, 149, 158, 159, 162, 177, 182, 183, 187, 216, 217, 219, 222, 229, 232, 234, 236, 238
共和派 républicain ……………………………………… 216, 218, 219, 222, 224, 229, 230, 236, 238
拒否権 veto ………………………………………………… 133～136, 138, 160, 174, 175, 177, 184
ギヨムー Guilhaumou, Jacques ……………………………………………………………… 113
キリスト教 christianisme ……………………………………… 17, 24, 40, 45, 47, 54, 59, 60, 62
キリスト教護教論／護教論者 apologie /apologétique/apologiste ……… 38, 40, 41, 43～48, 61, 62
グリソン Grison, Auguste-Benjamin ……………………………………………………………… 225
グリム Grimm, Friedrich Melchior, baron von ……………………………………… 14, 38, 39
クール・ド・ジェブラン Court de Géblin, Antoine …………………………………… 192, 195
クルノ Cournot, Antoine Augustin ……………………………………………………………… 211
グルノーブル Grenoble ……………………………………………………………………… 67, 77, 192
グレヴィ Grévy, Jules …………………………………………………………………… 216～219, 221
警視総監 lieutenant général de police ………………………………………… 64, 68, 70, 72～75
啓蒙（啓蒙思想） Lumières …………………… 4～6, 38～41, 47, 53, 59, 61, 62, 86, 88, 115, 194, 241
啓蒙思想家／フィロゾーフ philosophe ……………………… 13, 38, 46, 53, 86, 88, 89, 108, 241
ケネー Quesnay, François ……………………………………………………………………… 88, 89
県議会議長 Président du département ………………………………………………… 168, 179, 180
県総代理官 Procureur général syndic du département ……………………………………… 180
憲法制定権力 pouvoir constituant …………………………………………………… 118, 129, 130
憲法制定国民議会 Assemblée nationale constituante ………91, 113, 126, 168, 170, 175, 177, 184, 185
憲法によって制定される権力 pouvoir constitué ……………………………………………… 118
公共善 bien public ……………………………………………………………………………… 17, 71
後見的権威 autorité tutélaire ……………………………………………………… 117, 118, 120
国王顧問会議 conseil du Roi ……………………………………………………………………… 91
国王命令 ordre du roi …………………………………………………………………………… 64, 74
国民議会 Assemblée nationale ………………………………… 131, 134, 137, 174, 175, 177, 182, 184
国民公会 Convention nationale …………………………………………………………… 177, 179～181

『国民の政治情況について』 *Sur la situation politique de la nation* …… 142
穀物取引自由化 liberté du commerce des grains et des farines …… 66, 72, 82
ゴフィエ Gauffier, Louis …… 103, 104, 107
コルベール Colbert, Jean-Baptiste …… 56, 86
コルマール Colmar …… 229
コワイエ Coyer, Gabriel-François, abbé …… 12～17, 19～24, 26～36, 61
コンディヤック Condillac, Étienne Bonnot de …… 45

サ 行

財務総監 Contrôleur général des finances …… 55, 64～66, 70, 75～78, 90
サリーヌ運河 canal des Saline …… 230
サルティーヌ Sartine, Antoine-Gabriel de …… 68, 69
サロン salon …… 88～90, 92, 94, 108
サロン展 salon (exposition) …… 99, 101, 103, 104, 106, 107, 109
サン＝シモン Saint-Simon, Henri …… 191, 194
サン＝マルタン Saint-Martin, Louis Claude …… 192, 195
シィエス Sieyès, Emmanuel-Joseph …… 111～138, 164
シーウェル・ジュニア Sewell, Jr., William H. …… 113
式部長官 grand maître des cérémonies …… 123, 124
七年戦争 Guerre de Sept Ans …… 19, 21, 26, 34, 46
自発的・市民的貢納金 tribut volontaire ou civique …… 127, 136
シャリエ Chalier, Marie Joseph …… 196
シャルトル Chartres …… 114
シャン＝ド＝マルス Champ-de-Mars …… 4, 142, 234
州議会 Assemblée provinciale …… 114, 168, 169, 184
州三部会 États provinciaux …… 114, 134
習俗 mœurs …… 15, 23, 24, 26, 29, 33, 34, 44, 46, 48, 50, 51
重農主義者 physiocrates …… 72, 83
『自由の国フランス』 *France libre* …… 142, 145, 152
受動的市民 citoyen passif …… 127～130
『首都の情況について』 *Sur la situation de la capitale* …… 143
奨励制作（奨励作品） travaux d'encouragement / œuvre d'encouragement …… 86, 101, 106～108
ショードン Chaudon, Louis-Mayeul …… 46, 47
ジョフラン夫人 Geoffrin, Marie-Thérèse Rodet …… 89
人権宣言（シィエス草案） Déclaration des droits de l'homme …… 128～130
人権宣言（1789 年 8 月 26 日） Déclaration des droits de l'homme et du citoyen …… 8, 129
新思想 idées nouvelles …… 40, 41, 43, 47～52, 58, 59, 89
人民協会 société populaire …… 182
『人民投票に関する問題について』 *Sur la question de l'appel au peuple* …… 144
『人民の友』 *L'Ami du peuple* …… 153
スエズ Suez …… 230
スタール夫人 Necker, Anne-Louise Germaine Necker, baronne de Staël-Holstein …… 193
ストラスブール Strasbourg …… 218, 228, 229
スミス Smith, Adam …… 133, 136

スュリ公　Sully, Maximilien de Béthume, duc de ……… 56
スュロ　Suleau, François Louis ……… 141, 143
聖職者市民化法　Constitution civile du clergé ……… 58, 60
絶対王政　monarchie absolue ……… 21, 27, 29, 30, 32～34, 69, 115,118,134, 242, 243
セナンクール　Senancour, Étienne Pivert de ……… 193
セーヌ＝アンフェリユール県　département de la Seine-Inférieure ……… 168, 179～181
全国三部会　États-Généraux ……… 38, 54～57, 112, 113, 115, 116, 118, 119, 122, 145, 167～169, 174
『全国三部会』　*Etats-Généraux* ……… 146
『全国三部会に提出された出版の自由に関する覚書』
Mémoire aux États généraux sur la leiberté de la presse ……… 153
祖国　patrie ……… 13, 26～28, 55, 57, 59, 60
祖国愛，愛国心　amour de la patrie / amour patriotique / patriotisme ……… 12, 13, 16, 21, 23, 26～30, 34, 46, 50, 57, 58, 86, 109, 178～180, 182, 185, 186, 243

タ　行

大恐怖　Grande Peur ……… 57
第三身分　tiers état ……… 28, 54～56, 59, 122, 123, 131, 211, 234
大法官　Chancelier ……… 77, 78
ダヴィッド　David, Jacques-Louis ……… 98, 101～104, 107, 109
ダミアン事件　Affaire Damiens ……… 34
ダランベール　D'Alembert, Jean Le Rond ……… 19, 88, 89
ダル　Dalou, Aimé-Jules ……… 234
ダンジヴィレ伯爵　D'Angiviller, Flahaut de La Billarderie, Charles-Claude, comte ……… 86～99, 101～110
ダンジヴィレ伯爵夫人 (マルシェ男爵夫人)
D'Angiviller, Laborde, Elisabeth-Josèphe de, comtesse (baronne de Marchais) ……… 88～92, 94
ダントン　Danton, Georges Jacques ……… 140, 144
地方長官　Intendant de province ……… 70, 74, 75, 165
中間団体　corps intermédiaire ……… 120, 121
陳情書　cahier de doléances ……… 170, 171, 173
ディウーズ　Dieuze ……… 230
ディドロ　Diderot, Denis ……… 88, 89
ディヨン　Dillon, Arthur ……… 144
『ディヨン将軍への手紙』　*Lettre au général Dillon* ……… 144
デ・ウイエール運河　canal des Houillères ……… 230
デカルト　Decartes, René ……… 44
デムーラン　Desmoulins, Camille ……… 140～162, 164, 233
デムーラン , ニコラ　Desmoulins, Jean Benoît Nicolas ……… 141
デュクロ　Duclos, Charles Pinot ……… 19, 88
デュプレシス　Duplessis, Lucile ……… 153
テュルゴ　Turgot, Anne Robert Jacques ……… 88～90
トゥレ　Thouret, Jacques Guillaume ……… 168, 176
徳　vertu ……… 16, 17, 19, 20, 23, 24, 26, 30, 86, 89, 93, 106～109, 179, 180, 185

読者　lecteurs …… 40～42, 46～49, 52, 53, 59, 61, 62
ドフォントネ　Defontenay, Pierre Nicolas …… 164～187
トマ　Thomas, Antoine-Léonard …… 88, 89
ドリニ　Dorigny, Marcel …… 113
ドルバック男爵　D'Holbach, Paul-Henri Thiry, baron …… 45
ドル゠ブレゼ　Dreux-Brézé, Henri Evrard de …… 123, 124
トレギエ　Tréguier …… 114
ドロ　Dorot, Joseph …… 211

ナ　行

ナポレオン，ナポレオン１世　Napoléon Bonaparte, Napoléon 1er …… 109, 168, 186, 193, 194, 203, 207, 208, 213
ナンシー　Nancy …… 229
ナント　Nantes …… 218
ネケール　Necker, Jacques …… 33, 55～57, 59
ネゴシアン　négociant …… 166～168, 185
能動的市民　citoyen actif …… 127～130, 136
ノルマンディ高等法院（ルアン高等法院）　Parlement de Normandie …… 64, 66, 67, 77, 165
ノルマンディ商業会議所　Chambre de commerce de Normandie …… 168, 169, 184

ハ　行

バイイ　Bailly, Jean Sylvain …… 123
パスキーノ　Pasquino, Pasquale …… 113
バスティッド　Bastid, Paul …… 113
バスティーユ　Bastille …… 3, 64, 67, 69, 73, 74, 82, 109, 126, 128, 132～134, 138, 148
バセ・ド・ラ・マレル　Basset de La Marelle, Louis …… 21
パタゴニア　Patagonie …… 14, 18, 25, 28, 36
バブーフ　Babeuf, François Noël …… 143
バランシュ　Ballanche, Pierre Simon …… 191, 194, 195, 201
パリ　Paris …… 13, 16, 65～68, 70～73, 88, 90, 93, 94, 97, 101, 106, 107, 109, 112～115, 122, 127～130, 216～226, 228～233, 235～238
パリ高等法院　Parlement de Paris …… 67, 70, 77, 115
パリ・コミューン　Commune de Paris …… 218
パリソ・ド・モントノワ　Pallisot de Montenoy, Charles …… 19
『パリの人びとの勝利』　*le Triomphe des Parisiens* …… 150
バレール　Barère, Bertrand …… 91, 124, 148
パレ゠ロワイヤル　Palais-Royal …… 142
ピエール　Pierre, Jean-Baptiste-Marie …… 106
ピカール　Picard, Alfred-Maurice …… 217, 224, 226～232, 235～238
ピカルディ　Picardie …… 141
美術館　musée …… 86, 109, 110
百科全書派　encyclopédistes …… 89
ビュフォン　Buffond, Georges-Louis Leclerc de …… 90
ビング　Bying, John …… 19

ファヴラ　Favras, Thomas de Mahy ……151, 152
ファーブル　Fabre, François-Xavier …… 102, 104～108
ファブル・ドリヴェ　Fabre d'Olivet, Antoine …… 191～193, 195
フィナンシエ　financier ……77
ブイヨン　Bouillon, Charles-Godefroy de La Tour d'Auvergne …… 13, 14
封印王状　lettre de cachet …… 22, 64, 73, 75
フォーサイス　Forsyth, Murray …… 113
ブザンソン　Besançon …… 26, 190
ブーランジスム　Boulangisme ……216, 233
フランシュ゠コンテ　Franche-Comté ……13
『フランス愛国者』　*Patriote français* …… 153
『フランスとブラバン州の革命』　*Révolutions de France et de Brabant* ……142, 151
フランソワ・ド・ヌシャト　François de Neufchâteau, Nicolas …… 164, 236, 237
フーリエ　Fourier, Charles …… 189～214
ブリソ　Brissot, Jacques Pierre …… 143, 153～155, 161
『ブリソ派の歴史あるいは革命の隠された歴史の抜粋』
Histoire des Brissotins ou Fragment de l'Histoire secrète de la Révolution ……144, 154
ブルゴーニュ公　Louis-Joseph Xavier, duc de Bourgogne …… 87, 88
プルースト　Proust, Antonin ……221, 223
ブルターニュ　Bretagne …… 114
ブルターニュ高等法院　Parlement de Bretagne ……24
ブルダン　Bredin, Jean-Denis …… 113
フレロン　Fréron, Louis-Marie Stanislas ……141, 143
フロン　Foulon, Joseph François …… 150
『文芸年鑑』　*L'Année Littéraire* ……38
ペイロン　Peyron, Jean-François-Pierre …… 98～101, 103, 106, 107, 109
ペララン　Pellarin, Charles …… 195, 196, 202
ベルジェ　Berger, Georges …… 225
ベルティエ　Bertier de Sauvigny, Louis Bénigne François de …… 150
ベルティエ，ギヨム゠フランソワ　Berthier, Guillaume-François …… 14, 36
ベロワ　Belloy, Pierre Laurand ……21
封土　fief ……132, 133
亡命貴族　émigré …… 91, 92
ホッブズ　Hobbes, Thomas …… 50, 52
ボナルド　Bonald, Louis de …… 191, 194, 195
ボム・レ・ダム　Baume-les-Dames ……13
ポリス　police …… 65, 66, 69, 71～78, 82
ホルカ　Holker, John ……166, 167
ボルドー　Bordeaux ……172, 204
ポンパドゥール侯爵夫人　Pompadeur, Poisson, Jeanne-Antoinette, marquise de ……88

マ　行

マク゠マオン　Mac-Mahon, Patrice de ……218, 219
マダム・ソフィ　Madame Sophie (Sophie Philippine Élisabeth de France) ……114, 115

マティエ　Mathiez, Albert ……………………………………………………… 140
マラ　Marat, Jean-Paul ………………………………………………………153, 154
マルブランシュ　Malebranche, Nicolas de ……………………………………… 44, 55
マルモンテル　Marmontel, Jean-François ………………………………… 88, 89, 102
ミノルカ　Minorque ……………………………………………………………19
ミラボー　Mirabeau, Honoré Gabriel Riqueti, comte de ……………… 123, 146, 147
『ミラボー伯爵から彼の選挙人への手紙』
Lettres du Comte de Mirabeau à ses commenttants ……………………146, 147
名士会　Assemblée des notables ……………………………………………91
命令的委任　mandat impératif ……………………………………………… 126
メス　Metz ……………………………………………………………………… 230
メストル　Maistre, Joseph de ……………………………………… 191, 194, 195
メナジョ　Ménageot, François-Guillaume ………………………… 103, 105, 106, 108
メルシエ　Mercier, Louis Sébastien ………………………………………… 153
物語画　peinture d'histoire ……………………………………… 86, 97, 99, 107～109
モプー　Maupeou, René-Nicolas-Charles-Augustin de ……………………… 242
モンターニュ派　Montagnard ………………………………………………183, 184
モンテスキュー　Montesquieu, Charles Louis de Secondat, Baron de la Brède et de …… 17, 26, 27, 35, 121

ヤ　行・ラ　行

世論　opinion publique ………………………… 31, 33, 55～57, 59, 175, 176, 184
ラヴェルディ　L'Averdy, Clement Charles François de ……………………64～67, 70
ラグルネ　Lagrenée, Louis Jean François ……………………………… 101, 103, 106
ラ・サール　La Sarre ………………………………………………………… 230
ラ・シャロテ　La Chalotais, Louis-René Caradeuc de ……………………………24
ラ・ブリュイエール　La Bruyère, Jean de……………………………………………35
リシュリュー　Richelieu, Armand Jean du Plessis……………………………………27
リュベルザック　Lubersac, Jean-Baptiste Joseph de ………………… 114, 115, 121, 132
リヨン　Lyon ………………………………………………………………… 196
ル・アーヴル　Le Havre ……………………………………………………… 165
ルアン　Rouen ……………………………… 165～173, 176～180, 182, 183, 185
ルアン会計・租税・財政法院　Cour des comptes, aides et finances de Rouen …………… 165
ルイ 14 世　Louis XIV ………………………………………………………… 68, 77
ルイ 15 世　Louis XV …………………………………………………… 67, 70, 108
ルイ 16 世（ベリ公）　Louis XVI (Louis-Auguste de France, duc de Berry) ………… 34, 70, 77, 81, 82, 86, 88, 90～93, 123, 149, 159～161,174, 177, 193
ルイ 18 世（プロヴァンス伯）
Louis XVIII (Louis Stanislas Xavier de France, comte de Provence) …………… 88, 91, 195, 205
『ルイ一六世の裁判について』　*Sur le jugement de Louis XVI* ……………………… 144
ルヴィエ　Rouvier, Maurice ……………………………………… 216, 221, 222, 238

ルーヴル宮　Palais du Louvre ………………………………… 3, 4, 86, 88, 91, 109

注

《略記一覧》

AN　：Archives nationales
BnF　：Bibliothèque nationale de France
AP　：*Archives parlementaires*
ADSM：Archives départementales de la Seine-Maritime
ADY　：Archives départementales des Yvelines
AMR　：Archives municipales de Rouen
BMR　：Bibliothèque municipale de Rouen

序　論

（1）コンコルド広場については，18 世紀半ばにルイ 15 世の騎馬像の建立とともに「ルイ 15 世広場」とされたことがこの広場の起源だが，右派にとっての象徴的な場となったのは，1934 年の第三共和政に対する右派連合のクーデタ事件の主要舞台になったり，1944 年パリ解放におけるド・ゴールらの行進，1968 年五月革命における学生運動に対抗するド・ゴール支持派の示威行動などいくつかの出来事によってである。1995 年にはシラクが，2007 年にはサルコジが大統領選勝利をこの広場で祝っている。これと対になるようにして，左派の象徴的な場となっているのが革命勃発の地バスティーユ広場であり，第三共和政初期に作られ，現在主要な社会運動の起点となっているレピュブリック広場である。

（2）例えば J=P. シュヴェヌマン，樋口陽一，三浦信孝『〈共和国〉はグローバル化を越えられるか』平凡社新書，2009 年。特に三浦による「I 共和国論の思想地図」は重要。

第一章

（1）Jean Lebreton-Savigny, *Les idées économiques de l'abbé Coyer,* Potier, Nicolas Renault, 1920, p. 103.

（2）商人貴族論争の研究史については以下の論文を参照のこと。森村敏己『アンシァン・レジームにおける貴族と商業 ― 商人貴族論争をめぐって ―』（一橋大学社会科学古典資料センター Study Series, no. 52），一橋大学社会科学古典資料センター，2004 年 3 月。同「商人貴族論の射程 ― 貴族は有用な市民か ―」『一橋社会

科学』1，2009年11月，1～20頁。また，そこで紹介した研究以外に重要なものとしては，Jay M. Smith, «Social Catalogue, the Language of Patriotism, and the Origins of the French Revolution: The Debate over noblesse commerçante», *The Journal of Modern History*, 72(2), June 2000, p. 339-374; Peter R. Cambell, «The Language of Patriotism in France, 1750-1770», *e-France: An online Journal of French Studies,* 1, 2007, p. 1-43.

（3）教育論という観点からの研究としては，Leonard Adams, *Coyer and the Enlightenment (Studies on Voltaire and the Eighteenth-Century,* 123), Oxford, The Voltaire Foundation, 1974, chpter IV. 同業組合批判を取り上げたものには，Lebreton-Savigny, *op. cit.*, deuxième partie. 祖国愛研究としては注（2）で挙げたSmithとCambell以外にも，Edmond Dziembowski, *Un nouveau patriotisme français, 1750-1770: la France face à la puissance anglaise à l'époque de la guerre de Sept Ans (Studies on Voltaire and the Eighteenth-Century,* 365), Oxford, The Voltaire Foundation, 1998, chapitre 7. などがある。

（4）コワイエに関する伝記的な記述は特に断りのない限り，Adams, *op. cit.*, chapter II による。

（5）アベ abbé という単語は翻訳するのが難しいものの1つである。修道院長という意味もあるが，コワイエはそうではない。修道院に付属する聖職禄を受け取るだけで，聖職に関わる職務を行う義務のないアベが当時は数多くいたが，コワイエはその1人である。アベの説明については，Gérard Michaux, «abbé, abbesses», Lucien Bély, éd., *Dictionnaire de l'Ancien Régime,* Paris, PUF, 1996, p. 6-7.

（6）この作品はその後に発表された作品を追加収録しながら，翌年までに5つの版が出版され，1758年，59年，69年にも版を重ねている。本章では4つの作品を追加して1755年に出版された第2版，*Bagatelles morales et dissertations,* Nouvelle éditon, Londres & Francfort, Knoch & Eslinger, 1755. を用いる。これに収録された作品を参照する場合には，初出時のみ作品名に続けて，*Bagatelles morales et dissertations* と記した上で該当するページを示すが，それ以降は *Bagatelles morales et dissertations* という文言は省略する。

（7）ただし，ディドロ（Denis Diderot, 1713-84）はガリアーニ（Ferdinando Galiani, 1727-89）への手紙で，コワイエは政府の政策を支援する作品を書いたことへの報酬として，財務総監ラヴェルディ（Clément Charles François de L'Averdy, 1724-93）から2000リーヴルの年金を得ていると語っている。ディドロは根拠を示しているわけではないが，ディドロ全集の編者アセザは『商人貴族論』と『シャンキ』を指しているのだろうとと推定している。Denis Diderot, *Œuvres complétes,* Jules Assézat et Maurice Tourneux, éd., Paris, Garnier, t. VI, 1875, p. 294. 実際，『商人貴族論』が当時の通商監督官ヴァンサン・ド・グルネの示唆によって書かれたことを指摘する研究は多い。*Traité sur le commerce de Josiah Child et remarques inédites de Vincent de Gournay,* Takumi Tsuda, éd., Kinokuniya, 1983, p. 460, 484; Simone Meysonnier, *La*

balance et l'horloge : la genèse de la pensée libérale en France au XVIIIe *siècle,* Paris, Les Editions de la Passion, 1989, p. 265; Henry C. Clark, *Compass of Society : Commerce and Absolutism in Old Regime France,* Lanham, Lexington Books, 2007, p. 129-130; John Shovlin, *The Political Economy of Virtue : Luxury, Patriotism, and the Origins of the French Revolution,* Ithaca and London, Cornell U. P., 2006, p. 59; Smith, *loc.cit.* また同業組合を痛烈に批判した小説『シャンキ』についても，『文芸年鑑』の筆者フレロンは，1758 年に出版されたクリコ＝ブレルヴァシュ（Simon Clicquo-Blervache, 1723-96）の *Mémoire sur les corps de métiers ou considération sur le commerce.* の剽窃だと非難しているが，津田内匠によればこの作品の実質上の著者もヴァンサン・ド・グルネであった。Lebreton-Savigny, *op. cit.*, p. 66. 津田内匠「自由貿易と保護主義の相克 ―18 世紀フランスのイーデン条約をめぐって―」杉山忠平編『自由貿易と保護主義』法政大学出版局，1985 年，27 ～ 58 頁。『シャンキ』が発表された時にはグルネはすでに世を去っていたが，コワイエがグルネに近い人物であり，貴族の商業への参入を規制する特権喪失法や，同業組合規制を批判し，経済の自由化政策を進めようとする政策に加担していたことは間違いない。

（8）*Correspondance littéraire,* 15 février, 1756. もっともグリムはコワイエの作品全てを酷評しており，彼を個人的に嫌っていた。グリムの批評が当時の一般的なコワイエ評価を反映しているとは思えない。劇作家パリソがフィロゾーフたちを誹謗中傷する演劇『フィロゾーフたち』を上演した際，コワイエが匿名で発表したパリソ批判を，著者がコワイエであると知らずにうっかり賞讃してしまったグリムは，あとになって苦しい言い訳をすることになる。この点を含め，当時のコワイエとフィロゾーフとの関係については Adams, *op. cit.*, chapter V.

（9）この全集は彼の死後すぐに 7 巻本として出版された。*Œuvres complètes de M. l'abbé Coyer* (7vols), Paris, Veuve Duchesne, 1782-1783.

（10）William Doyle, *Venality: The Sale of Offices in Eighteenth-Centuty France,* Oxford, Clarendon Press, 1996, p. 165.

（11）貴族批判の高まりについては，Doyle, *Aristocracy and its Enemies in the Age of Revolution,* Oxford, Oxford U. P., 2009, p. 50-57; Shovlin, «Toward a Reinterpretation of Revolutionary Antinobilism: The Political Economy of Honor in Old Regime», *The Journal of Modern History,* 72(1), March 2000, p. 35-66; Smith, *loc. cit.*

（12）*La magie démontrée, Bagatelles morales et dissertations,* p. 44-62.

（13）*Lettre à un grand, Bagatelles morales et dissertations,* p. 72-84.

（14）*Lettre à une dame anglaise, Bagatelles morales et dissertations,* p. 135-149.

（15）*De la prédication,* Londres & Paris, Veuve Duchesne, 1766, p. 147-149.

（16）*Ibid.*, p. 153-166. モンテスキューは君主政の原理を名誉心とし，とりわけ貴族の名誉心が君主政の安定と政治的自由の維持に果たす機能を重視した。

(17) *Lettre au Docteur Maty, secrétaire de la Société Royale de Londres, sur les Géants Patagons,* Bruxelles [Paris], [s.n.], 1767, p. 117.

(18) フランスにおけるアングロマニアについては，Josephine Grieder, *Anglomania in France 1740-1789 : Fact, Fiction, and Political Discourse,* Genève & Paris, Droz, 1985. またアングロフォビアについては，Frances Acomb, *Anglophobia in France 1763-1789; An Essay in the History of Consitutionalism and Nationalism,* Durham, Duke U.P., 1950. また，フランスのアングロフォビアおよびナショナリズムと七年戦争との関係に焦点を当てたものとして，Daved A. Bell, *The Cult of the Nation in France; Inventing Nationalism 1680-1800,* Cambridge, Harvard U.P., 2001, chapter 3; Dziembowski, *op. cit.* 以降，特に断りのない限り，アングロマニアおよびアングロフォビアに関する言説についてはこれらの研究による。

(19) *Nouvelles observarions sur l'Angleterre par un voyageur,* Paris, Veuve Duchesne, 1779, p. 112, 232.

(20) *Ibid.,* p. 60, 249-250.

(21) *Ibid.,* p. 223-224, 267.

(22) *Plaisir pour le peuple, Bagetelles morales et dissertations,* p. 62-72.

(23) *Dissertation sur la nature du peuple, Bagatelles morales et dissertations,* p. 225-226.

(24) *Chinki; histoire cochinchinoise, qui peut servir à d'autres pays,* Londres [Paris], [s.n.], [1768].

(25) *Nouvelles observarions sur l'Angleterre,* p. 133-137.

(26) Louis Basset de la Marelle, *La différance du patriotisme national chez les François et les Anglois,* Lyon, A. Delaroche, 1762; Pierre-Laurent de Belloy, *Le siège de Calais,* Paris, Duchesne, 1765. これらの作品の反響については，Dziembowski, *op. cit.,* Bell, *op. cit.*

(27) 封印王状については本書第三章を参照のこと。

(28) *Nouvelles observarions sur l'Angleterre,* p. 17.

(29) 農村の苦しい生活に耐えるにはなまじ知識などないほうがいいというのがその理由である。*Plan d'éducation publique,* Paris, Duchesne, 1770, p. 334-335.

(30) *Découverte de l'isle frivole, Bagatelles morales et dissertations,* p. 84-135. 邦訳「軽薄島の発見」永見文雄訳，『ユートピア旅行記叢書 10』，岩波書店，2000 年，251 ～ 287 頁。

(31) *Ibid.,* p. 131. 邦訳，285 頁。

(32) *Dissertation sur la différence de deux anciennes religions, la greque et la romaine, Bagatelles morales et dissertations,* p. 153-204.

(33) コワイエの『公教育計画案』と当時の教育論，特にラ・シャロテとの関係については，Adams, *op. cit.,* chapter IV.

(34) *Plan d'éducation publique,* p. 105.

(35) *Lettre au Docteur Maty,* p. 90-91, 101, 112; *Voyages d'Italie et de Hollande* (2vols), Paris, Veuve Duchesne, 1775, t. 2, p. 292-293. ただし，有用な技芸との対比で奢侈産業を批

判しているように見えても，コワイエが奢侈に対して常に否定的であったわけではない。『商人貴族論』においては奢侈の普及は経済発展の必然的結果として理解されている。外国製の奢侈品の輸入には経済的な観点から批判的であるのは確かだが，コワイエの奢侈批判論には有用性，実用性の価値を際だたせるためのレトリックという側面があることに注意すべきだろう。

(36) *Nouvelles observarions sur l'Angleterre,* p. 233.

(37) *Lettre au Docteur Maty,* p. 112-113; *Nouvelles observarions sur l'Angleterre,* p. 41. 商人貴族論争は軍事的栄光に限定されている貴族的な「名誉」を「有益性」という，より広い概念に基づいて書き換えようとするコワイエの主張の是非をめぐる論争という側面を持っていた。この点については注 (2) に挙げた諸研究を参照。なお，スミスは，教育論に関しても，コワイエの目的は貴族的な名誉概念の打破にあったとしている。Smith, *op. cit.,* p. 191-193. また，貧民の増加という現象を背景として物乞いに対する批判が高まる中，労働が不可能な病人，子ども，老人，障害者などは救貧の対象とすべきである一方，労働可能でありながら労働に従事しない人間は強制労働させるべきという議論は 18 世紀には多く見られた。この点については，Robert M. Schwartz, *Policing the Poor in Eighteenth-Century France,* Chapel Hill and London, University of North Carolina Press, 1988. コワイエの主張もそれに沿ったものであり，人的資源の有効活用は当時，ありふれた議論ではあるが，それは非労働者つまり寄生階級として貴族や聖職者を批判する根拠ともなりえた。

(38) Jeremy L. Caradona, *The Enlightenment in Practice; Academic Prize Contest and Intellectual Culture in France, 1670-1794,* Ithaca and London, Cornell U.P., 2012, appendix F. なお，この appendix F は大部であるため，印刷本には付されておらず，以下のサイトに掲載されている。http://www.jeremycaradonna.com/ap.endix-f(2017 年 8 月 30 日閲覧) 1780 年代には，ブザンソン・アカデミー以外にも「祖国愛」「パトリオティズム」といった言葉を懸賞論文のテーマとして掲げた地方アカデミーは 4 つあった。

(39) *Dissertation sur le vieux mot de patrie, Bagatelles morales et dissertations,* p. 205.

(40) Dziembowski *op. cit.,* p. 343-357, 519. Cambell, *loc. cit.*

(41) *Dissertation sur le vieux mot de patrie,* p. 207, 212.

(42) *Ibid.,* p. 217-218.

(43) *Ibid.,* p. 211.

(44) *De la prédication,* p. 72-73.

(45) *Nouvelles observarions sur l'Angleterre,* p. 10-69, 141-148, 28-266 etc.

(46) *Ibid.,* p. 113-123, 168-170, 270-272 etc.

(47) *Ibid.,* p. 271.

(48) ユートピアであるパタゴニアには国民議会が存在し，立法権を有するとされるが，選挙の方法，選挙権の範囲，被選挙権資格など具体的な記述は一切ない。

ある意味では現実的なプログラムとして考えていたわけではないということだろう。*Lettre au Docteur Maty,* p. 119.

(49) 世論の台頭と公共圏をめぐる研究は枚挙に暇がないが，代表的な研究の１つであり，イギリスとフランスとの比較を念頭においているということもあり，ここでは，以下の文献を挙げておく。Keith Michael Baker, *Inventing the French Revolution,* Cambrige, Cambridge U.P., 1990, chapter 8.

(50) ジョン・ウィルクスについては，George Rudé, *Wilkes and Liberty; A Social Study of 1763 to 1774,* Oxford, Clarendon Press, 1962.

(51) *Nouvelles observarions sur l'Angleterre,* p. 283-284.

(52) *Ibid.,* p. 155.

(53) *Ibid.,* p. 156.

(54) ネケールと世論については，Léonard Burnand, *Necker et l'opinion publique,* Paris, Honoré Champion, 2004.

(55) 商人貴族の問題を，商業活動の拡大に伴う商事裁判所の権限をめぐる議論として捉え直した研究として，Amalia D. Kessler, «A "Question of Name", Marchand-Court Juridiction and the Origins of Noblesse Commerçant», Mary Jane Perrine ed., *A Vast and Useful Art: The Gustave Gimon Collection on French Political Economy,* Stanford, Stanford U. P., 2004, p. 49-65.

(56) *Lettre au R. P. Berthier sur le matérialisme,* Genève, [s.n.], 1759. この作品も全体のトーンは，何にでも「唯物論」というレッテルを貼ることで，いたるところに反キリスト教的思想を見出そうとするベルティエを揶揄するものだが，後半ではナント王令の廃止を賞讃した作品，Jean Novi de Caveriac, *L'apologie de Louis XIV et de son conseil sur la révocation de l'Edit de Nantes, pour servir de réponse à la Lettre d'un patriote sur la tolérance civile des protestans de France,* [s. l.], 1758. を正面から批判している。

第二章

(1) Louis-Antoine Caraccioli, *Le Magnificat du Tiers-État, tel qu'on le doit chanter le 26 avril aux premières vêpres des États-Généraux,* [s.l.], [s.n.], 1789, p. 15-16.

(2) Grimm, Diderot, Reynal, Meister, *Correspondance littéraire philosophique et critique,* Maurice Touneux, éd., Nendeln, Kraus Reprint, 1968, t.5, p. 88 [mai 1762].

(3) *L'Année littéraire,* Genève, Slatkine Reprints, 1966, t.6, p.329 [juillet 1759].

(4) Martine Jacques, «L.-A. Caraccioli et son œuvre: la mesure d'une avancée de la pensée chrétienne vers les lumières», *Dix-huitième Siécle,* 34, 2002, p. 289-302. ジャックはカラッシオリの作品リストを示しておらず，作品点数を 80 点とする根拠は不明。管見の限り，以下のデポルトがもっとも網羅的リストを示しているが，作品数は 70 点で，現在は著者不明とされる作品も含まれている。Narcisse-Henri-François Desportes,

Bibliographie du Maine, précédée de la description... du diocèse du Mans, Sarthe et Mayenne, Le Mans, Pesche, 1844, p. 241-244.

（5）本家はイタリア語表記で「カラッチョロ Caracciolo」と記され，フランス生まれのルイ＝アントワーヌはフランス語表記の「カラッシオリ Caraccioli」と記されている。

（6）Jacques, *loc.cit.,* p. 292-293 ; Idem, «L'œuvre de L.-A. Caraccioli ou les anamorphoses de la littérature apologétique face aux lumières», Didier Masseau, éd., *Les marges des Lumières Françaises (1750-1789) : actes du colloque organisé par le groupe de recherches Histoire des représentations (EA 2115), 6-7 décembre 2001 (Université de Tours),* Genève, Droz, 2004, p. 264-278.

（7）2人のカラッシオリの存在は，書誌学上の混乱も招いている。一例は，ネケール批判の小冊子『ダランベール氏への書簡 *Lettre du marquis de Caraccioli à M. D'Alembert*』(1781)。フランス国立図書館の電子カタログでは，著者名がルイ・アントワーヌのものとドメニコのものと2種が混在している。実際の著者は，財務総督カロンヌとされている（cf. Léonard Burnand, *Les pamphlets contre Necker,* Paris, Classiques Garnier, 2009, p. 143-150.）。

（8）Grimm, *op.cit.,* t.5, p.449 [fév.1764].

（9）Desportes, *op.cit.,* p. 244. 生年はミショーの *Biographie universelle ancienne et moderne,* ケラールの *La France litteraire* では 1721 年，シオラネスクの *Bibliographie de la littérature française du dix-septième siècle* で 1723 年となっているが，現在は 1719 年で確定されている。生誕地については，上記全ての事典およびフランス国立図書館の電子カタログにはパリと記されているが，デポルト注（4）が引用した出生証書にはル・マンとある。

（10）以上，Jacques, *loc.cit.*, 2002 ; Marc Fumaroli «Louis-Antoine Caraccioli et l'«Europe française» », *Quand l'Europe parlait français,* Paris, Éditions de Fallois, 2003, p. 419-449.

（11）Jacques, *loc.cit.*, 2004, p. 263.

（12）Caraccioli, *Paris, le modèle des nations étrangères, ou L'Europe françoise,* Paris, Vve. Duchesne, 1777.

（13）代表例は Louis Réau, *L'Europe française au siècle des lumières,* Paris, Albin Michel, 1971 [1938], p. 9. 近年の研究では，18 世紀におけるフランスの文化的覇権を相対化する傾向が顕著である（cf. Jacques, «Louis-Antoine Caraccioli : une certaine vision de l'Europe française», *Revue d'histoire littéraire de la France,* 114, April-Juin 2014, p.829-842.）。

（14）Caraccioli, *L'Europe françoise,* p. 356 et p. 3.

（15）Idem, *Le livre à la mode; Suivi du Livre des quatre couleurs,* Anne Richardot, Société française d'étude du XVIIIe siècle, éd., Saint-Étienne, Publications de l'Université de Saint-Étienne, 2005.

（16） *Ibid.,* p.28.

（17） Idem, *La critique des dames et des messieurs à leur toilette,* [s. l.], 1770, p. 7.

（18） Idem, *Dictionnaire critique, pittoresque et sentencieux, propre à faire connoître les usages du siècle ainsi que ses bizarreries,* Lyon, B. Duplain, 1768, 3 vols. 該当項目は順に «ami» «mesurer» «petitesse» 。

（19） Grimm,*op.cit.,* t.5, p. 267 [15 av.1763].

（20） Caraccioli, *La Conversation avec soi-même,* Nouv. Édi., Liège, J. F. Bassompierre, Bruxelles, J. Van den Berghen, 1759[1753-54].

（21） Idem, *L'univers énigmatique,* Nouv. Édi., Francfort, J. F. Bassompierre, 1760[1759].

（22） Idem, *Le langage de la raison,* Paris, Nyon, 1763.

（23） Idem, *Le langage de la religion,* Paris, Nyon, 1763.

（24） Idem, *Le langage de la raison,* p. 243.

（25） Masseau, «Quelques réflexions sur la crise de l'apologétique à la fin de l'Ancien Régime», Nicolas Brucker, éd. *Apologétique 1650-1802 : la nature et la grâce,* Bern, P. Lang, 2010, p. 375-390.

（26） Albert Monod, *De Pascal à Chateaubriand : les défenseurs français du Christianisme de 1670 à 1802,* Genève, Slatkine reprints, 1970 [1916].

（27） *Ibid.,* p. 425.

（28） Edmond Dziembowski, *Un nouveau patriotisme français, 1750-1770 : la France face à la puissance anglaise à l'époque de la guerre de Sept Ans,* Oxford, Voltaire Fondation, SVEC 365, 1998, p. 119-121.

（29） Sylvaine Albertan-Coppola «apologétique», éd. Michel Delon, *Dictionnaire européen des lumières,* Paris, PUF, 1997, p. 93-96.

（30） Idem, «L'apologétique catholique française à l'âge des Lumières», *Revue de l'histoire des religions,* 205(2), 1988, p. 151-180.

（31） Caraccioli, *Le Voyage de la raison en Europe,* Compiègne L. Bertrand, 1772, p. IV.

（32） Monod, *op.cit.,* p. 431.

（33） 中川久定「不安，欲望，そしてメランコリー――一八世紀フランス文学の心性史的風土史―」『思想』764, 1988 年，1 ～ 3 頁。

（34） Caraccioli, *Le Cri de la vérité contre la séduction du siècle,* Paris, Nyon, 1765, p. xii.

（35） *Ibid.*

（36） *Ibid.,* p. xiii.

（37） Idem, *La Grandeur de l'âme,* Francfort, J. F. Bassompierre, J. Vanden Berghen, [i.e. Paris, Jean-Luc II Nyon], 1761, p. 60.

（38） Idem, *Le Cri de la vérité,* p. xiii.

（39） *Ibid.,* p. xiv.

（40） Idem, *La Religion de l'honnête homme,* Paris, Nyon, 1766, p. 6.

（41） 増田都希『十八世紀フランスにおける「交際社会」の確立 ― 十八世紀フランスの処世術論 ―』2008 年度学位請求論文，一橋大学言語社会研究科。

（42） Caraccioli, *La Religion de l'honnête homme,* p. 8.

（43） *Ibid.,* p. 9.

（44） Idem, *Le cri de la vérité,* p. 184.

（45） *Ibid.,* p. 183.

（46） Masseau, *loc.cit.,* 2010, p. 379.

（47） 中川，前掲論文，3 頁。

（48） この暴動の山場は 4 月 27，28 日だが，その開始日をゴデショは 26 日とし，また注（49）のモニエは 22 日夜としている（ジャック・ゴデショ『フランス革命年代記』瓜生洋一他訳，日本評論社，1989 年，38 頁）。

（49） Raymonde Monnier, *Le faubourg Saint-Antoine (1789-1815),* Paris, société des Études Robespierristes, 1981, p. 113-117.

（50） Caraccioli, *Des prérogatives du tiers état, par la duchesse de* ***, née plébéienne, Paris, De l'Imprimerie nationale, 1789.

（51） Idem, *Lettre d'un paysan à son curé, sur une nouvelle manière de tenir ses états généraux,* [s.n.], 1789.

（52） Idem, *Des prérogatives,* p. 15.

（53） *Ibid.,* p.34.

（54） Idem, *Qui mettriez-vous à sa place ?,* [s.l.], [s.n.], 1789.

（55） この時ネケールが全国三部会の開催を約束させたと言われているが，実際には前任者のロメニー・ド・ブリエンヌ時代にすでに開催が決定していた（Burnand, *Necker et l'opinion publique,* Paris, Champion, 2004, p. 34.）。

（56） Idem. 2009, *op.cit.* p. 63.

（57） Caraccioli, *Qui mettriez-vous à sa place ?,* p. 13.

（58） *Ibid.,* p. 13-14.

（59） Idem, *L'univers énigmatique,* p. vii-viii.

（60）「大恐怖」フランソワ・フュレ，モナ・オズーフ編『フランス革命事典一（事件）』，河野健二他訳，みすず書房，1998 年。

（61） Caraccioli, *Qui mettriez-vous à sa place ?,* p. 13.

（62） *Ibid.,* p. 7, 15.

（63） Burnand, *op.cit.,* 2004, p. 38-39.

（64） Caraccioli, *L'abbé Maury frappant sa poitrine, ou La passion de notre bon et humain clergé,* office du Vendredi-Saint, Paris, le secrétaire des commandemens de monseigneur l'archevêque de Paris, 1790.

（65）ミシェル・ヴォヴェル『フランス革命と教会』谷川稔他訳，人文書院，1992 年。

（66）Caracciolo, *L'abbé Maury...*, p. 5.

（67）AN, F/17/1212, dossier5.

（68）AN, F/17/102/A/ dossier5, 7. ブリュメール 28 日（1794 年 11 月 18 日）の手紙。

（69）AN, F/17/1021/A.

（70）興味深いことに，反革命派でネケールを敵視していた G. S. ド・メイヤンも革命の原因をフィロゾーフに求めることを否定し，さらに直接的原因の 1 つにネケールをあげている（市川慎一「ある亡命貴族に映じたフランス革命」『思想』781, 1989 年 , 60 ～ 71 頁）。

（71）Caraccioli, *Le magnificat,* p. 15.

（72）ロバート・ダーントン『禁じられたベストセラー』近藤朱蔵訳，新曜社，2005 年。

（73）Jacques «Vertus éducatives de l'aplogétique selon L.-A. Caraccioli : éclairer l'homme, entre Grâce et Lumières» , Brucker, éd., *op.cit.,* p. 243-260.

（74）Michel Vovelle, *Piété baroque et déchristianisation en Provence au XVIIIe siècle : les attitudes devant la mort d'après les clauses des testaments,* Paris, Plon, 1973.

第三章

（1）Jean-Charles-Guillaume Leprévost de Beaumont, *Dénonciation d'un pacte de famine générale, au roi Louis XV ; ouvrage manuscrit trouvé à la Bastille, le 14 juillet dernier,* [s.l.], [s.n.], 1789 ; Idem., *Le prisonnier d'État, ou Tableau historique de la captivité de J.-C.-G. Le Prévôt de Beaumont…,* Paris, [s.n.], 1791; Idem., *Dénonciation, pétition du sieur Le Prévôt de Beaumont,... aux représentants de l'assemblée de la seconde législature,* Paris, [s.n.], 1791; Idem., *Aspect de la France, actuellement, et depuis dix mois, dans un péril qui s'accroît de plus en plus, jusqu'à l'an VIII, par les sourds attentats directoriaux, sans que les Corps législatifs se déterminent d'obéir aux adresses rigoureuses des départements pour le salut public,* Paris, [s.n.], 1799 (An VIII).

（2）1760 年代の穀物問題とル・プレヴォの事件についての先行研究としては以下を参照。

Gustav Bord, *Histoire du blé en France: le Pacte de famine; histoire-légende,* Paris, A. Sauton, 1887, p.87-184 ; Steven Kaplan, *The Famine Plot Persuasion in Eighteenth Century France,* Philadelphia, Transactions of the American Philosophical Society, 1982, p.52-57 ; Idem., *Bread, Politics and Political Economy in the Reign of Louis XV (Second Edition),* London, Anthem Press, 2015(1976). 阿河雄二郎「18 世紀パリの穀物政策 ―「国王の穀物」と「飢饉の陰謀」」『歴史のなかの都市』ミネルヴァ書房，1986 年，119 ～ 139 頁。

（3）阿河，前掲論文。阪上孝『近代的統治の誕生』岩波書店，1999 年，169 ～ 170 頁。

（4）1スチエ＝約156リットル。

（5）Kaplan, *op.cit.,* 2015, p.90-95.

（6）*Ibid.,* p.347-349.

（7）*Ibid.,* p.357.

（8）E. Le Mercier, *Le Prévôt dit De Beaumont,* Bernay, Miaulle-Duval, 1888, p.55-56.

（9）Bibliothèque de l'Arsenal (BnF), Archives de la Bastille (以下 AB), ms 12353 (non-folioté).

（10）逮捕のプロセスについては以下のメモワールを参照した。Leprévost de Beaumont, *op.cit.,* 1791, *Le prisonnier d'État*….

（11）*Ibid.,* p.27.

（12）Leprévost de Beaumont, *op.cit.,* 1791, *Dénonciation et pétition du sieur Le Prévôt de Beaumont*…, p.4.

（13）AB, ms 12351, fol. 9-11.

（14）Kaplan, *op.cit.,* 1982, p.56.

（15）その中でもバスティーユに投獄された者の事例としては，財務総監ラヴェルディに匿名の手紙で，パン価格の高騰による民衆の窮状を訴え，政府が「適切な価格」を設定しなければ民衆暴動と財務総監の暗殺が起きる可能性を示唆したことで逮捕されたヴォーヴィリエ Jena-Baptiste-Frédéric Vauxvillierss の事件がある。François Ravaisson-Mollien, *Archives de la Bastille: documents inédits, recueillis et publiés par François Ravaisson-Mollien,* t. 19, Paris, A. Durand et Pedone-Lauriel, 1904, p. 352-355.

（16）Siméon-Prosper Hardy, *Mes loisirs, ou journal d'événements tels qu'ils parviennent à ma connaissance (1753-1789),* vol.1, Daniel Roche et Pascal Bastien (éd.), Québec, Les presses de l'université Laval, 2008, p.352.

（17）阿河，前掲論文，132頁。

（18）Lettre de St. Florentin à Rougemont, le 1er septembre 1770, dans Ravaisson-Mollien, *op.cit.,* p.411.

（19）Lettre de St. Florentin à Rougemont, le 10 novembre 1770, *Ibid.,* p.412.

（20）Léon Biollay, *Études économique sur le XVIIIe siècle : le pacte de famine, l'administration du commerce,* Paris, Guillaumin, 1885, p.156.

（21）松本礼子「18世紀後半パリのポリスと反王権的言動」一橋大学大学院社会学研究科，学位請求論文，2013年。ちなみに，ル・プレヴォ自身も「警視総監サルティーヌは，時に私の存在自体を否定し，時に私は精神錯乱状態であり激高していると決めつけた。それは私の地元の有力者の異議申し立てと〔私を〕無関係に見せるためだった」と述べている。Leprévost de Beaumont, *op.cit.,* 1791, *Dénonciation et pétition du sieur Le Prévôt de Beaumont*…, p.5.

（22）Leprévost de Beaumont, *op.cit.,* 1791, *Le prisonnier d'État,* p.5-6.

（23）AB, ms 12351, fol. 15.

(24) *Ibid.,* fol. 9 « Au Roi, 1769, 24 décembre », Leprévost de Beaumont, *op.cit.*, 1789, p.17, p.24.

(25) *Ibid.,* p.16.

(26) *Ibid.,* p.17.

(27) Kaplan, *op.cit.,* 2015.

(28) Jean-Charles-Baptiste Lemaire, *La police de Paris en 1770. Mémoire inédit composé par ordre du G.de Sartine, sur la demande de Marie-Thérèse,* notes et introduction par A. Gazier, Mémoire de la Société de l'Histoire de Paris, t. V, Paris, Champion, 1879, p.121-122.

(29) Leprévost de Beaumont, *op.cit.,* 1789, p.26-27.

(30) *Ibid.,* p.35.

(31) Claude Quétel, *Les lettres de cachet: une légende noire,* Paris, Perrin, 2011, p.42.

(32) Arlette Farge et Michel Foucault, *Le désordre des familles : lettres de cachet des archives de la Bastille,* Paris, Gallimard, 1982.

(33) Frantz Funck-Brentano, *Les lettres de cachet à Paris: études suivie par d'une liste des prisonniers de la Bastille* (1659-1789), Paris, Imprimerie nationale, 1903.

(34) Chrétien-Guillaume Lamoignon Malesherbes, *Œuvres inédites de Chrétien-Guillaume Lamoignon Malesherbes, avec un précis historique de sa vie, ornées de son portrait,* Paris, Hénée, 1808, p.43-78.

(35) 特に1782年のミラボーによる『封印王状と監獄』と1783年のランゲによる『バスティーユ回想』はポリスの専断性を広く世にアピールしたと言える。Honoré Gabriel Riqueti, comte de Mirabeau, *Œuvres de Mirabeau : Des lettres de cachet et des prisons d'État (1782),* t.7, Paris, Lecointe et Pougin, 1835 ; Simon-Nicolas-Henri Linguet, *Mémoires sur la Bastille,* Londres, T. Spilbury, 1783. またポリス／王権側もこうした批判を前に，封印王状の濫用防止のための対策を講じざるをえなくなる。1774年および1776年，時の警視総監ルノワールは，それぞれ捜査官と警視に対し，封印王状の請願者の人柄や交友関係の調査の徹底と，請願の正当性を確認することを要求している。特に捜査官には封印王状の執行が好意や利害によるものではあってはならないと指示されている。« Lettre du lieutenant de police Lenoir aux syndics des inspecteurs, le 4 octobre 1774 », dans Funck-Brentano, *op.cit.,* p.xxv-xxvi.

« Copie de la lettre à Messieurs les Syndics, Paris le 3 août 1776 », dans Vincent Milliot, *Un policier des Lumières suivi de Mémoire de J.C.P. Lenoir, ancien lieutenant général de police de Paris écrits en pays étrangers dans les années 1790 et suivantes,* Seyssel, Champ Vallon, 2011, p.611-612.

(36) AB, ms 12351, fol. 13.

(37) Leprévost de Beaumont, *op.cit.,* 1791, *Le prisonnier d'État...,* p.14 ; Idem., *op.cit.,* 1791, *Dénonciation et pétition du sieur Le Prévôt de Beaumont...,* p.6.

(38) Jean-Louis Carra, *Mémoires historiques et authentiques sur la Bastille,* t.3, Paris, J.P. Roux, 1789.

(39) Leprévost de Beaumont, *op.cit.,* 1789, p.21.

(40) Leprévost de Beaumont, *op.cit.,* 1791, *Le prisonnier d'État…*, p.42-43.

(41) *Ibid.,* p.43.

(42) *Ibid.,* p.43.

(43) *Ibid.,* p.43-44.

(44) *Ibid.*

(45) *Ibid.,* p.48-49.

(46) *Ibid.,* p.49-50.

(47) Leprévost de Beaumont, *op.cit.,* 1789, p.22.

(48) AB, ms 12351, fol. 10.

(49) *Ibid.,* fol. 45, « Avis aux Français. Conspiration des anciens et nouveaux ministres contre Louis XVI et contre la France entière, dont un prisonnier demande à approuver l'exécution au moins depuis 24 ans ».

(50) ル・プレヴォはパリ高等法院の司法官が具体的にどのように飢饉の陰謀に荷担しているか述べることはないが，後述する彼の著作『統治の技法』の中に，パリ高等法院に不信感を抱いている理由を垣間見ることができる。それによれば，多くの地方長官の選出母体が訴願審査官であり，さらにその訴願審査官はパリ高等法院の評定官の経歴を持つものが多かった，ということである。こうした事実からル・プレヴォは地方長官とパリ高等法院の結託を確信していたようである。AB, ms 12352, fol.229. « Appendice ou table générale des matières contenant dans l'ouvrage intitulé *L'Art de Régner,* ou la Science du vrai gouvernement de la monarchie française dans toutes les branches… ». 訴願審査官については以下の文献を参考にした。安成英樹『フランス絶対王政とエリート官僚』日本エディタースクール出版部，1998 年。同「フランス絶対王政における訴願審査官のプロソポグラフィ」『お茶の水史学』44，2000 年，79 ～ 105 頁。

(51) Leprévost de Beaumont, *op.cit.,* 1791, *Le prisonnier d'État…*, p.102, p.122-123.

(52) AB, ms 12352, fol.226-250. « Appendice ou table générale des matières contenant dans l'ouvrage intitulé *L'Art de Régner…* ».

(53) Kaplan, *op.cit.,* 2015, p.398.

(54) 第 1 巻から 23 巻までのタイトルは以下の通り。（君主の教育，フランス〈歴史〉，王権，人口，経済，フランス教会，政治，国王建築物，国王牢獄，自由，国家，大臣，立法権，司法，陰謀，ポリス，習俗のポリス，宗教，特権，財政，領地，商業，海事）。

(55) AB, ms 12352, fol.236.

（56）*Ibid.,* fol.237.

（57）*Ibid.*

（58）Roland Mousnier, *La vénalité des offices sous Henri IV et Louis XIII,* Paris, PUF, 1971; Idem., *Les institutions de la France sous la monarchie absolue*, Paris, PUF, 2005 (1974), p.610 ; フランソワ・オリヴィエ＝マルタン『フランス法制史概説』塙浩訳，創文社，1986年，688頁。

（59）AB, ms 12352, fol.237. ちなみにル・プレヴォは売官制に伴う貴族爵位の授与にも批判的であり，貴族爵位の根幹にはあくまでも徳が必要であると述べている。AB, ms 12352, fol.246.

（60）Leprévost de Beaumont, *op.cit.,* 1789, p.47.

（61）AB, ms 12352, fol.237.

（62）*Ibid.,* fol.227.

（63）Leprévost de Beaumont, *op.cit.,* 1791, *Le prisonnier d'État*…, p.50-51.

（64）*Ibid.,* p.51-52.

（65）*Ibid.,* p.52.

（66）Leprévost de Beaumont, *op.cit., 1791, Dénonciation et pétition du sieur Le Prévôt de Beaumont*…, p.4.

（67）AB, ms 12352, fol.246.

第四章

（1）同職の正式名称は，「王室建造物，美術，マニファクチャー監督官。セーヴル，ゴブラン，サヴォヌリの各マニファクチャーと，絵画彫刻アカデミー，王家所有の宮殿と城館，天文台，ローマ・フランス・アカデミーを含む」である。

（2）田中佳「美術における「公衆」の誕生：1740年代後半の論争を中心に」『一橋論叢』131（2），2004年，55～73頁。

（3）D'Angiviller, *Rapport au roi, fait par M. d'Angeviller* [sic.], *février 1790, sur les dépenses et l'état de situation du département des bâtiments de Sa Majesté, au 1er janvier 1789,* Paris, Impr. des amis de l'ordre, 1791, p. 5.

（4）田中佳「アンシァン・レジーム末期の偉人の称揚：ダンジヴィレの「奨励制作」偉人像と美術館の役割」『日仏歴史学会会報』26，2011年，3～18頁；同「フランス革命前夜における美術行政と公衆の相関：ダンジヴィレの「奨励制作」（1777～1789）を事例として」『西洋史学』242，2011年，38～56頁。

（5）ダンジヴィレの生涯については次を参照。Louis Bobé, «Préface», D'Angiviller, *Mémoires de Charles-Claude Flahaut. Comte de la Billarderie d'Angiviller: Note sur les Mémoires de Marmontel,* Bobé, éd., Copenhague, Leven & Munksgaard, 1933, p. I-XXXV; Jacques Silvestre de Sacy, *Le Comte D'Angiviller, dernier Directeur général des bâtiments du roi,* Paris,

Plon, 1953; Sabine Cotté, «Le comte d'Angiviller à Versailles à la veille de la Révolution», *Bulletin de la Société de l'histoire de l'art français,* vol. 2010, 2011, p. 141-167.

（6）François-Alexandre Aubert de La Chesnaye des Bois, *Dictionnaire de la noblesse,* (10 vols.), Paris, Schlesinger, 1863-1876 (Berger-Levrault, 1980), t. 4, p. 78.

（7）AN, 565AP/1, Dossier 7.

（8）Bobé, *loc.cit.,* p. VIII.

（9）D'Angiviller, «Episode de ma vie», Bobé, éd., *Efterladte papirer fra den Reventlowske familiekreds i tidsrummet 1770-1827,* Kjøbenhavn, Lehmann & Stages forlag, 1895-1942, p. 171.

（10）*Ibid.,* p.172.

（11）「プティ・キャビネ」は王の小宮殿内のプティット・ギャルリーにポンパドゥール夫人が作らせた劇場。1747 年に落成し 1751 年まで上演。同年に支出削減の目的で，ベルヴュ城に新設された小劇場に移行するが，集客が困難となり 1753 年に閉幕した。

（12）Silvestre de Sacy, *op.cit.,* p. 27.

（13）Jeanne-Louise-Henriette Campan, *Mémoires sur la vie privée de Marie-Antoinette, suivis de souvenirs et anecdotes historiques sur les règnes de Louis XIV, de Louis XV et de Louis XVI,* (3 vols.), Paris, Baudouin frères; Mongie aîné, 1823, t.3, p. 40-42.

（14）Jean-François Marmontel, *Mémoires de Marmontel,* (3 vols.), Genève, Slatkine, 1967, t. II, p. 27-30.

（15）*Ibid.,* p. 30-31.

（16）AN, MC/ET/XVI/9 (repertoire) ; MC/ET/XVI/839 (registre), «contrat de mariage; Angiviller (comte d'); Marchais (madame la baronne de), 3 septembre 1781».

（17）D'Angiviller, *op.cit.,* 1933.

（18）ADY, 1Q 500, p. 148-268.（BnF, MS-5388, p. 137-259 も同様の蔵書目録である）。

（19）D'Angiviller, *op.cit.,* 1933.

（20）AN, O/1/117, fol. 1052-1054. 翌年には王立科学アカデミーの定員外の会員となる。Institut de France, Académie des sciences. «Tous les membres du passé depuis 1666» (http://www.academie-sciences.fr/fr/Table/Membres/Liste-des-membres-depuis-la-creation-de-l-Academie-des-sciences/ 2017.8.21 閲覧).

（21）D'Angiviller, *op.cit.,* 1895-1942, p. 172.

（22）D'Angiviller, *op.cit.,* 1933, p. 67-68.

（23）D'Angiviller, *op.cit.,* 1895-1942, p. 172.

（24）ちなみに総監職を叔父のルノルマン・ド・トゥルヌエム（在任 1747 ～ 51）から引き継ぐことが予め決まっていたマリニ侯爵（在任 1751 ～ 73）は，2 年弱に及ぶイタリア滞在によって美術の知見を深め，美術行政の統括に備えていた。

（25）Johann Georg Wille, *Mémoires et journal de J. G. Wille, graveur du roi,* (2 vols.), Paris, Vve.

J. Renouard, 1857, t. 1, p. 152.

(26) ランブイエは1783年末に国王が私的に購入した所領だが，ダンジヴィレが管理官に任命され，1786年からは住み込みで整備にあたっていた。ダンジヴィレがスペインに避難している間は夫人が滞在していた。Basile Baudez, «Le comte d'Angiviller, directeur de travaux: le cas de Rambouillet», *Livraisons d'histoire de l'architecture et des arts qui s'y rattachent,* vol. 26, 2013, p. 13-24, 197, 203, 209.

(27) *AP*, t. 20, p. 312. ダンジヴィレは早速反論の手紙を書き，同月12日の議会で読まれた (*Ibid.,* p. 401.)。

(28) D'Angiviller, *op.cit.,* 1791. この報告書が出版されるのは1791年8月頃である。出版社が加えた前文には，ダンジヴィレへの批判が高まる今こそ出版に適している，と述べられている。

(29) *AP*, t. 26, p. 470. バレールに対しては，ダンジヴィレの肖像画も手掛けた画家のデュプレッシが早々に反論している。Bertrand Barère de Vieuzac et Joseph-Siffred Duplessis, *Lettres de M. Barère de Vieuzac et de M. Duplessis, peintre du roi,* Paris, chez les marchands de nouveautés, 1791.

(30) *AP*, t. 27, p. 274-275.

(31) 伝記では，ダンジヴィレがフランスを発ったのは4月末だったと推定されている。Silvestre de Sacy, *op.cit.,* p. 229.

(32) «Mémoires de Jean Raussin, dit Narchisse», Cotté, loc.cit., p. 166.

(33) *Ibid.*

(34) Louis Durameau, *Inventaire des tableaux du Cabinet du Roi,* (ms.), (3 vols.), 1784.

(35) ADY, 2Q68, «Cabinet des Tableaux, hôtel de la Surintendance des Bâtiments (Versailles)» [12 août 1792].

(36) ADY, 4Q31 «appartement Rue de la Fédération n° 22» [13 mars 1794].

(37) Fernand Boulé, «Etudes de topographie versaillaise: la résidence d'été du comte d'Angiviller», *Revue de l'histoire de Versailles et de Seine-et-Oise,* 27, 1926, p. 31-48.

(38) ADY, 4Q31 «Etangs Gobert» [8 juin 1793]. ダンジヴィレ伯爵夫人が財産没収にかなり抵抗し，「日用品」として没収を免れたものも多数あるようである。

(39) AN, F/17/1032/6 «Maison de l'Emigré d'Angivilers [sic.], Rüe de l'Oratoire (Paris), Recherche des objets de sciences et d'arts: maison des émigrés (série alphabétique)». Reproduit dans Louis Tuetey, éd., *Procès-verbaux de la Commission des monuments,* (2 vols.), Paris, N. Charavay, 1902-03, t. I, p. 331-336 (annexe XXXIV); AN, F/17/1032/7: «Petit hôtel d'Angiviler [sic.], rüe de l'Oratoire (Paris), Objets trouvés dignes d'etre distraits du mobilier lors des ventes à faire dans diverses maisons d'émigrés».

(40) この中には，現在の美術館所蔵作品カタログとフランス国内美術館所蔵作品データベースサイト，ルーヴル美術館所蔵作品データベースサイトから判明した

ものの他に，以下のリストに掲載され，かつ上記の史料には含まれていない作品が計上されている。Marc Furcy-Raynaud, éd., «Les tableaux et objets d'art saisis chez les émigrés et condamnés et envoyés au Muséum central», *Archives de l'art français,* (nouv. pér.), VI, 1912, p. 248-253.

(41) この中には，先行研究等では明確には同定されていないが，諸条件からきわめて妥当性が高いと思われる作品 5 点も含む。

(42) 実際には後年に別作家の作品と判明する場合もあるが，流派が異なるケースはごく少数に留まる。

(43) AN, F/17/1032/6; Furcy-Raynad, loc.cit., p. 251. 本作は同定されていない。

(44) F/17/1032/6. パリ，ルーヴル美術館所蔵，Inv. 8023.

(45) 完成作が結果として風俗画と認められるものもある。また後述のように，注文した絵画をすべて購入したわけではない。

(46) アカデミーの規則の改定については，AN, O/1/1935.

(47) Anatole de Montaiglon et Jules Guiffrey, éd., *Correspondance des Directeurs de l'Académie de France à Rome avec les Surintendants des Bâtiments,* 1666-1804, (18 vols.), Paris, Charavay frères; J. Schemit, 1887-1912. 1751 年から 1773 年までの 22 年間にわたって総監職を務めたマリニ侯爵時代の書簡は第 10 巻の途中から第 12 巻の途中までであるのに対し，ダンジヴィレが総監であった 17 年間分の書簡は第 13 巻から第 16 巻の一部に及んでいる。

(48) 王立選抜生学校は，ローマ賞大賞受賞の学生にローマ留学前の準備教育を行う学校。1776 年に王立絵画彫刻アカデミー院長ピエールの意向により廃止された。

(49) 同年 9 月 11 日にはヴィアンがすでに注文作品の制作に取り組んでいたことが分かっているため，注文はこれ以前に行われたことが明らかである（Montaiglon et Guiffrey, *op.cit.,* t. 13, p. 246.）。

(50) ジョゼフ＝マリ・ヴィアン《古代の衣装を身に着けた若い花嫁の化粧》1777 年，100 × 135 cm，個人蔵。AN, F/17/1032/6; Thomas W. Gaehtgens et Jacques Lugand, *Joseph-Marie Vien: peintre du roi (1716-1809),* Paris, Arthena, 1988, n° 238, p. 194-195.

(51) 本作は 1781 年のサロン展に出品されているが（134 番）、出品作品目録「リヴレ」には大きさと所有者の記載はない。

(52) 例えば本作制作中に，「オブリの絵はいかがでしょうか。彼は偉大なるジャンルで成功すると思われますか」とヴィアンに尋ね，ヴィアンは否定的な返事をしている (Montaiglon et Guiffrey, *op.cit.,* t.14, n° 8014, n°8015)。

(53) *Ibid.,* n° 8014. ただし以下の他の画家への注文では，これほど細かく内容に踏み込んではいない。

(54) AN, F/17/1032/6; Pierre Rosenberg et Udolpho Van de Sandt, *Pierre Peyron, 1744-1814,* Neuilly-sur-Seine, Arthena, 1983, n° 60, p. 98-102. ペイロンは本作をパリのアカデミー

に提出することで準会員資格を得る。この作品は1783年のサロン展の閉幕2日前に会場に展示された。

(55) ジャン・フランソワ・ピエール・ペイロン《アルキビアデスを快楽の魅力から引き離すソクラテス》1782年，103 × 140 cm，フランス，個人蔵。Rosenberg et Van de Sandt, *op.cit.*, n° 71, p. 102-104. なお本作は長らく所在不明となっていたが，近年，再発見された。Van de Sandt, «Un tableau de Pierre Peyron commandé par le comte d'Angiviller: "Socrate détachant Alcibiade des charmes de la volupté"», Anna Ottani Cavina et Jean-Pierre Cuzin, éds., *Mélanges en hommage à Pierre Rosenberg: peintures et dessins en France et en Italie, XVIIe - XVIIIe siècles,* Paris, RMN, 2001, p. 410-416.

(56) Rosenberg et Van de Sandt, *op.cit.*, p. 102-103.

(57) Montaiglon et Guiffrey, *op.cit.*, t.14, n° 8142.

(58) 260 × 195cm，マルセイユ美術館蔵。

(59) *Ibid.*, n° 7064.

(60) こうした事情については，Antoine Schnapper, *Jacques-Louis David: 1748-1825,* (cat. exp.), Paris, RMN, 1989, p. 113-123. なお帰国直後に制作された《ベリサリウス》(288 × 312cm, リール美術館蔵）は，国王のための注文作であったか，もしくはダヴィッド自身がそれを狙って奨励作品と同じ大きさで制作したと考えられている。結局報酬の面で折り合いが付かず，トーリア大司教に売却された（*Ibid.*, p. 130-132.）。

(61) AN, O1/1921/A(1) «Proposition de Tableaux pour le Salon 1783». ダヴィッドに割り当てられたのは中画面（324 × 324cm）で，主題は「ホラティウス」とされている。

(62) 101 × 115cm，ルーヴル美術館蔵。本作はダンジヴィレの亡命前にノアイユ公の手に渡っており，ノアイユ公の没収財産目録に登場する。AN, F/17/*/372, n° 28 (Noailles).

(63) Marmontel, *Bélisaire*, Paris, Merlin, 1767.

(64) Laure Pellicer et Michel Hilaire, *François-Xavier Fabre (1766-1837): de Florence à Montpellier,* (cat.exp.), Paris, Somogy, 2008, n° 3, p. 97-98. ダヴィッドは他の大画面の作品についても，同様の方法で縮小版を制作していた。

(65) Schnapper, *op.cit.*, n° 66, p. 115, 160-161. シュナペールは，この2点目は，ダヴィッド自身のカタログで《ベリサリウス》の近くに記載されている《巫女》ではないかと推測している。推測の根拠は，ペイロンへの注文時の2点目として，ダンジヴィレが「女性または裸婦を描いたもの」を示唆していたことにあるが，他の画家への注文においてこの方針が示された痕跡はない。《巫女》は大きさも形状も縮小版《ベリサリウス》とは異なる上，主題としても対作品とは考えにくい。

(66) Montaiglon et Guiffrey, *op.cit.*, t. 15, n° 8790.

(67) *Ibid.*, n° 8858.

(68) *Ibid.*, n° 8876.

（69）*Ibid.,* n° 8885.

（70）*Ibid.*

（71）*National Art Collection Funds Annual Report Review,* 1992, p. 146, n° 3719.

（72）Sanchez, *op.cit.,* t.2, p. 733. ダンジヴィレの没収財産目録にも見当たらない。本作はダンジヴィレの手元を離れた後，いずれかの段階でダヴィッドの署名が挿入され，20 世紀半ばまでダヴィッドの作品とみなされていたという。

（73）Montaiglon et Guiffrey, *op.cit.,* t.16, n° 9152.

（74）フランソワ＝グザヴィエ・ファーブル《アドニスの死》1792 年，180 × 230 cm，シュレスヴィヒ＝ホルシュタイン，エムケンドルフ城。Pellicer et Hilaire, *op.cit.,* n° 36, p. 135-136.

（75）Alastair Laing, «François-Xavier Fabre's 'Venus and Adonis'», *The Burlington Magazine,* 125 (963), Jan. 1983, p. 358-360.

（76）もっとも，ゴフィエやファーブルの作品では愛や美貌がテーマとなり，ヴィアンの作品も含めて胸をはだけた女性が描かれていることは，奨励制作とは異なる傾向であり，私的注文ゆえの内容であると言えよう。

（77）AN, O1/1913(2)/5/55.

（78）田中佳「王立美術館のメッセージ ― ダンジヴィレの奨励制作とルーヴル宮美術館創設計画 ―」『日本 18 世紀学会年報』20，2005 年，55 ～ 66 頁。

（79）ただしダヴィッドは，アカデミー入会作品の制作に専念するため，奨励作品を出品するのは 1785 年以降のサロン展となる。

（80）Montaiglon et Guiffrey, *op.cit.,* t. 16, n° 9154.

（81）田中，前掲論文，2011 年（日仏歴史学会会報）。

（82）そもそもこれらは 1787 年のサロン展のための奨励作品だったが，画家の事情により完成が遅れて 1789 年に出品となった。ただ注文時のダヴィッドの主題は「コリオラヌス」であり，ダヴィッドは 1789 年のサロン展の直前に主題を変更した。その経緯は不明である。

第五章

（1）浦田一郎『シエースの憲法思想』勁草書房 , 1987 年。

（2）Paul Bastid, *Sieyès et sa pensée,* Paris, Hachette, 1939.

（3）Murray Forsyth, *Reason and Revolution : The Political Thought of Abbé Sieyes,* Leicester University Press, New York, 1987; Jean-Denis Bredin, *Sieyès : La clé de la Révpolution française,* Paris, Editions de Fallois, 1988.

（4）William H. Sewell, Jr., *A Rhetoric of bourgeois revolution :The Abbé Sieyes and What Is the Third Estate?,* Durham and London, Duke University Press, 1994; Pasquale Pasquino, *Sieyes et l'invention de la constitution en France,* Paris, Editions Odile Jacob, 1998.

（5）Jacques Guilhaumou, *Sieyès et l'ordre de la langue :L'invention de la politique moderne,* Paris, Editions Kimé, 2002.

（6）Marcel Dorigny, *Œuvres de Sièyes,* 3 vols, Paris, EDHIS, 1989（以下，*Œuvres*）.

（7）Christine Fauré (sous la direction de), *Des Manuscrits de Sieyès 1773-1799,* Honoré Champion, Paris, 1999; *ibid.,* tome II, *1770-1815,* Paris, Honoré Champion, 2007.

（8）例えばモンテスキュー『法の精神』第8篇，第16章参照。

（9）本節の記述については，ブルダンの前掲書注（3）参照，シィエス自身が自己弁護のために1794年に発表した自伝的なパンフレット *Notice sur la vie de Sieyès,* s.l., 1794 (BnF, Ln[27] 18956、以下『自伝』)，および Octave Teissier, « La Jeunesse de l'Abbé Sieyès », *La Nouvelle Revue,* t. 109 (1897), pp.128-146 を参照。

（10）Sieyès, *op. cit.,* p. 12.

（11）*Ibid.,* p.17-18.

（12）典拠の表示は本文中で行う。頁はいずれも *Œuvres* 収録のパンフレットのもの。

（13）王権と国民の間にあって，両者を政治的に媒介する役目を果たす団体。教会や都市なども含まれるが，もっとも重要とされるのは貴族である。モンテスキューは『法の精神』第2編4章，第5編11章において，中間権力 (pouvoir intermédiaire) は穏和な君主政に不可欠のものとしたが，シィエスも「中間団体」の語で実質的にはモンテスキューと同じ内容を示している。

（14）AP, t.8, p.84-85.

（15）*Ibid.,* p.109-128.

（16）Georges Lefebvre, *Quatre-vingt-neuf,* Paris, 1939.

（17）『1789年—フランス革命序論』高橋幸八郎・柴田三千雄・遅塚忠躬訳，1998年，岩波文庫，159～160頁。

（18）AP, t.8, p.143.

（19）Sieyès, *op. cit.,* p.25.

（20）*Quelques idées de Constitution applicables à la Ville de Paris,* BnF, Lb[39] 2107.

（21）AP, t.8, p.387-389.

（22）*Ibid.,* p.499-503.

（23）*Ibid.,* p.422-427.

（24）Sieyès, « Lettres aux Economistes sur leur système de politique et morale », *Des manuscrits de Sieyès 1773-1799,* (cf. note 7) p.171-184.

（25）阪本尚文「シエイエスは一院制論者か」（『法律時報』84巻12号, 2012年11月）はこの問題に触れているが,「この提案は例外的であるから , 8月の憲法草案は検討対象から除外する」（p.73、注11）と述べるにとどまっている。

（26）AP, t.8, p.592-597.

（27）*Observation sur le rapport du comité de Constitution concernant la nouvelle organisation de la*

France, Œuvres, t.2.

(28)『自伝』におけるシィエス自身の言葉。cf. Sieyès, *op. cit.,* p.39.

(29) 五節で述べたように，シィエスの二院制案を「土地所有者が庶民院の立法活動に一定の介入ができる仕組み」と解するなら，ここで述べた「試行錯誤」の1つであって，8月に提案したものの9月には取り下げたと見ることができよう。だがこの解釈には① fief を所領全般と解釈して構わないか，②シィエスが議会の決定に疑問を持つようになったのは8月4日の封建制廃止宣言のようだが，憲法草案の発表は同月12日であって，両者の間に因果関係を想定するには期間が短すぎないか，という2つの難点がある。五節に記したように，断定は避けたい。

第六章

（1）近年のデムーラン研究では新たな問題関心が提示されている。G. Bonn, *Camille Desmoulins ou la plume de la liberté. Un cheminement révolutionnaire,* Paris, Éditions Glyphe, 2006; P. Wilhem, *Camille Desmoulins. Le premier républicain de France,* Escalquens, Grancher, 2015.

（2）*Fragment de l'histoire secrète de la Révolution. Sur la faction d'Orléans, le Comité Anglo-Prussien et les six premiers mois de la République, par Camille Desmoulins,* De l'Imprimerie Patriotique et République, 1793/5/19, p. 11.

（3）A. Aulard, *Histoire politique de la Révolution française. Origines et Développement de la Démocratie et de la République (1789-1804),* Paris, Armand Colin, 1926, p. 28.

（4）A. Mathiez, *La Révolution française,* Paris, Le Club du Meilleur Livre, 1922-24, p. 486. 邦訳『フランス大革命』下巻，ねづまさし・市原豊太訳，岩波書店，1958年，188～189頁。

（5）フランス革命前半期にデムーランが直面した現実については次の拙稿を参照。平正人「フランス革命を生きた新聞記者カミーユ・デムーラン」『史潮』84，2018年12月，141～164頁。

（6）lanterne は一般的に街灯を意味するが，フランス革命期にはランタンは取り外され，残された鉄製の支柱がパリの民衆によって絞首刑のために利用された。デムーランはそれを擬人化し，その声に自分の声を重ね合わせることで，「街灯検事」Procureur de la Lanterne という不吉な肩書きを自分に与える。

（7）*Sur la situation politique de la nation, à l'ouverture de la seconde session de l'Assemblée Nationale, prononcé à la Société des Amis de la Constitution, dans la séance du 21 octobre 1791,* chez les Marchands de nouveautés, p. 5.

（8）*Sur la situation de la capitale, au Conseil général de la Commune, dans la séance du 24 juillet l'an 4 de la liberté,* De l'Imprimerie du Patriote Français, p. 34.

（9）G. Babeuf, *Du Système de dépopulation ou la vie et les crimes de Carrier,* an IIIe la République,

p. 60.

（10）*Lettre de Camille Desmoulins, député de Paris à la Convention, au Général Dillon, en prison aux Madelonettes*, chez Migneret et chez tous les Marchands de Nouveautés, 1793/7 , p. 57.

（11）*Opinion de Camille Desmoulins, député de Paris à la Convention, sur le jugement de Louis XVI*, De l'Imprimerie nationale, 1792, p. 6-7.

（12）*La France libre, quatrième édition, revue, corrigée et considérablement augmentée, par Camille Desmoulins*, Paris, chez Garnery, p. 52-53.

（13）*Ibid.*, p. 2.

（14）*Ibid.*, p. 17.

（15）*Ibid.*. p. 6-7.

（16）*Ibid.*, p. 53.

（17）*Ibid.*, p. 63.

（18）*Ibid.*.

（19）*Œuvres de Camille Desmoulins*, Paris, Charpentier et cie, 1874, t. I, p. 121 [note de Desmoulins].

（20）*Discours de la Lanterne aux Parisiens, en France l'an premier de la Liberté* , troisième édition, revue, corrigée et considérablement augmentée, Garnery, p. 5-6.

（21）*Ibid.*, p. 10.

（22）*Ibid.*, p. 33.

（23）*Œuvres de Camille Desmoulins*, 1874, t. I, *op.cit.*, p. 173-175 [note de Desmoulins].

（24）*Ibid.*.

（25）*Révolutions de France et de Brabant*, n°. 14, 1790/2/27, p. 4.

（26）*Ibid.*, p. 1-2.

（27）*Ibid.*, p. 12.

（28）*Ibid.*, p. 19.

（29）Brissot, *Mémoire aux États généraux sur la liberté de la presse*, 1789/6, p. 8-11.

（30）S. Lacroix, *Actes de la Commune de Paris pendant la Révolution*, 1re série, Paris, 1894, t. III, p. 520-525.

（31）«Letter of Brissot to Desmoulins», traduction by J. Lohrer, *The Journal of Modem History*, 6(4), The University of Chicago Press, December 1934, p. 441-443.

（32）J.-P. Bertaud, *Camille et Lucile Desmoulins. Un couple dans la tourmente*, Paris, Presse de la Renaissance, 1986, p. 202.

（33）*Fragment de l'histoire secrète de la Révolution. Sur la faction d'Orléans, le Comité Anglo-Prussien et les six premiers mois de la République, par Camille Desmoulins*, Société des Amis de la Liberté et de l'Égalité séante aux ci-devant Jacobins, 1793/5/19, p. 3.

（34）*Ibid.*, p. 4-5.

（35）*Ibid.*.

（36）*Œuvres de Maximilien Robespierre,* sous la dir. de M. Bouloiseau, G. Lefebvre, A. Soboul, Paris, Société des études robespierristes, 2011 [1950], t. VI, Discours (1ère partie) 1789-90, SEANCE DU 24 AOUT 1789, Discussion de la Déclaration des droits de l'homme (suite), 1re intervention: Sur la liberté de la presse , p. 61-63.

（37）*Ibid.,* t. IX, Discours (4ème partie) septembre 1792 – juillet 1793, SEANCE DU 19 AVRIL 1793, Discussion de la déclaration des droits, 2e intervention: Sur la liberté de la presse, p. 451-453.

（38）*Vieux Cordelier,* n°. 3, 1793/12/15, p. 21-23（*Œuvres de Camille Desmoulins, député à la Convention nationale, et doyen des jacobins ,* 2 tomes, édtion publiée au bénéfice de la sœur de Camille Desmoulins, Paris, Ébrard, 1838, t. I, p. 51-53）.

（39）Bertaud, *op cit.*, p. 256-257.

（40）*Vieux Cordelier*, n°. 7, 1794/2/3（*Le Vieux Cordelier suivi de La France libre par Camille Desmoulins, Député à la Convention et Doyen des Jacobinds. Œuvres de Camille Desmoulins,* Paris, Ébrard, 1840 , t. I, p. 230-231）.

（41）*Ibid.*（*Ibid.,* p. 184-186）.

（42）Aulard, *op cit.,* p. 5.

（43）*Ibid.,* p. 112-113.

（44）P. Gueniffey, «Cordeliers et girondins : la préhistoire de la république ?», *Le siècle de l'avènement républicain,* sous la dir. de F. Furet et M. Ozouf, Paris, Gallimard, 1993, p. 197-224.

（45）*France libre,* p. 121-122.

（46）*Ibid.,* p. 51.

（47）*Ibid.,* p. 10-11.

（48）デムーランは1791年6月20・21日のヴァレンヌ逃亡事件によって国王の裏切りが現実のものとなると，国王に対して怒りをあらわにし，死をもってその罪を償うように要求する。「国王が最初に国民に銃を向けたのである。それは失敗に終わったが，今度は国民が国王に銃口を向ける番である」（*Révolutions de France et de Brabant,* n° 82, 1791/6/25, p. 148）。

（49）マティエも1793年のデムーランの発言に言及し，彼が1789年の段階では共和主義者であることを公表していたが，オラールと同様にその実現をその後の革命に求めている。A. Mathiez, «Camille Desmoulins républicain en 1789», *Annales Révolutionnaires,* t. 5ème, 1912, p. 692-693.

第七章

（1）Nicolas François de Neufchâteau, *Discours, prononcé le 13 février 1806, dans l'église de Saint-Sulpice, paroisse de M. le Sénateur De Fontenay, décédé le 11 février, imprimé par ordre du Sénat,*

Paris, 1806, p.2.

（2）確認できたものだけで以下の3点が彼の没後すぐに出版されている。Gourdin, «Notice biographique sur M. DE FONTENAY», *Précis Analytique des travaux de l'Académie des sciences, des belles-lettres et des arts de Rouen,* 1806, p.31-35; Philippe-Jacques-Etienne-Vincent Guilbert, *Eloge nécrologique de Mr.Defontenay,* Rouen, 1806.; Victor Quesney, *Eloge de Monsieur P.-N. Defontenay,* de Rouen, Rouen, 1806.

（3）津田内匠「自由貿易と保護主義の相克」杉山忠平編『自由貿易と保護主義』，法政大学出版局，1985年，27～58頁。

（4）トゥルーズのネゴシアンで全国三部会代表でもあったピエール・ルスィユ Pierre Roussillou については次の伝記的論考がある。Léon Dutil, «Un homme de 89. Pierre ROUSSILLOU Député de Toulouse à la Constituante», *Mémoires de l'Académie des Sciences, Inscriptions et Belles Lettres de Toulouse,* 13e série, tome I&II, 1939-1940, p.151-198, p.219-294.

（5）ADSM, Série 2E, 4/117, Etude de FOUGY, Lefebvre 1er semestre 1761.

（6）この時代，「ネゴシアン」négociant とは卸売商，貿易商を指すが，同時にしばしば工場経営や金融業など多角的な経済活動を行う富裕な商人全般を指す。

（7）ADSM, Série 2E, 10/102, Etude PANNIER, Lebreton 2e semestre 1770. フランス全国の商業，金融業に関わる情報を掲載する定期刊行物 *Gazette du Commerce* の1764年版でドフォントネ家はルアンのネゴシアンとされている。Pierre Dardel, *Commerce, industrie et navigation à Rouen et au Havre au XVIIIe siècle Rivalité croissante entre ces deux ports, la conjoncture,* Rouen, Société libre d'émulation de la Seine-Maritime, 1966, p.331.

（8）Pierre Dardel, «Etudes d'histoire économique. III. La Société Holker-Guillibaud et Morris (1752-1791). Manufacture royale de velours et draps de coton de Rouen. Manufacture d'apprêts à la manière anglaise», *Bulletin de la Société libre d'Emulation de la Seine-Inférieure,* 1940-1941, p.47-100.

（9）ADSM, Série D296, "Joyeuse", livre de recettes et dépenses pour les étudiants au séminaire de Joyeuse depuis 1748 jusqu'en 1761.

（10）AN, Série F12, 1339, "Filatures de lin, chanvre, etc."

（11）ル・クトゥは，ルアンを拠点としつつも，パリやカディスにも商館を持つ銀行家にして多角的な事業に携わる大商人。ドフォントネとは革命前からルアン市政府，ノルマンディ商業会議所，また全国三部会・憲法制定国民議会，ナポレオン体制下の元老院でも席をともにしている。革命初期のパリではドフォントネと同じ宿舎に滞在するなどおそらく個人的にも親しかった。ル・クトゥ家については Michel Zylberberg, *Capitalisme et catholicisme dans la France moderne La dynastie Le Couteulx,* Paris, Publications de la Sorbonne, 2001.

（12）トゥレ（1746～94）はルアンの弁護士。憲法制定国民議会では特に全国的な

行政改革で主導的な役割を担ったが，1794 年 4 月にパリで処刑される。ドフォントネは 1800 年 3 月にルアン市長に就任した際，「私は彼の墓碑に手をあて涙を流した」と告白する。遺産目録にはトゥレの胸像が含まれており，やはり個人的な親交があったことをうかがわせる。Quesney, *op.cit.*, p.7.

（13） *Cahiers de doléances du tiers-état du Bailliage de Rouen* (publiés par Marc Bouloiseau), Rouen, 1957.

（14） 条約締結の経緯からノルマンディ商業会議所の初期の動向については，津田，前掲論文，27 ～ 32 頁。

（15） ADSM, Série C2112, Procès-verbaux des séances de l'Assmblée provinciale de l'Haute-Normandie, des novembre et décembre 1787.

（16） Fernand Gerbaux et Charles Schmidt (publiés et annotés par), *Procès-verbaux des comité d'agriculture et de commerce de la Constituante, de la Législative et de la Convention* (documents inédits sur l'histoire éonomique de la Révolution française), 5vols., Paris, 1906-1937, t.1, p.58.

（17） *Ibid.*, t.2, p.376-377.

（18） *Ibid.*, t.1, p.66 et t.2, p.336.

（19） Louis-Ezéchias Pouchet, *Traité sur la fabrication des étoffes,* Rouen, 1788, p.79.

（20） *Observations de La Chambre du commerce de Normandie, sur le Traité de Commerce entre la France et l'Angleterre,* Rouen, 1788., p.22-23; 津田，前掲論文，33 ～ 35 頁。

（21） *Cahiers de doléances ..., op.cit.,* p.239-242.

（22） Pierre Nicolas Defontenay, *Rapport fait à l'Assemblée nationale, au nom des Comités d'agriculture et de commerce, sur le Commerce au delà du Cap de Bonne-Espérance,* Paris, 1790.

（23） AP, t.16, 1883, p.548-553.

（24） Pierre Nicolas Defontenay, *op.cit.,* 1790, p.10-11.

（25） Jean-Bathélemy Le Couteulx de Canteleu, *Opinion de M. Le Couteulx de Canteleu sur le commerce de France aux Indes orientales, suivie d'un mémoire sur la filature et fabrication du coton en Angleterre.* [3 avril 1790.], Paris, 1790, p.13.

（26） *Réfutation des principes et assertions contenus dans une Lettre qui a pour titre: lettre à la chambre du commerce de Normandie, sur le Mémoire qu'elle a publié relativement au Traité de Commerce avec l'Angleterre, par M.D.P., par la Chambre du commerce de Normandie,* Rouen, 1788, p.46-47, p.54-55.

（27） *Ibid.,* p.47.

（28） Pierre Nicolas Defontenay, *op.cit.,* 1790.

（29） *Cahiers de doléances ..., op.cit.*

（30） AMR, Série Y3, Registre des délibérations du conseil général de la commune de Rouen, discours du maire du 27 août 1792.

（31） Pierre Nicolas de Fontenay, *Lettres à Babeth, Chronique de l'Assemblée nationale par un*

Normand, 1789-1791, Introduction, transcription, mise en forme et annotation du texte par Anne Mézin et Hugues de Boissieu, Paris, Editions S.P.M., 2015, p.57-59.

(32) *Ibid.*, p.93-95.

(33) *Ibid.*, p.157-159.

(34) *Ibid.*, p.163-164.

(35) このようなかたちで描かれる「壺」は「愚者」を意味する。

(36) *Lettres à Babeth, op.cit.,* p.544.

(37) *Ibid.*, p.530.

(38) AMR, Série Y2, Registre des délibérations du conseil général de la commune de Rouen, le 24 juin 1791, "Lettre de Defontenay et Thouret du 23 juin à Paris".

(39) *Lettres à Babeth, op.cit.,* p.551-552.

(40) *Ibid.*, p.553-554.

(41) AMR, Série Y2, *op.cit.*, le 11 août 1792.

(42) *Ibid.*, le 18 août 1792.

(43) *Ibid.*, le 24 novembre 1791.

(44) *Ibid.*, le 5 août 1792.

(45) AMR, Série K6, Elections et nominations, dossier "Lettres des acceptants et refusants".

(46) ADSM, Série L18, Registre des Délibérations du Conseil général du département de la Seine-Inférieure, le 10 février 1793.

(47) *Ibid.*, le 14 juin 1793.

(48) AMR, Série Y5, Registre des délibérations du conseil général de la commune de Rouen., le 31 octobre 1793.

(49) *Ibid.*, le 14 novembre 1793.

(50) この出来事の詳細は高橋曉生「フランス革命期地方都市の政治的態度と地域的背景～ルアンの穀物供給問題～」『社会経済史学』第68巻2号，2002年，65～86頁。

(51) AMR, Série 1K4/5, "Conseil municipal"., le 10 prairial an VIII.

(52) 例えば Félix Clérembray, *La Terreur à Rouen 1793-1794-1795,* Paris, Office d'édition du livre d'histoire, 1994.

(53) AMR, Série 1K4/5, *op.cit.*

(54) *Cahiers de doléances ..., op.cit.*, p.230-234.

(55) *Ibid.*, p.239.

(56) *Observations ..., op.cit.*, p.3-5.

(57) この時期の愛国心やナショナリズムについてベルの次の文献は必読。David Bell, *The Cult of the Nation in France: Inventing Nationalism,* Cambridge, Massachusetts, London, Harvard University Press, 2003.

（58）AMR, Série 1K4/5, *op.cit.*

（59）AMR, Série YY5, Registre des délibérations du Bureau municipal.

（60）*Ibid.*

第八章

（1）Jonathan Beecher, *Charles Fourier: The Visionary and His World,* Berkeley, University of California Press, 1986, p. 57. 邦訳『シャルル・フーリエ伝—幻視者とその世界—』福島知己訳，作品社，2001 年，58 頁。

（2）*Ibid.,* p. 74. 邦訳，72 頁。

（3）*Ibid.,* p. 71. 邦訳，69 ～ 70 頁。

（4）Léon Cellier, *Fabre d'Olivet. Contribution à l'étude des aspects religieux du romantisme,* avec une introduction de J.C. Richard et une bibliographie complète des œuvres de Léon Cellier par R. Bourgeois, Genève, Slatkine Reprints, 1998, p. 11-12 et p. 399. (1re éd., 1953)

（5）André Monglond, *Le préromantisme français,* I, *Le héros préromantique,* Genève, Slatkine Reprint, 2000, p. 264. (1re éd., 1930)

（6）Idem., *Journal intime d'Obermann,* p. 341. Cité par Cellier, *op.cit.*, p. 400.

（7）Beecher, *op.cit.,* p. 73. 邦訳，71 頁。

（8）Charles Pellarin, *Charles Fourier sa vie et sa théorie,* 2e éd., Paris, Librairie de l'Ecole sociétaire, 1843, p. 31-47. 以下も参照。Beecher, *op.cit.*, p. 41-48. 邦訳，46 ～ 52 頁。ただし，ペラランが物語る伝記的要素のいくつかには，疑問の余地もある。たとえば，リヨン陥落後フーリエが逮捕され厳しい尋問を受けたということは，フーリエ自身の叙述をペラランが踏襲しているものだが，ビーチャーによれば，革命法廷の記録からはその確証は得られないという。*Ibid.,* p. 43. 邦訳，47 頁。

（9）リヨンの反乱については Jacques Godechot, *Le contre-révolution: doctrine et action: 1789-1804,* Paris, PUF, 1961 のとりわけ p. 253 以下を参照。邦訳，『反革命—理論と行動—一七八九～一八〇四—』平山栄一訳，みすず書房，1986 年，197 頁以下。

（10）Robert C. Bowles, « The Reaction of Charles Fourier to the French Revolution », *French Historical Studies,* vol. 1, no. 3, 1960.

（11）J. Zilberfarb, « Charles Fourier et la Révolution française », *Annales historiques de la Révolution française,* no. 184, 1966.

（12）Charles Fourier, *Publication de manuscrits de Fourier,* année 1851, Paris, Librairie phalanstérienne, 1851, p. 313. Cf. Zilberfarb, *loc.cit.*, p. 59.

（13）Fourier, « Egarement de la raison démontré par les ridicules des sciences incertaines », *La Phalange,* 1847, t. 5. Cf. Zilberfarb, *loc.cit.*, p. 60.

（14）Anonym. [Charles Fourier], *Théorie des quatre mouvemens et des destinées générales. Prospectus et annonce de la découverte,* Leipzig [i.e. Lyon], [s.n.], 1808, p. 3. 邦訳，『四運動

の理論』上，巖谷國士訳，現代思潮社，1987 年，15 頁。Cf. Zilberfarb, *loc.cit.*, p. 63.

(15) 邦訳『愛の新世界』の「解説」を参照。そこでは「アイロニーからユーモアへの思考の歩み」と表現した。福島知己「シャルル・フーリエによる経済学：豊穣の経済学と例外の理論」『思想』1008 号，2008 年では「既成観念を換骨奪胎しながら再利用」すると述べたもの。

(16) Fourier, *op.cit.,* 1808, p. 274. 邦訳，下，16 頁。

(17) *Ibid.* 邦訳，下，15 ～ 16 頁。

(18) この点について Beecher, *op.cit.,* p. 121n（邦訳，113 頁）を参照。ビーチャーはここで，フランク・マニュエルがフーリエの奇抜な理論展開について「嘲笑から身を守るために後になって構成した合理化」（Frank E. Manuel, *The Prophets of Paris,* Cambridge, Mass., Harvard U.P., 1962, p. 245）という評価を下したことに対して，むしろ「フーリエが理論を提示する際の流儀」ではないか，と主張している。本章の主張もビーチャーのものに類似している。ただし，ビーチャーはフーリエにおけるパロディの要素を強調しているが，それだと一方的な関係でしかないので，現実との往還をもっと重視すべきだと考えている。

(19) 離婚の法制化とフーリエの主張との関連については，前掲『愛の新世界』「解説」を参照。本章では必要な範囲でその要点を述べる。

(20) 以下は一例である。Cf. Bouchote, *Observations sur l'accord de la raison et de la religion pour le rétablissement du divorce, l'anéantissement des séparations entre époux, et la réformation des loix relatives à l'adultere,* Paris, Imprimerie nationale, 1790.

(21) Fourier, « Harmonie universelle », *Bulletin de Lyon,* 11 frimaire an XII; idem., « Triumvirat continental et paix perpétuelle sous trente ans », *Bulletin de Lyon*, 25 frimaire an XII. 前者のテクストはビーチャーの伝記に全文が採録されている。後者のテクストは弟子たちにより『ファランジュ』紙に再掲され，1846 年に出版されたフーリエ全集第 1 巻にも附録として収録されている。

(22) Charles Pellarin éd., *Lettre du Fourier au Grand Juge (4 Nivôse an XII),* Paris, Dentu, 1874. ペララン版の転記の誤りを校訂し直したテクストが，ジャン゠ジャック・エマルダンケの論文の附録として公表されているので，同様に参照した。Jean-Jacques Hemardinquer, « La "découverte du mouvement social": notes critiques sur le jeune Fourier », *Le mouvement social,* 48, 1964.

(23) ロラン・バルト『サド，フーリエ，ロヨラ』篠田浩一郎訳，みすず書房，1975 年，125 頁。

(24) Fourrier à Municipalité de Bordeaux, le 20 frimaire an V (le 10 décembre 1796), AN Archives de l'Ecole sociétaire, 10 AS 15 (18), cité par Beecher, *op.cit.*, p. 60-62. 邦訳，60 ～ 62 頁。建議書の前文でも次のように述べられている。「現代都市の単調さに衝撃

を受けたために，私は数年来流行している都市計画とは絶対的に異なる計画を構想しました。その全体を皆様方にお伝えはいたしません」。さらに言えば，後年の著作のなかに，建議書の文章の一部がそのまま使われている箇所もある。

(25) « Courtage ». フーリエの草稿の研究者は，最初この建白書の下書きを草稿のなかに見つけ，それが実際に提出されたものかを調べるうち，同じ内容の公文書を発見したようだ。この建白書は Beecher, *op.cit.*, p. 90-91.（邦訳，86 頁）に引用されている。非合法仲買人の地位についての詳細も同書にもとづく。ただし Beecher が掲げている公文書の請求記号はおそらく古く，現在はすでに分類変更されているもので，実際は 8 MP 123 である。

(26) Beecher, *op.cit.*, p. 357. 邦訳，303 頁。

(27) ペラランの伝記に引用されているジャン・ジュルネの手紙による。Pellarin, *op.cit.*, p. 262-263.

(28) Beecher, *op.cit.*, p. 407. 邦訳，346 ～ 347 頁。

(29) Fourier, *Le nouveau monde industriel et sociétaire, ou invention du procédé d'industrie attrayante et naturelle distribuée en séries passionnées,* Paris, Bossange et Mongie, 1829, p. 552.

(30) 以下 *ibid.*, p. 571 以下による。

(31) Fourier, *op.cit.*, 1851, p. 318.

(32) *Ibid.*

(33) この問題について以下を参照。Cf. François Boudot, « Fourier et l'Esprit de conquête », *Revue des études coopératives,* 170, 1972.

(34) Fourier, *op.cit.*, 1808, p. 274-275. 邦訳，下，16 頁。

(35) Cf. Miguel Abensour, *Utopiques IV. L'histoire de l'utopie et le destin de sa critique,* Paris, Sens & Tonka, 2016. p. 54. (1re éd., 1973) アバンスールは，フーリエが「政治的なもの（欲求の秩序）」よりも「家政的なもの（欲望の秩序）」を選んだというロラン・バルトの断言を批判して，フーリエが日常生活の全体を問題にすることによって，「政治的なものと家政的なものの接合」を実現したのだという意味のことを述べている。

(36) Fourier, *op.cit.*, 1829, p. 384. この軽侮と嫌悪の階梯についてフーリエは，ほぼ同じ主張を 1822 年の『普遍的統一の理論』でも行っている。なお軽侮と嫌悪の階梯の仕組みについては，大塚昇三「シャルル・フーリエにおける「系列」と「観念」の形成にかんする試論 ：「文明のカーストおよび亜カーストの階梯」を中心に」，北海道大学『経済学研究』第 65 巻第 1 号，2015 年に透徹した分析がある。

(37) Joseph Droz, *Histoire du règne de Louis XVI, pendant les années où l'on pouvait prévenir ou diriger la Révolution française,* Paris, Renouard, 1839, p. 106.

(38) Antoine Cournot, *Souvenirs (1760-1860)* précédés d'une introduction par E. P. Bottinelli, Paris, Hachette, 1913, p. 13.

（39）Cf. Godechot, *Les institutions de la France sous la Révolution et l'Empire,* 3e édition revue et augmentée, Paris, PUF, 1985, p. 108-112.

（40）Fourier, *op.cit.,* 1829, p. 385-386n.

（41）*Ibid.,* p. 385.

第九章

（1）*Journal officiel de la République française* [=*JO*], le 10 novembre 1884.

（2）1889年パリ万国博を主題とした歴史学研究としては主に以下を参照。Pascal Ory, «Le centenaire de la Révolution française», dans Pierre Nora éd., *Les lieux de mémoire,* Paris, Gallimard, t. 1, 1984（パスカル・オリイ著，渡辺和行訳「フランス革命一〇〇年祭――七八九年による証し―」ピエール・ノラ編，谷川稔監訳『記憶の場―フランス国民意識の文化＝社会史―』第2巻，岩波書店，2005年，195～233頁）; Pascal Ory, *1889, L'Expo universelle,* Bruxelles, Complexe, 1989 ; Pascal Ory, *Une nation pour mémoire. 1889, 1939, 1989 trois jubilés révolutionnaires,* Paris, Presses de la Fondation nationale des sciences politiques, 1992 ; Madeleine Rebérioux éd., « Mise en scène et vulgarisation: L'Exposition universelle de 1889 », *Le Mouvement social,* Les Éditions ouvrières, no. 149, octobre-décembre 1989; Musée d'Orsay, *1889: La Tour Eiffel et l'Exposition universelle,* Paris, éd. de la RMN, 1989; Marc Angenot, *Le Centenaire de la Révolution française, 1889,* Paris, Documentation française, 1989 ; Olivier Ihl, *La Fête républicaine,* Paris, Gallimard, 1995; 工藤光一「祝祭と「国民化」―― 19世紀末フランス第三共和政下の共和主義祭典」『思想』884号，岩波書店，1998年;『近代フランス農村世界の政治文化――噂・蜂起・祝祭』岩波書店，2015年。

（3）万国博の統計については次を参照。Brigitte Schroeder-Gudehus et Anne Rasmussen, *Les Fastes du Progrès, le guide des expositions universelles, 1851-1992,* Paris, Flammarion, 1992.

（4）*JO,* le 30 juillet 1886.

（5）Annie Philippe, « Le centenaire de la Révolution française », *École nationale des Chartes, Positions des Thèses, soutenues par les élèves de la promotion de 1981 pour obtenir le diplôme d'archiviste paléographe,* Paris, École des Chartes, 1981, p. 213-223.

（6）Paul Lion, «Alfred Picard», dans Claude Augé éd., *Larousse mensuel illustré, Revue encyclopédique universelle,* no. 75, mai 1913, t. 10 (1911 à 1913), Paris, Librairie Larousse, p. 723.

（7）*Le Petit journal,* le 31 décembre 1878.

（8）Michel Vovelle, «La Marseillaise, La guerre ou la paix», Pierre Nora éd., *op. cit.*（ミシェル・ヴォヴェル著，竹中幸史訳「ラ・マルセイエーズ―戦争か平和か―」，ピエール・ノラ編，前掲書，29～104頁）。

（9）Mona Ozouf, «Le premier 14 Juillet de la République», *l'Histoire,* no. 25, Juillet-Aout, 1980; Christian Amalvi, «Le 14 juillet: Du Dies irae à Jour de fête», Pierre Nora éd., *op. cit.*（クリ

スチャン・アマルヴィ著・長井伸二訳「七月一四日 ―〈怒りの日〉から〈祝祭の日〉へ―」，ピエール・ノラ編，前掲書，141 ～ 193 頁）。

(10) *Ibid.*

(11) Annie Philippe, «Le centenaire de la Révolution française», *op. cit.,* p. 213-223 ; *Les Merveilles de l'Exposition de 1889,* Paris, Librairie illustrée, 1889, p. 3.

(12) *Le Temps,* le 18 mars 1883.

(13) *Ibid.*

(14) *Le Temps,* le 6 avril 1883.

(15) *Le Temps,* le 27 mai 1883.

(16) *Le Petit journal,* le 4 juin 1883.

(17) *Ibid.*

(18) *JO,* le 10 novembre 1884.

(19) *Ibid.*

(20) *JO,* le 14 mars 1885.

(21) *Ibid.*

(22) *Ibid.*

(23) *JO,* le 7 juillet 1886.

(24) *JO,* le 3 avril 1886.

(25) Alfred Picard, *Exposition universelle internationale de 1889 à Paris, Rapport général* [=*Rapport général*], t. 1, Paris, Imprimerie nationale, 1891, p. 317-318.

(26) *JO,* le 30 juillet 1886.

(27) *Rapport général,* t. 1, p. 342.

(28) Pierre Paul Leroy-Beaulieu, « La prochaine Exposition universelle, divers points à élucider », *L'Economiste français,* le 30 avril 1887, p. 529.

(29) Ernest Brelay, « Affaires municipales », *L'Economiste francais,* le 2 juillet 1887, p. 11.

(30) *Rapport général,* t. 1, p. 356-361.

(31) *Ibid.,* p. 356-357.

(32) Paul Lion, *op. cit.*.

(33) AN, LH/2145/41, «Picard, Maurice Afred».

(34) *Notice sur les Travaux de M. Alfred Picard,* Paris, Gauthier-Villars, Imprimeur-Libraire, du Bureau des Longitudes, de l'École polytechnique, 1901.

(35) Xavier Ryckelynck, «Les hommes de l'Exposition universelle de 1889 : le cas Alfred Picard», dans Madeleine Rebérioux éd., *op. cit.,* p. 27-28.

(36) *Ibid.;* Jean Estèbe, *Les ministres de la République 1871-1914,* Paris, F. N. S. P., 1982, p. 67.

(37) *Notice sur les Travaux de M. Alfred Picard, op. cit.,* p. 3-4.

(38) Xavier Ryckelynck, «Les hommes de l'Exposition universelle de 1889 : le cas Alfred

Picard», *loc. cit.*, p. 28.

(39) Alfred Picard, *Les Chemins de fer français* (6 vols, 1883-1884), *Traité des chemins de fer* (4 vols, 1887), *Le Traité des eaux* (4 vols, 1890-1894).

(40) *Notice sur les travaux de M. Alfred Picard, op. cit.*

(41) *Ibid.*, p. 42.

(42) *Rapport général,* t. 3, p. 353.

(43) *Rapport général,* t. 3, p. 353-354.

(44) クリスチャン・アマルヴィ著，長井伸二訳，前掲書，141 ～ 193 頁。

(45) パスカル・オリイ著，渡辺和行訳，前掲書，212 ～ 217 頁。

(46) *Rapport général,* t. 9, p. 393.

(47) *Ibid*, p. 394.

(48) *Rapport général,* t. 1, p. 303.

(49) *Ibid.*

(50) *Rapport général,* t. 9, p. 368.

結　論

(1) Roger Chartier, *Les origines culturelles de la Révolution française,* Paris, Seuil, 1999. 邦訳『フランス革命の文化的起源』松浦義弘訳，岩波書店，1994 年。

(2) Daniel Mornet, *Les origines intellectuelles de la Révolution française, 1715-1787,* Paris, Armand Colin, 1933.　邦訳『フランス革命の知的起源』（上・下）坂田太郎・山田九朗訳，勁草書房，1969 ～ 71 年。

(3) 18 世紀フランスの政治史を貫く問題の 1 つに王権対高等法院の対立がある。モプーは高等法院の解体という荒療治によって対立に決着をつけようとしたが，こうした動きを「専制」と断じるキャンペーンや，後ろ盾であったルイ 15 世の死去により失脚する。当時の政治状況およびモプーの改革については，Jean Egret, *Louis XV et l'opposition parlementaire,* Armand Colin, 1970; Durand Echeverria, *The Maupeou Revolution: A Study in the History of Libertarianism, France, 1770-1774,* Baton Rouge and London, Louisiana State U.P., 1985. 石井三記「一八世紀フランスの「国制」像 ― モープー期を中心として ―」樋口勤一編『空間の世紀』筑摩書房，1988 年，47 ～ 75 頁。

(4) 革命前夜の「政治化」の具体的な分析としては，Vivian R. Gruder, *The Notables and the Nation: The Political Schooling of the French 1787-1788,* Cambridge and London, Harvard U.P., 2007.

(5) 第一章の注 (49) に挙げた *Inventing the French Revolution.* で，ベイカーは世論と公共空間を論じた章の末尾で「この空間（公共空間）の内部で，フランス革命は thinkable となった」としている。Baker, *op. cit.,* p. 199. またドイルは thinkable とい

う言葉が事前の予測や構想を想起させることで，知的にであれ文化的にであれ革命は予め準備されたとする一種の決定論にいたる可能性を批判し，革命という現実の中における偶然と選択の役割を重視している。Doyle, « The French Revoluton: Possible because thinkable or thinkable because possible », *Proceeding of the Western Society for French History,* 2004, 30, p. 178-783. またドイルからの批判に対するベイカーによる応答は，Baker, « The French Revolution: Possible because thinkable or thinkable because possible? A Response to William Doyle », *Proceeding of the Western Society for French History,* 2004, 30, p. 184-190.

(6) 書物であれ，パンフレットであれ，狭義の哲学であれ，ポルノや中傷文であれ，文字によって媒介される「思想」を重視する立場と，より広い「文化」的変容を重視し，思想的な影響をその一部もしくはその結果と見る立場の違いについては，シャルティエの前掲書および Robert Darnton, *The Literary Underground of the Old Regime,* Cambridge, Harvard U.P., 1982.　邦訳『革命前夜の地下出版』関根素子・二宮宏之訳，岩波書店，1994年。 *The Forbidden Best-Sellers of Pre-Revolutionary France,* New-York and London, Norton, 1995. 邦訳『禁じられたベストセラー ― 革命前のフランス人は何を読んでいたか ―』近藤朱蔵訳，新曜社，2005年。

(7) François Furet, *Penser la Révolution francaise,* Paris, Gallimard,　1978. 邦訳『フランス革命を考える』大津真作訳，岩波書店，1989年。

(8) 21世紀の人々には通じるかどうも議論の余地がある。序論でも触れられているように，現在にまで続く共和政とそれを生み出した革命を，今も政治的に利用可能と見る動きはなくなっていない。

田中　佳（たなか　けい）第四章
徳島大学大学院社会産業理工学研究部・准教授
主な業績：『美を究め美に遊ぶ―芸術と社会のあわい』（共編著，東信堂，2013）
P. ボナフー著『ルーヴル美術館の舞台裏―知られざる美の殿堂の歴史』（翻訳，西村書店，2014）
『イメージ制作の場と環境―西洋近世・近代美術史における図像学と美術理論』（共著，中央公論美術出版，2018）

山﨑耕一（やまざき こういち）第五章
一橋大学社会科学古典資料センター・元教授
主な業績：『啓蒙運動とフランス革命―革命家バレールの誕生』（刀水書房，2007）
『フランス革命史の現在』（共編著，山川出版社，2012）
『フランス革命―「共和国」の誕生』（刀水書房，2018）

平　正人（たいら　まさと）第六章
文教大学教育学部・准教授
主な業績：J. ミシュレ著『フランス史』第5巻，第6巻（共訳，藤原書店，2011）
『フランス革命史の現在』（共著，山川出版社，2012）
「フランス革命を生きた新聞記者カミーユ・デムーラン」『史潮』新84（2018）

福島知己（ふくしま　ともみ）第八章
帝京大学経済学部・専任講師
主な業績：Ch. フーリエ著『増補新版　愛の新世界』（翻訳，作品社，2013）
『危機に対峙する思考』（共著，梓出版社，2016）
« Projet et formation du *Nouveau monde industriel* : vu à partir d'un des manuscrits de sa préface », *Cahiers Charles Fouier*, no.30, 2019

寺本敬子（てらもと　のりこ）第九章
跡見学園女子大学文学部・専任講師
主な業績：『パリ万国博覧会とジャポニスムの誕生』（思文閣出版，2017）
『幻の万博―紀元二千六百年をめぐる博覧会のポリティクス』（共著，青弓社，2018）
« Maeda Masana et la présence japonaise à l'Exposition universelle de 1878 », *Historiens & Géographes*, no.444, 2018

《執筆者紹介》── 執筆順

高 橋 暁 生（たかはし　あけお）序論，第七章
上智大学外国語学部・教授
主な業績：『フランス革命史の現在』（共著，山川出版社，2012）
P. マクフィー著『ロベスピエール』（翻訳，白水社，2017）
「フランス革命と地方都市 ── pro-révolution 研究序説」『上智ヨーロッパ研究』11（2019）

森 村 敏 己（もりむら　としみ）第一章，結論
一橋大学大学院社会学研究科・教授
主な業績 ：『名誉と快楽 ── エルヴェシウスの功利主義』（法政大学出版局，1993）
『記憶のかたち ── コメモレイションの文化史』（共編著，柏書房，1999）
『アンシャン･レジームにおける貴族と商業 ── 商人貴族論争（1756-1759）をめぐって』（一橋大学社会科学古典資料センター Study Series, no. 52, 一橋大学社会科学古典資料センター，2004）

増 田 都 希（ますだ　とき）第二章
一橋大学経済学研究科・特任講師
主な業績：「十八世紀フランスにおけるホモ・エコノミクスの礼節論 ── モンクリフ『気にいられることの必要性とその方法』（1738）に見る作法と徳，そして欲望」『史潮』新 72（2012）
「「家内統治書」としての 18 世紀後半フランスの「作法書」── テーマ・著者群・読者像」『西洋史学』261（2016）
アントワーヌ・ド・クルタン著『クルタンの礼儀作法書』（翻訳，作品社，2017）

松 本 礼 子（まつもと　れいこ）第三章
東京学芸大学教育学部・研究員
主な業績：C. ドニ著「伝統と近代の間で ── 18 世紀ブリュッセルにおけるポリスの変容」（翻訳）『都市史研究』2（2015）
「18 世紀後半における絶対王政の秩序と身分をめぐる認識 ──『悪しき言説』をめぐるパリのポリスの対応から」『一橋社会科学』8（2016）
『地域と歴史学 ── その担い手と実践』（共著，晃洋書房，2017）

〈フランス革命〉を生きる

2019年11月27日　初版1刷発行

編　者　髙橋暁生

発行者　中村文江

発行所　株式会社 刀水書房

〒101-0065　東京都千代田区西神田2-4-1 東方学会本館
TEL 03-3261-6190　FAX 03-3261-2234　振替00110-9-75805

組版　MATOI DESIGN
印刷　亜細亜印刷株式会社
製本　株式会社ブロケード

ISBN978-4-88708-455-1　C3022